終活 相続

法律相談の
準備と工夫

64の相談例から学ぶ
信頼を得るための基礎知識

弁護士 **藤井 薫** 著

日本加除出版株式会社

は じ め に （本 書 の 目 的）

　本書を手に取っていただいたことに、まず感謝します。

　本書は、大阪弁護士会で行ってきた新規登録弁護士研修等の内容をもとに、登録後間もない若手弁護士を対象として、終活・遺言・相続など高齢者に関する問題について法律相談を担当する場合の心構えやヒントをまとめたものです。

　ご承知のように、わが国では、急激な高齢化とともに、高齢者を対象とする多様なビジネスが活性化し、高齢者をめぐる様々な問題がクローズアップされています。そして、相続等に関しては平成30年、令和3年と立て続けに法改正がありました。また、令和2年春に突如襲来した新型コロナウイルス感染症は未だに終息せず、高齢者の孤立に拍車をかける一方で、高齢者や相続をめぐる分野への関心も高まっています。

　これに対して、弁護士は日常の法律相談で高齢者やその家族（以下、あわせて「高齢者家族」といいます）から様々な相談を受けていますが、若い弁護士は、高齢者との同居、介護、葬儀などの実体験に乏しく、高齢者家族の不安や心情についての理解が十分ではありません。また、相続分野は司法試験では軽視されるため、相続法を勉強する機会も不足しがちです。

　もちろん後見、信託、遺言、相続、改正法などについては多くの優れた専門書が出版されていますが、高齢者家族は、法律の分類にしたがって悩むわけではありません。ですから、弁護士は、分野ごとの法律知識だけではなく、高齢者家族を取り巻く環境や立場をよく理解したうえで、当事者の機微を弁え、適切なアドバイスを差し上げていただきたい、そして、それができれば、弁護士に対する需要喚起にも寄与できるかもしれません。

　このように考えて、今回、本書を上梓させていただきました。なお、本書の特徴は、以下のとおりです。

1　本書は、表題のとおり、高齢者家族からの法律相談に臨む際のノウハウについて説明するものです。そこで、第1編ではイメージを共有していただくために法律相談の具体例を挙げ、あわせて、法律相談における会話の工夫について説明しました。高齢者やその家族がかかえる不安を理解し、共鳴し、相談内容を予測し、接遇やマナーを身につける機会となれば幸いです。

2　第2編では、遺言や相続の前段階となる終活（介護、後見、財産管理や相続税対策

など）についての相談例を挙げて説明しました。これらは必ずしも法律的な相談ではありませんが、相談者からすれば切実な問題で、法律相談でも避けて通れません。相談者との信頼関係を構築するためにも、できるかぎり多くの抽斗を用意していただきたいところです。

3　第3編では遺言に関する相談例を、第4編では相続に関する相談例を挙げて説明を加えました。本書は法律の解説書ではありませんが、若手弁護士が嵌りやすいいくつかの陥穽については、紙幅を割いて平易に説明しました。なお、第2編乃至第4編の相談例の解説では、「対応のポイント」と「三行要約」を掲げ、短時間でエッセンスを理解いただけるように工夫しています。

4　第5編では、高齢者を取り巻く環境や終活ビジネスを鳥瞰し、概説しました。弁護士に求められる知見は広大無辺です。「弁護士は法律（裁判）のことしかわからない」と揶揄されないように、この機会を利用して、裾野を広げていただきたいと願います。

5　公的な法律相談はたった30分程度の人生劇場であり、弁護士にとっては真剣勝負の場です。その時間を有効に遣い、適切な処方箋を差し上げ、相談者との信頼関係を形成するのは至難です。そこで、そのための触媒になるかもしれないと考え、本書では脚注を駆使して、豆知識、蘊蓄、医学知識、統計を盛り込みました。本書の性格上、言葉が走りすぎた感はありますが、ご批判いただければ幸いです。

6　最後に、本書は令和3年民法等改正までは対応しましたが、もとより完全ではありません。そのようなものと理解いただいたうえでご利用いただければと存じます。

令和3年10月

弁護士　藤　井　　　薫

目　次

第 1 編　法律相談の工夫

第 2 編　終活に関する相談

第 3 編　遺言に関する相談

第 4 編　相続に関する相談

第 1 編　法律相談の工夫

第1章　法律相談の具体例

1　74歳女性からの相談例

百聞は一見に如かずといいますので、まず「こうであれば」と考える法律相談の一例を挙げます。

ここでは、市役所の市民無料法律相談（制限時間30分）で、若い弁護士が、年配の相談者から終活・遺言・相続などの相談を受けた場面をイメージし、下段にコメントを注記しました。

法律相談の相談票には、相談者は「74歳・女性」、相談したい分野は「遺言・相続」と記入され、それ以外は空欄だったと考えてください。

弁護士　次の方、どうぞ。

相談者　○○と申します。失礼します。

弁護士　相談担当の△△です。どうぞお座りください。さて、相談票に「遺言・相続」分野の相談と記入されていますが……、最近、ご家族にご不幸でも？[*1]

相談者　いえ、そういうわけでは……。

弁護士　それはよかった。では、どんなご相談でしょう。時間はありますから、遠慮なくいってみてください[*2]。

相談者　要領を得ない話で申し訳ないのですが……、あれこれ考えてるうちに不安になって……。

弁護士　不安、というと？[*3]

＊1　まずは、安否確認。私は阪神・淡路大震災の被災地で行われた緊急法律相談に参加して、これを学びました。この質問で相続開始後の相談かどうかを判断できます。

＊2　相談者は、弁護士に対して手際よく説明しなければならないと思い込んでいますが、いざとなると混乱されることが多いので、まず落ち着いていただくことが重要です。

＊3　発言の最後のフレーズを繰り返すと、会話が流れ出すと言われています。

相談者　ほら、新聞や週刊誌に終活とか相続とかの記事がいつも載っているじゃないですか。私も一人暮らしなんで、これから先のことを考える[*4]……。

弁護士　たしかに、終活とか相続とかの記事を読んでいると気が滅入りますよねえ。見たところお元気そうですが、健康面でのご心配でもあるのですか[*5]？

相談者　実は私、腎臓が悪くて、週3回人工透析に通っているんです。

弁護士　そうなんですか。原因は糖尿病とか[*6]？

相談者　ええ、そうなんです。お若いのによくご存知ですね[*7]。

弁護士　身内にそういう者がおりましてね。透析はたいへんじゃないですか。食事制限もあるんでしょうし。

相談者　透析は病院のバスで送り迎えしてもらっているんですが、最近、食欲もなくなってきて。それに、前から両膝が痛くて階段の上り下りがしんどいんです。これから先どうなるかと思うと心配で[*8]……。

弁護士　わかります。一人暮らしということですが、ご家族の方に助けていただくとか、そういうことはできないのでしょうか[*9]？

相談者　夫は3年前に亡くなりまして。息子が2人いるんですが、次男は遠くに住んでいるので、面倒をみてもらうなら、近くに住む長男しかいないんです[*10]。

弁護士　ご長男が近くにお住まいなら心強いですね[*11]。

---

*4　最初の情報で単身世帯と特定できます。

*5　さっさと本題に入りたいところですが、健康面からアプローチします。高齢者の相談の場合、健康の話題は鉄板です。

*6　人工透析とは腎臓の機能を人工的に代替する医療行為です。人工透析患者は34万人といわれ、その半数近くが糖尿病の合併症です。

*7　八卦見（占い師）と同じで、当てずっぽうでいったことが当たっても感動されます。ブラック・ジャックなら相談者の挙措動作、顔色、むくみ、点状出血などから病名を言い当てるのかもしれませんが。

*8　人工透析しているなら糖尿病性腎症は第5期。変形性膝関節症についても、片方の膝が痛くて他方の膝に頼り、その結果、両膝に発症した可能性が高いので慢性です。やがて介護が必要になるのではないかと予想します。

*9　相談者の家族関係や生活パターンを聞き出します。

*10　一次相続があったことと、長男がキーパーソンだということ、次男も推定相続人であることがわかりました。また、「面倒をみてもらう」という発想から、今のところ在宅介護を希望されていて、施設入所は考えていないと思われます。

*11　キーパーソンの長男との関係を知るための質問です。

相談者　ええ。長男はやさしい子で、動けなくなったら同居しようといってくれてるんです。

弁護士　それは素晴らしい。同居というと、「家族と一緒にご実家に帰ってくる」ということなんですか？[*12]

相談者　はい。

弁護士　いまどき、いい話じゃないですか。[*13]

相談者　それが……。

弁護士　何か、問題が？

相談者　実は、お恥ずかしい話なんですが、長男の結婚のときに両家の間でひと悶着ありまして……。実は、お父さんが酔ったはずみで、先方のご両親にとても失礼なことをいってしまったんです。私は「やめて」といったんですけれど。お父さん、お酒が入ると止まらなくなるんですよ。それ以来、両家がぎくしゃくしてしまって。で、あちらのご両親は主人の葬儀にも来られませんでした。最近でこそ、嫁はうちに来てくれるようになりましたが、パートしながらお母さんの面倒をみているし、向こうのお父さんも認知症になって……。[*14]

弁護士　なるほど。ご長男の奥さんのことを気にされているんですね。たしかに、ご長男の奥さんの立場になれば、これまでのいきさつもあるし、ご自身の親御さんに、姑と同居しますとは言いにくいかもしれませんね。[*15]

相談者　そうなんです。それで、お友だちに相談してみたら、「いっそ自宅を長男にあげてしまうか、遺言書を書いて長男に継がせると決めておいたほうがいいんじゃないの」といわれまして。[*16]

弁護士　ほう。

---

*12　「同居」にもいろいろなパターンがあるので確認が必要です。

*13　相談者が74歳なら長男は働き盛り。とすれば、相談者の世話をするのは長男の嫁になるのではないかとか、相談者の健康状態では孫の世話はできないだろうとか、いろいろ尋ねたいところですが、スルーして先を促します。

*14　堰を切ったように話す相談者を止めるのは難しいですが、その中から必要な情報を抽出します。

*15　一度、長男の嫁の立場に立って考えてみます。

*16　どうやら、この相談が遺言に関連しているらしいと理解できました。ただし、「お友だち」がどんな人なのか不明です。

相談者　先生。私、そんなに蓄えもないし、自分の財産といったら自宅だけなんです。やがては長男に継いでもらおうとは思うけど、しっかりしているうちは、気兼ねなく、自分の家だと思いたいんです。[17]

弁護士　わかりますよ。なにも今からご長男に自宅を贈与する必要はありません。[18]

相談者　じゃあ、遺言のほうはどうでしょう。長男が帰ってくるために、遺言を書かなくちゃいけないんでしょうか。[19]

弁護士　そうですね。ここまでの話からすれば、遺言書を書いたほうがいいかもしれません。ただ、気になることがあるので、少し質問してもいいですか。

相談者　というと。

弁護士　まず、ご自宅は、3年前にお亡くなりになったご主人から相続されたのですか。

相談者　はい。

弁護士　だったら、そのときの遺産分割協議で預金などの遺産を長男や次男に遺産分けされましたか。

相談者　いいえ。あまりなかったものですから、私が全部相続させてもらったんですけど。[20]

弁護士　なるほど。ただ、そうすると、長男と次男は、あなたの相続には期待するんじゃないでしょうか。自宅を長男に相続させるという遺言だけ残したら、2人がもめるかもしれませんね。[21]

相談者　それは困ります。実は、私も親の相続で兄弟ともめて、つらい目にあったんです。子どもたちをそんな目に遭わせたくない。どうすればいいんでしょう。[22]

＊17　高齢者が自宅にこだわるのは当然ですが、蓄えがあるかないかは藪の中です。

＊18　相談者の気持ちに同意を示します。

＊19　どうやら、これが本題のようです。「遺言を書かなくちゃいけないんでしょうか」という口振りから、遺言を書きたいわけではないと理解できます。

＊20　一次相続での「配偶者の総取り」はよく見受けますが、二次相続での火種になります。なお、長男・次男に対する生前贈与（特別受益）も尋ねたいところですが、やや可能性が低そうなので、ここでは触れません。

＊21　相続紛争のリスクについて、指摘します。

＊22　相続紛争を避けたいという相談者の口振りですが、どの程度真剣に考えているのか確信が持てません。

弁護士　そうですね。もし遺言で自宅を長男に相続させるなら、自宅とは別にそれなりの遺産を次男に相続させるよう決めておくべきでしょうね。[23]

相談者　でも、自宅を長男に相続させるというだけの遺言ではダメなんでしょうか。私の場合は、なんていうか、その、長男夫婦の顔を立てるためだけの遺言なんで……。[24]

弁護士　お気持ちはわかりますよ。ただ、遺言では、どの遺産を誰に相続させるかということをすべて決めておかないと、結局は遺産分割協議が必要になって、むしろ遺言書を作らなかったほうがよかったということになりかねません。だから、自宅の処分だけを決める遺言書（一部遺言）は、相続紛争防止という意味では、あまりお勧めできないんです。[25]

相談者　でも、遺言書は何度も書き直せるんでしょう。だったら、とりあえずの遺言を書いておいて、後でちゃんと書き直してもいいんじゃないでしょうか。

弁護士　たしかに、遺言書は書き直せます。でも、未来のことは誰にもわかりません。書き直そうと思っても、なかなか踏ん切りがつかないことも多いんです。書き直した結果、何通もの遺言が出てきて、もめる原因になることもあります。[26]

相談者　じゃあ、遺言じゃなくって、日記とかエンディングノートに「自宅は長男に譲る」と書き置きしておくとかでは？

弁護士　それもやめてください。今度は、それが遺言か遺言モドキなのかが問題になって、遺言無効確認請求訴訟というトラブルの要素が一つ増えてしまいます。[27]

相談者　遺言って、難しいんですねえ。もっとよく考えてからのほうがいいのかしら……。[28]

---

*23　遺留分侵害に対する備えで、相談者の質問に対する一つ目の答えです。

*24　相談者には相談者の思惑があり、これが本音のようです。本音を話すときには、きょろきょろするとか頭を掻くなどの仕草が出ることが多いです。

*25　やんわりと、一部遺言はやめたほうがいいと忠告します。

*26　問題の先送りはやめましょうという忠告です。

*27　そのほかに、検認手続の問題もありますが、ここではスルーします。

*28　相談者は思いどおりの回答が得られず、不満な様子です。ここで相談が終わることも珍しくありません。相談者としては、長男の家族との同居を実現させるために必要な範囲でしか遺言書を書く気がなく、それ以外の財産は手元に残しておきたいのでしょう。

弁護士　そうなんですよね。遺言は将来のことだけど、相続人にとってはとても重要な問題なので、しっかり検討しておかなければならないんです。[29]

相談者　……弁護士さんが私の立場だったら、どうされます？[30]

弁護士　……そうですね。率直にいえば、まず長男のご家族と同居してみて、それから1年後に、しっかりした遺言書を書きます。[31]

相談者　1年以内というのは？

弁護士　失礼ですが、○○さんはまだ74歳ですから、本来なら、あわてて遺言を書く年齢ではありません。ただ、「思い立ったが吉日」という言葉もありますし、同居して1年も経てば、生活も落ち着きますから1年が区切りかな、と思うんです。[32]

相談者　同居してみてから遺言……ですか。

弁護士　長男のご家族との同居ですから、最初のうちは何が起きるかわかりません。膝のこともあるし、ずっと在宅介護でいけるのかという心配もあります。だったら、まずは同居して様子を見たほうがいいんじゃないでしょうか。お嫁さんに気を遣われるのは立派だと思いますが、もしも長男ご夫婦が自宅をもらえるという保証がないと同居したくないと考えているなら、同居そのものがうまくいかないような気がするんです。[33]

相談者　……じゃあ、遺言を書くとして、そのときはどうすればいいんでしょう。[34]

弁護士　というと？

相談者　市販の遺言書の本を読んで、自分で書いてもいいんでしょうか。[35]

---

*29　安易に遺言書を作成されると相続人が迷惑します。この点だけは申し上げておきたいところです。

*30　相談者は、この相談でまだ得られるものがあると思っておられるわけですから、この発言は悪い兆候ではありません。

*31　これが、回答者からの二つ目の答えです。あえて1年と限定して質問を誘っています。

*32　人工透析を受けている74歳女性の平均余命（8.5年）は85歳女性のそれに相当しますので、本当は遺言書作成の適齢期です。透析患者の余命が半分になるという知識は相談者もご存知のはずですが、そこには触れません。相談者も、同居後に長男夫婦にどう扱われるか気にしているはずですから、1年という試験期間を提示しました。

*33　この先の相談者の生活（在宅介護がうまくいくのかどうか）をよく考えたうえで、遺言してもらいたいという趣旨です。

*34　質問の趣旨が変わりました。相談者は、これまでの説明を一応理解してくれたと考えられます。

*35　遺言の相談に来られる相談者の多くは、自筆証書遺言を書こうと考えておられます。

弁護士　結論からいうと、遺言は奥が深いので、指南書を読んで見よう見まねで書けるような代物ではありません。時間がなくなってきたので、詳しく説明できないのが残念ですが、はっきりいえば、自筆証書遺言は怪我の元で、公正証書遺言をお勧めしています[*36]。

相談者　そうなんですか。でも、何か新しい法律ができて、自分で遺言を書きやすくなったと聞いたんですけど[*37]。

弁護士　平成30年の改正で新設された自筆証書遺言書保管制度ですね。ただ、それを利用するとしても、法務局（遺言書保管所の保管官）は遺言の内容については審査しませんので、やはり遺言書を書くという気になったなら弁護士に相談されるのがいちばんです。それに、相続紛争が起こりそうな場合や遺言の有効性が問題になりそうな場合には、若干費用はかかりますが、公正証書遺言のほうがお勧めです。

相談者　やっぱり、最初は信金さんとかにお願いしたほうがいいのかしら[*38]。

弁護士　いや、遺言は法律的な検討が不可欠ですから、相談されるなら金融機関ではなく、弁護士ですね。

相談者　じゃあ、公正証書で遺言を作るんだから、公証役場に行くというのは？[*39]

弁護士　公証役場は書面を認証する機関で、相談窓口ではありません。ですから、特に相続紛争が問題になる可能性がある微妙なケースでは弁護士に相談して、遺言の内容を決めるべきです。憚りながら「餅は餅屋」といいますし、やっぱり遺言や相続の分野では、経験や法律知識がものをいいますから[*40]。

相談者　でも、ここは遠いしねえ。今日も市役所まで、甥の車で送ってもらったんですよ[*41]。

---

*36　時間がないので説明を省略し、余韻を残します。

*37　相談者は、必ず、事前に知識を仕入れてから相談に来られています。

*38　信金が出てきたところをみると、「お友だち」は信用金庫にお勤めの方だったのかもしれません。また、自宅以外にそれなりの遺産をお持ちかもしれませんが、そこも流します。

*39　このように考えておられる方が少なくありません。無駄な費用を払いたくないというのは人情ですが、少なくとも相談にのるという点では、公証人と弁護士で雲泥の差があることを説明してください。

*40　会話の中で用いる各種の諺は、説得のためのアイテムです。なお、経験と法律知識は決め台詞かもしれません。

*41　どうやってここまで来たのかは傾聴すべき事項です。送迎したのが長男ではないのもチェック項目です。

弁護士　膝が痛むんでしたね。ご苦労さまです。まあ、これも何かのご縁ですから、必要があれば、私がご自宅にお伺いしますけど。考えがまとまらないようでしたら、気軽に連絡してください。^{*42}

相談者　あらあら、こんなおばあちゃんのところに来てもらっても、何のお構いもできないし。

弁護士　いえ、私は弁護士としてはまだ駆け出しで、すべてのことが勉強なんです。勉強させていただいたうえにお役に立てるなら、こんなにありがたいことはありません。^{*43}

相談者　でも、わざわざ家まで来てもらったら、お金がかかるんじゃないの。

弁護士　そうですね。次の相談からは規定どおり30分5,000円の相談料をいただきますが、私の場合は長くなっても上限1万円とさせていただいています。それに出張費とかの別途料金はありません。^{*44}

相談者　じゃあ、少し考えさせてもらいますね。^{*45}

弁護士　本日はご苦労さまでした。お気をつけてお帰りください。

〜〜〜〜〜〜〜〜〜〜〜〜〜〜〜〜〜〜〜〜〜〜〜〜〜〜〜〜〜〜〜〜

*42　自宅訪問は厭いません。そのほうが相手を知ることができます。

*43　若手、ベテラン問わず、「勉強させていただく」という謙虚な態度は基本です。それに、若手弁護士の場合、高齢者に気に入ってもらえるなら、それは一つの才能です。

*44　継続相談の料金説明が必要になった場合は、直截に説明します。

*45　事件性のない相談では、このようにして終了することがほとんどで、経験上、相談が継続する可能性は2割以下です。ただし、この弁護士は話しやすい、信用できるという印象を持ってもらえれば、数か月後、数年後に戻ってこられることもあります。

2　相談例の解説

この相談例のポイントは、以下のとおりです。

まず、年配の方からの終活・遺言・相続に関連する法律相談では、今すぐ対応しなければならない（つまり事件性のある）問題は少なく、むしろ、事件性のない抽象的な相談が多いため、関連する法律知識を説明するだけで事件を受任できるわけではありません。

つぎに、高齢の相談者は、なかなか本題に入らず、最初から本心を吐露するわけでもありませんし、最後までそれを隠そうとされることもあります。また、弁護士が相談者を見るように、相談者も弁護士を値踏みしています。したがって、弁護士は、法律相談に来た経緯を丹念に聞き取るなどして、相談者の思惑や相談者が何を求めているのかを的確に察知し、信頼に値する弁護士だと思っていただく工夫が必要です。

また、高齢の相談者の話を遮ると不興を買い、延々と話を聞いていると時間が足りなくなります。高齢者を取り巻く環境などについての常識は事前に準備しておき、病気の知識や諺などの会話テクニックを利用して、うまくコミュニケーションを図ってください。それが双方のためでもあります。

なお、架空の相談例の背景は、以下のとおりです。

相談者のご夫婦は2人の子（長男・次男）をもうけましたが、3年前に夫と死別し、自宅を含めすべての遺産を単独で相続しました。その後一人暮らしを続けていたものの、糖尿病が悪化して糖尿病性腎症となり、毎週3回の透析が必要になりました。両膝が関節症のせいで階段の昇降が辛くなり洗濯物を干すのもひと苦労ですがまだ介護認定は受けていません。これから先、自立して暮らしていけるか不安になってきたが、施設には入りたくない。近くにいる長男一家を自宅に呼び寄せて面倒をみてもらいたいが、嫁とはちょっとした確執があり、先々のことを考えると、自分から長男夫婦に頭を下げてお願いはしたくない。そんな思いを抱えて信用金庫主催の終活セミナーに参加し、個別相談を受けたところ、自宅を長男に相続させるという内容の遺言書を書いてはどうか（遺言信託を利用しないか）とアドバイスされた。なるほど、とは思うけれども、まだまだ生きるつもりだし、遺言なんて縁起が悪い。たとえ遺言を書くとしても、今、自分の財産すべてを子どもに分けることを決めたくはない（子どもの様子を見て決めたい）。踏ん切りがつかないので、市役所の法律相談で弁護士の意見でも聞いてみよう……といったところです。

とすれば、相談者が本当に相談したかったのは「自分が負い目を持つことなく長

男夫婦に同居してもらい、在宅介護で世話をしてもらうためにはどうすればいいか」、「そのために遺言は使えるのか。ほかにうまい方法はないのか」ということです。これは、純粋な法律相談ではありません。また、遺言書を書けば相続紛争を防止できるという謳い文句は、相談者にとってはさほど積極的な意味を持ちません。

　ですから、こうしたケースでは、弁護士が、自筆証書遺言の要件や公正証書遺言との違い、検認や遺留分侵害額請求などの法律知識を滔々と説明し、「相続紛争を避けるために遺言書を書くべきです。私がお手伝いします」と水を向けても、相談者の心には響かないのです。

第2章　高齢者の法律相談の特徴

1　他の法律相談との比較

　私の場合、過去30年間に約300回の公的な法律相談を担当しましたので、その相談件数は約2,000件でしょう。

　これをあえて分類すれば、高齢者の遺言・相続等の相談が3割、離婚等が2割、多重債務・破産が2割、労働と交通事故が各1割、その他（債権債務・相隣関係・損害賠償など）が合わせて1割だったように感じます[1]。一方、SNSでも私的に2,000件程度の無料相談を受けましたが、その相談は7割以上が男女関係と離婚の相談でした。したがって、私としては、高齢者に関する相談と、男女関係に関する相談は、個人の法律相談の双璧だろうと感じています。

　さて、相談分類のうち多重債務の相談は、病膏肓に入って（返済がどうにもこうにもならなくなって）からのご相談がほとんどです。貸金請求や損害賠償請求でも、いくら督促しても応じてくれないと訴えられることが多いでしょう。交通事故の相談も、即時の対応を求められがちです。つまり、これらの相談は、もともと弁護士に依頼する必要性（事件性）が高いのです。

　これらに対して、離婚等の相談では、切羽詰まったものも少なくありませんが、離婚しようかどうか迷っているといった人生相談では事件性がありません。労働関連事件でも、上司の言動が気に入らないといった程度の相談であれば、まだ事件性

1）大阪弁護士会法律相談センター運営委員会による近年の法律相談件数の分析によれば、労働、サラ金、交通、離婚、不動産、遺言相続、損害賠償、債権債務の順に多くなっており、私の感覚とは一致しませんが、この分析には、成年後見等の終活に関する相談は含まれていません。

がありません。

　そして、高齢者からの相続等の相談も抽象的なものが多く、中には、何が問題なのかもよくわからない相談もあります。相談内容が明らかにならないまま回答しようとすると、どうしても説明が長くなり、相談者のためにもなりません。したがって、このような相談に対応するためには、目の前の相談者の環境を想像し、相談者の持つ不安や疑問を短時間で把握し、的確なアドバイスをする工夫が必要です。

2　事件性のある相談と事件性のない相談

　もちろん、高齢者の相談の中にも、相談内容が具体的で事情聴取に手間取ることもなく、受任にもつながりやすい類型のものがあります。

　たとえば、「弁護士から遺留分侵害額請求の内容証明郵便が届いた」とか「遺産分割調停の呼出状が来た」といって駆け込んでこられることがあります。医療にたとえれば、交通事故や脳出血・心臓発作などで救急搬送され、患者が強烈な痛みや生命の危機を感じておられるような場合です。仮に、これを「事件性のある相談」といっておきましょう。

　事件性のある相談では紛争が顕在化しているので、法的対応をとる必要があり、相談者もこちらの求めに応じて、積極的に事情を説明してくれます。そこで、弁護士は、頭の中の抽斗から遺産分割、特別受益、遺留分などのマニュアルをピックアップして事案に適用し、解決の方針、コスト、見込みを説明できますし、その結果、相談者の信頼を得られれば、自然に事件を受任する流れになるでしょう。

　これに対して、「そろそろ遺言を書いたほうがいいのかしら」とか「親が呆けてきたけど、成年後見を申し立てたほうがいいのだろうか」といった相談では、紛争は発生していません。医療でいえば、高血圧症、糖尿病、脂質異常症など生活習慣病の患者が薬をもらうために受診しているようなものです。仮に、これらを「事件性のない相談」といっておきましょう。

　事件性のない相談では、残念ながら、相談者が素直にすべての事情を話してくれるとは限りません。もともと必要に迫られて法律相談に来たわけではなく、日頃から気になっている問題に、何かヒントをもらえるかもしれないと思って（あるいは話し相手を探して）、法律相談を覗いてみたのかもしれません。

　もしそうなら、相談者は、見も知らぬ若い弁護士に身内の恥や都合の悪いことを話そうとは思いませんし、ちょっとした知識やヒントをピンポイントで持って帰ればいいという「つまみ食いの心理」なのかもしれません。その結果、相談者の口は重くなり、相談内容も抽象的になりがちです。このような場合に、弁護士が法律

11

知識を縷々説明しても、相談者の反応は今ひとつで、そのほとんどは一期一会で終わります。

　高齢者関連の相談が難しい第一の原因は、こうした事件性のない相談が多いところにあるといえるでしょう。

3　事件性のない相談の重要性

　では、弁護士は、事件性のない高齢者の相談には、どう対応するべきでしょうか。

　事件性のある相談が手術を要する外科とすれば、事件性のない相談は内科といえます。糖尿病でも高血圧症でも、放置すれば健康や平穏な生活を蝕むことに違いなく、治療の必要があることも明らかです。とすれば、事件性のない相談でも、病因や病態を正確に分析できれば、それは治療のチャンスかもしれません。予防法務は企業法務に限られるわけではなく、こうした事件性のない相談にも妥当するはずです。

　それに、相談者にしても、わざわざ時間をかけ、足を運んで来られるからには、もともと慢性的な悩みや不安があり、閾値（臨界点）を超えたのかもしれません。少なくとも相談者には「今日、相談に行こう」と思い立った理由があるはずですから、その契機となったイベントを確認することが重要です。

　そして、相談者が説明を躊躇したとしても、弁護士が相談者の立場や心情を推察し、相談者にうまく心を開いてもらえることができれば、問題の所在を見つけることができるかもしれません。そのために、弁護士は、高齢者を取り巻く環境全般についての知識を備えておくべきだと思います。

第3章　高齢者の不安

1　高齢者の不安

　高齢者が相談に来られるのは不安があるからです（不安が人を支配します）。では、弁護士は高齢者の不安を想像できるでしょうか。

　昨今、ネットや新聞では、「争族にならない終活」、「相続トラブルの予兆」、「手遅れにならないうちにしておくべき相続対策10選」、「足りない老後資金」といった見出しが躍っています。しかし、これらの多くは、大事件などのトピックが途絶える端境期に備え、数か月おきに掲載できるよう準備されている蔵出し記事であって、高齢者の不安を正確に捉えたものではありません。

　一方、一人暮らしの高齢者に対する日常生活での不安に関する調査（平成27年

（2015年）高齢社会白書）によれば、高齢者の不安の第1位は「健康や病気のこと」（58.9%）でした。以下、「寝たきりや身体が不自由になり介護が必要な状態になること」（42.6%）、「自然災害（地震・洪水など）」（29.1%）、「生活のための収入のこと」（18.2%）、「頼れる人がいなくなること」（13.6%）と続きます（複数回答）。これは、一人暮らしの高齢者の統計ですが、家族と同居する高齢者の場合でも大きくは変わらないでしょう。

　そこで、高齢者のこれらの不安について、少し考えてみましょう。

2　健康問題に関する不安

　前期高齢者、後期高齢者、超高齢者[2]と歳を経るにつれ、気力や体力がなくなり、字が読めなくなる、耳が聞こえなくなる、ものが食べられなくなる、腰が曲がる、シミや皺が刻まれる、むせる、根気がなくなる、歩道で躓き階段で息切れする、家人から「呆けた」といわれるなどといった案配で、これまでできていたことが確実にできなくなります。ですから、健康問題が不安の第1位になるのは当然です。

　もっとも相談を受ける側が若くて健康だと、頭では理解できても実感を伴いません。そこで、高齢者から健康や病気に関する話を根気よく聞き、その痛みや苦しみを想像し、理解することが必要です。

　前述の相談例でも、病気に対する理解（糖尿病性腎症や変形性膝関節症）が相談者との会話の潤滑油となっていることを理解いただけるはずです。本書では、本編第6章の4や第5編第2章で、高齢者によくある病気をまとめましたので、ぜひ一読してください。

3　自立（介護）に関する不安

　健康問題と重複しますが、身体機能の低下とともに、自分だけでは日常生活ができなくなります。そこまで至らなくても、階段を登れず、衣服の脱着、入浴、排せつがままならず、銀行にも買物にも行けないといった状態になったら誰を頼ればいいのか、という不安が襲ってきます。

　高齢の親の世代（戦前・戦中生まれの世代）であれば、家族が介護してくれたかもしれませんが、現代の核家族・少子化社会では、同居家族に在宅介護してもらえる高齢者はごくわずかになるでしょう（子に老後の面倒をみてもらうのは、すでに都市伝説と言われています）。となれば、介護サービスや成年後見などを利用するしかありません。

　2）前期高齢者とは65歳から74歳、後期高齢者とは75歳から84歳、超高齢者とは85歳以上の方を指します。

　したがって、相談にあずかる弁護士も、高齢者のこのような不安に対する回答を準備しておかなければなりません。

4　老後資金に関する不安

　第5編第4章で詳論しますが、相続が開始した被相続人一人当たりの相続財産は約4,000万円で、そのうち金融資産（現預金、株式、保険、年金）が約3,000万円という報道や、2人以上の高齢者世帯の預貯金の平均値は2,324万円で、その中央値は1,555万円といった統計（総務省統計局）があります。

　若い方から見れば、十分持っているじゃないかと思われるかもしれませんが、高齢になれば、大半の方は年金以外に収入の道はなく、貯蓄は減る一方です。年金を受けられない方もいれば、散財や詐欺被害で一気に資産をなくす方もいます。そして、やり直しのできない年代になってからの離婚と破産が大きなダメージになることは、ご承知のとおりです。

　ですから、余裕のない高齢者にとって、生活資金は焦眉の急なのです。成年後見人や成年後見監督人の経験がある弁護士なら、どの程度の収支でQOLを確保した暮らしができるか見当がつくはずですが、その経験がなくても、法律相談では、相談者やその家族（推定相続人）[3]がどのような経済状態にあるかをごく自然に把握し、適切なアドバイスができるようになっておきたいものです。

5　相続に関する不安

　このように、高齢者の関心は、もっぱら健康、自立（介護）、生活資金に向いており、相続問題（相続人間の紛争の予防）について不安に思っている方は、思うほど多くありません。もともと、本人にとって相続紛争は「死後の世界で起きること」であり、生に対する執着よりは優先順位が低いです。ここに、高齢の方の法律相談が一筋縄でいかない第二の原因があります。

　被相続人が相続人たちのことを考えていないなら、多くの相続紛争が起きるのは当然です。弁護士であれば、担当した遺産分割調停や遺言無効確認請求訴訟等の事件の中で、「被相続人が複数の子をもう少し平等に扱っていてくれれば」、「まともな遺言を残しておいてくれれば」、「不用意な言動を控えてくれていれば」こんなことにはならなかったのに（遅かりし由良之助）[4]と思うことがあるはずです。つまり、

　3）「推定相続人」とは、中小企業における経営の承継の円滑化に関する法律第3条第6号によれば、「相続が開始した場合に相続人となるべき者のうち、被相続人の兄弟姉妹及びこれらの者の子以外のものをいう」とされますが、本書では、便宜上、遺留分のない者を含めて、相続が開始した場合に法定相続人になる者を「推定相続人」と呼びます。

　誤解をおそれずにいえば、高齢者からの相談では、「相談者は後のことは考えていない可能性がある」という推定が働いています。

　そこで、弁護士としては、高齢の相談者に対して、推定相続人たちも幸せになれるよう（相続紛争で不幸な目に遭わないよう）、的確なアドバイスを差し上げるべきでしょう。

6　寂しさに対する不安

　前述の高齢社会白書の調査の第5位には「頼れる人がいなくなること」（13.6％）がランクインしています。これは重要で、高齢者のもっとも切実な不安は「寂しさ」ではないかと私は思います。

　というのも、身近に信頼できる人がいなければ、健康面、自立面、資金面などの悩みごとを誰にも相談できず、孤立するからです。一人暮らしの中高年の方から、ときどき「夜中に病魔が襲ってきたら、そのまま孤独死するのではないかと不安になる」と聞きますが、その不安と恐怖は、高齢になるに従って頭上を覆います。

　高齢者の多くは、仕事や子育てを終え、両親を弔い、青春時代や壮年時代を共に過ごした兄弟姉妹や友人、同僚、先輩・後輩などを一人ずつ見送り、話し相手が減り、病気を得て死の足音を聞き、取り残されたという感覚を抱え込みます。パソコンもスマホも使えず、コロナワクチン接種の予約も自分ではできず、部屋の電球が切れただけで、途方に暮れます。誰かの役に立ちたいという思いは、誰かの足手まといになりたくないという気持ちに代わりますが、それでも大切に扱われたいとか、誰かに自分を理解してもらいたいとか、話し相手が欲しいといった願望（承認欲求）は、捨てることができません。だからこそ、いとも簡単に悪徳商法や振り込め詐欺の餌食になってしまうのでしょう。高齢者の立場からすれば、自分の話を聞いてもらうだけでも、果てしなくありがたいのです。

　そう考えると、弁護士も、自分の領分（遺言や相続事件の受任）だけでなく、それを少しばかり超えて、他愛のない話だったとしても、高齢者のお相手を務めることが大切ではないかと感じます。

　なお、高齢者の不安の大きさを数値化したり、可視化する方法はまだありません。感覚的に申し上げれば、おおむね、次の表のようになるのではないかと思います（×、△、○、◎の順に不安が大きくなります）。

　4）「遅かりし由良之助」は歌舞伎・仮名手本忠臣蔵の台詞。由良助とは主君の切腹に間に合わなかった大石内蔵助のことです。

高齢者の不安		健康	老後資金	介護	認知症	葬儀	争族	寂しさ
前期高齢者 （65 ～ 74 歳）	子と同居	×	×	×	△	×	○	×
	配偶者と同居	△	○	×	△	×	×	×
	一人暮らし	○	◎	○	○	○	×	◎
後期高齢者 （75 ～ 84 歳）	子と同居	△	×	△	○	×	○	×
	配偶者と同居	○	△	○	○	×	△	△
	一人暮らし	◎	◎	◎	◎	○	△	◎
超高齢者 （85 歳〜）	子と同居	○	△	○	○	△	○	△
	配偶者と同居	◎	○	◎	◎	△	○	○
	一人暮らし	◎	◎	◎	◎	◎	△	◎

第4章　家族の不安

1　家族からの相談

　さて、高齢者に関連する法律相談では、高齢者の家族からの相談が一定割合を占めます。

　家族からの相談は、主として、高齢者の介護や財産管理などの相談と、遺言・相続の相談に分かれます。もちろん純粋に親を心配し、慕う気持ちからの相談もありますが、相続に対する期待が見え隠れすることも少なくありません。

2　家族の事情

　高齢の親世代（80 歳台）とその子世代（50 歳台）の事情を想像してみましょう。

　たとえば、昭和 15 年（1940 年）生まれの高齢者男性（令和 3 年（2021 年）現在は 81 歳）がおられたとします。青少年期は高度成長期（昭和 30 年（1955 年）から昭和 48 年（1973 年）まで）と重なり、「テレビ・冷蔵庫・洗濯機」が三種の神器と呼ばれ、子どもに人気があったのは「巨人・大鵬・卵焼き」でした（古くてすみません）。3 歳年下の奥様と結婚して昭和 40 年（1965 年）と同 43 年（1968 年）に 2 人の子を授かり、[5] 郊外のニュータウンにマイホームを買い、大手電機メーカーに勤務して 60 歳の定年まで勤めあげ、4,000 万円の退職金をもらい、現在は夫婦 2 人で年金を受給して

5）当時の合計特殊出生率は昭和 40 年が 2.14、昭和 43 年が 2.13 でした。なお、平成 11 年の合計特殊出生率は 1.34 です。

います。世帯としての財産はマイホームや投資信託などを合わせて約 1 億円です。

　これに対して、子世代は、まるで事情が異なります。

　昭和 40 年（1965 年、前回東京オリンピックの 1 年後）に生まれた長男は、令和 3 年（2021 年）現在で 56 歳。昭和 63 年（1988 年）、バブル景気にのって都市銀行に就職[6]できましたが、バブルはあっという間にはじけました。それでも、当時は多くの人がバブル崩壊を実感できず、景気の再浮揚を信じていましたので、平成 5 年（1993 年）に結婚したのを機に、「今買わなかったら一生マイホームを買えなくなる」という風評を信じて、（実家からは私鉄沿線に当たる）郊外の戸建住宅を 9,000 万円で買い求めました。

　ところが、日本は「失われた 20 年」（1990 年代初頭から 2010 年代初頭）に入り、リストラ、就職氷河期（1993 年〜 2005 年）、リーマンショック（2008 年）が次々と日本を襲います[8]。給与水準も消費者物価も平成元年から現在までの 30 年間、ほとんど変わっていません。勤めていた銀行は吸収合併され、やがて出向、転籍の憂き目に遭いました。現在の勤務先の会社（飲食業）は新型コロナウイルス感染症で大打撃を受け、店舗縮小とリストラに必死です。

　平成 9 年（1997 年）に待望の一人息子が誕生し、私立校や塾に通わせ、留学までさせたので教育費が嵩みました（贅沢と思われるかもしれませんが、一度身についた金銭感覚は容易に修正できません）。妻もパートに出て家計を支えましたが、投資の失敗もあって、現在の世帯の蓄えは約 1,200 万円です。この先、息子の結婚式の費用、年金受給年齢の引上げなどを考えると、老後資金の蓄えに一切の余裕はありません。そうすると、この状況を打開するためには、年末ジャンボ宝くじに当たるか、相続で親の遺産をいただくしか手がないのです。

　一方、次男は、昭和 43 年（1968 年）に生まれ、令和 3 年（2021 年）現在で 53 歳です。大学卒業と同時に市役所に就職し、同僚だった妻と結婚しました。2 人の間に子はなく、平成 20 年（2008 年）に 4,800 万円で買ったマンションに夫婦 2 人で暮らしています。まだローンが残っているものの、共働きなので預貯金や投資信託を合

6）バブル景気は昭和 61 年（1986 年）から平成 3 年（1991 年）。平成元年（1989 年）12 月 29 日には日経平均株価が 38,957 円の史上最高値を記録しました。

7）都市銀行とは東京等に本店を構え全国展開している普通銀行のこと。バブル期に 13 行ありましたが現在は 4 行です。

8）平成 9 年（1997 年）には山一證券が自主廃業し、都銀の一角だった北海道拓殖銀行が経営破綻しました。

わせて 6,000 万円の資産を蓄えました。

3　家族の思惑

　以上はあくまで空想ですが、このような世代間経済格差があるなら、長男が親の相続に期待するのはごく当たり前です（もちろん次男も、それなりに相続に期待するでしょう）。

　そして、長男としては、自分が両親の後継ぎだし、弟には子がいないのだから、弟に相続させた財産は弟が先に死ねば義妹の親族に流れてしまう、だから両親の相続では自分に配慮してほしいと願うものです。もちろん、弟がそれに賛成してくれるなら問題はありませんが、特に兄弟間で確執がある場合には確実にこじれます（なお、弟夫婦は不妊症で苦しんだ可能性もありますので、子がいる、いないの話は相続では禁忌です）。

　こうして、同じ相続に関する相談でも、相談者が高齢の親なのか、長男なのか、次男なのかによって、相談者の思惑は完全に異なります。ですから、相談を受ける弁護士としては、相談者の属性によって、相談の趣旨も回答も変わることを予想しておかなければなりません。これが、高齢者に関する法律相談が難しい第三の原因です。

第5章　相談内容の予測

1　予測の必要性

　高齢者に関連する法律相談が難しい要因として、事件性のない相談が多いこと、高齢の親は案外相続紛争の予防に関心がないこと、相談者の属性によって相談の趣旨や回答が変わることを挙げました。

　さらに、第四の原因を挙げるとすれば、それは時間が足りないことです。すでに示唆したように、相談者の立場や家族の事情まですべてを聞き出して相談の趣旨を把握し、それに対する治療方針を立てるには、たった30分や1時間では時間が足りません。

　しかし、矛盾するようですが、工夫はできます。あらかじめ、どの類型ならどんな問題が生じるという予測をし、ショートカットして問題の所在を見抜き、それなりの処方箋を書くことは可能です。あるいは、その場で解決することはできないかもしれないけれど、相談者の誤解を解き、慢心を戒め、注意を促すといったことならできるかもしれません。自分が受任できなかったとしても、相談者のために、布

石になることはできるのです。

そして、そのためには、高齢者の年代、高齢者の生活環境（世帯の構成）、誰が相談者として登場するのかの3要素によって、相談内容を予測することが重要ではないかと思います。

2　年代による予測

相談者が高齢でも、その方が65歳〜74歳の前期高齢者か、75歳〜84歳の後期高齢者か、85歳以上の高齢者かによって、相談の内容は微妙に変わります。

たとえば、相談者が前期高齢者（65歳〜74歳）であれば、矍鑠（かくしゃく）として働いている方もおられ、自立した生活が可能で（後述の健康寿命の範囲内）、認知症の発症も稀です。この年代の方からの遺言の相談では、特別な事情がない限り、遺言能力や遺言無効の問題は少なく、むしろ平均余命が長いために予備的遺言の検討が欠かせません。そして、この年代では、90歳台のご両親の相続問題や、ご自身の終活、あるいは兄弟姉妹の生活などの問題で相談に来られることが多いでしょう。

つぎに、後期高齢者（75歳〜84歳）のご相談では、さすがに働いている方は稀で、収入も年金に頼ることになるとともに、認知症をはじめ加齢を原因とする疾病が現れはじめます（後述しますが、80歳〜84歳の認知症有病率は男性16.8％、女性24.2％です）。したがって、遺言の相談であれば、遺言無効のリスクを回避するため、早めの遺言書作成をお勧めすることになり、遺言書作成の際のビデオ撮影なども必要になるでしょう。そのほか、成年後見や財産管理などのご相談、兄弟姉妹の相続（遺産分割等）のご相談も少なからず見受けられます。

85歳以上の超高齢者のご相談もありますが、きわめて少数ですし、ご家族などが付き添っておられるのが常態です。認知症有病率も上がりますし（85歳〜90歳の認知症有病率は男性35.0％、女性43.9％です）、多くの持病や疾患を抱えておられます。したがって、遺言の相談であれば遺言無効の問題が生じないよう細心の注意が必要になります。

3　生活形態による予測

高齢者の生活形態によっても、相談内容は異なります。

たとえば、相談者（高齢者）が子の家族と同居し、その家族との折り合いがよい場合には、感謝の意味でその家族に対して財産を残したいという遺言の相談が多くなります。この場合には、同居家族と一緒に相談に来られることが少なくありません。ただし、相談者としては今後の介護を頼むという動機を伴うのが普通で、同居家族の思惑との間に微妙なずれがあるかもしれません。したがって、遺言書作成を

受任する場合には、同居家族には席を外していただいて高齢者の真意を伺うといった配慮が必要です。

　つぎに、子の家族と同居しているのに、その関係がうまくいっておらず、高齢者だけで相談に来られることもあります。その場合には、預貯金通帳の取り戻しや虐待・廃除といった穏やかならぬ相談の可能性があります。特に深刻なのは、パラサイトの子が相談者の年金に頼っている場合です（相談例2参照）。

　一方、夫婦2人で暮らす相談者（高齢者）の相談では、夫婦そろって来られることが多く、どちらか一方に介護が必要になったり認知症を発症した場合の対応や、片方が亡くなった後の配偶者の生活を気遣っての遺言などの相談が多くなります（相談例3参照）。

　最後に、一人暮らしの高齢者の場合は、遺言や相続の相談というよりも、健康面、自立に関する不安を訴えられることが多くなります。たとえば、認知症になったらどうなるのかとか、孤独死したらどのように扱われるのだろうといった不安に関する相談です。これに対しては、遺言ではなく、施設入所、成年後見、財産管理、見守り契約、遺言などを説明することが多くなります（相談例4参照）。

4　相談者が家族の場合

　つぎに、誰が相談に来られるかによって、相談の内容も変わります。

　第一に、親と同居中の家族（推定相続人）が相談に来られる場合、介護問題（在宅介護か施設入所か）や成年後見の相談と、親が死んだらどうなるのだろうか、あるいは親に遺言書を書いてほしいといった相談が多くなります。

　前者については、ここまで同居（在宅介護）で親の面倒をみてきたけれど、もう我慢できないといった段階に至っていることが多いので（事件性のある相談もあります）、介護や成年後見等についての知識を備えたうえで介護の苦労をねぎらい、具体的な解決案を示すことが必要になります（相談例10、11参照）。

　後者については、若干、注意が必要です。というのも、相談者が高齢者の財産を混同していたり、多額の生前贈与を受けていたり（特別受益）、自分たちの生活費に流用しているのにそれを隠しているケースがあるからです。後から遺言無効や遺留分侵害額請求などが問題にならないよう、さりげなく事情を伺い、全容（親の財産の管理方法など）を把握したうえでアドバイスするべきでしょう。

　第二に、親が一人暮らししている場合の子からの相談もあります。この場合は、親の生活や自立を心配し、介護や財産管理に関する相談が多くなります。詐欺商法などによる高齢者被害や、他の推定相続人の介入によって遺産が目減りするのでは

ないかと心配している類型が多く含まれます（相談例6参照）。なお、親に遺言書を書いてもらいたいという相談も散見しますが（相談例38参照）、どの類型も事件化しにくいと思われます。

　第三に、親が相談者以外の推定相続人と同居しておられる場合の相談があります。この場合の相談者の相談は、「親に会わせてもらえない」、「兄が親の財産を使っているに違いない」、「姉から親を取り返したい」といった内容が目立ちます。一見すると事件性があるように見えますが、実効的な解決策を見つけることは困難です。

　第四は、両親が夫婦2人で暮らしている場合ですが、子からの遺言・相続に関する相談はほとんどありません。というのも、子は、両親が一緒に暮らしているので安心しており、相続に関しても、片方の親が亡くなれば（一次相続）他方の親が遺産の大半を相続するだろうし、両親ともに他界した場合（二次相続）に考えれば足りると思うからです（それはそれで問題の先送りですが）。したがって、両親に遺言を勧めたいといった相談は少なく、両親の片方又は両方に病変があったとか、認知症が進んできたという変化があった場合にはじめて、介護や成年後見に関して相談されることが多いといえるでしょう（相談例3参照）。

5　その他の相談

　以上のほかにも、推定相続人ではない家族（内縁を含む）からの相談や、医療機関、介護施設、賃貸人、債権者など第三者（利害関係者）からの相談もあります。

　また、すでに相続が開始した後の遺産分割、遺言無効、遺留分侵害額請求、遺言執行などの相談もありますが、それらのほとんどは、弁護士にとって馴染みがある事件性のある相談です。

第6章　法律相談のマナー

1　法律相談での言動

　弁護士登録後間もなく、日頃高齢者と会話していない若い方なら、かなり年上の相談者とのコミュニケーションに迷うかもしれません。そこで、いくつかの注意すべき点を指摘します。

(1)　興味・関心を持つ

　弁護士は（失敗を含めて）どんな経験でも仕事に役立てることができる稀有な職業です。その点、高齢の相談者は経験の宝庫です。相談者の経験に興味と関心を持ち、先輩たる相談者から教えてもらうというリスペクトの姿勢を持っていただ

きたいです。法律相談の場面でも、迷ったら、相談者の仕事や経験について話を振ってみてください。高齢者にとっても、自分の経験が誰かの役に立つことはうれしいものです。

(2)　理解する

　自分が相談者の置かれた立場だったらどうするか、どう感じるかを想像し、相談者の行動・決断・苦労などに理解を示すことも重要です。年齢は自分の子や孫より若くても「弁護士」に肯定してもらえれば、それだけで相談者も元気が出ますし、説明も滑らかになります。逆に、相談者の説明にひとつひとつに首を傾げ、必要なことだけしゃべってくれという態度で話を遮ると、かえって時間内に必要なことを聞き取ることができません。

(3)　感謝する

　どんな相談であろうと、話を聞かせてもらったことに感謝し、それを言葉や態度で示してください。実際、自分の知らないことを知っている人はすべて先生ですし、悩みや経験を伺うことが今後の弁護士としての成長につながります。

　なお、高齢者は、相談相手の初々しい弁護士を子や昔の恋人の姿に重ねることがあります。あざといかもしれませんが、そうして気に入られれば、事情聴取は確実にはかどります。

(4)　忌み言葉を避ける

　「死」とか「老害」などの忌み言葉を不用意に使わないよう注意してください。

　もちろん高齢になれば、老いや死の到来を自覚し、「後は死ぬだけなんです」と自嘲するような発言をされることもありますが、それを受容しているわけではありませんし、若い世代の方からそれをストレートにいわれれば、気分を害します。したがって、「あなたが死んだら」という言葉は、「やがてあなたの相続が開始することになったら」といった婉曲な表現に置換してください。

(5)　高齢者を意味する言葉

　高齢者を意味する言葉としては、「年配の方」といった婉曲な表現を用いてください。年長者を指す言葉として「老人」、「高齢者」、「年嵩」、「お年寄りの方」、「年配の方」などの表現がありますが、むきつけに「老人」、「年寄り」、「高齢者」といわれるのは気分のよいものではないでしょう。

　なお、「年配の方」との表現は、中年以上又は自分より年上の方を指し、対象年齢が曖昧になるとともに年長者に対する尊敬の念が含まれるため、受け入れられやすいといわれています。

⑹　諺を利用する

　会話で用いる故事・諺は潤滑油の役割を果たしますが、使い方に気をつけてください。

　たとえば、高齢者は役に立たないという意味の諺としては、「老醜を晒す」、「老骨に鞭打つ」、「馬齢を重ねる」、「老いの一徹」、「老いては子に従え」、「老いらくの恋」、「麒麟も老いては駑馬に劣る」などがあります。高齢の相談者が、現状を嘆く際にこれらの諺を用いることはありますが、若い弁護士のほうから用いると失礼に当たります。

　逆に、高齢者は役に立つという意味の諺としては、「年寄りは家の宝」、「一日の長」、「長幼の序」、「老いてはますます壮んなるべし」、「愚公山を移す」などの諺があります。これらの言葉は、弁護士のほうから持ち出しても問題ありません。

　人生の儚さを意味する諺としては、「邯鄲の夢」、「光陰矢の如し」、「少年老い易く学成り難し」などがあり、仲のよい高齢者ご夫婦には「破れ鍋に綴じ蓋」、「偕老同穴」、「比翼連理」、「糟糠の妻は堂より下さず」といった言葉があります。

　そのほか、法律相談では、状況に応じて、「老婆心」、「餅は餅屋」、「思い立ったが吉日」、「転ばぬ先の杖」、「後悔先に立たず」などの諺を用いることがあります。本書でも頻繁に諺を引用していますが、興味があれば調べてみてください。

2　法律相談の注意ポイント

　弁護士登録してしばらく経てば、他の弁護士の相談を見る機会はなくなります。特に、登録後、間を置かずに独立した場合にはその傾向は顕著でしょう。そこで、老婆心ながら、法律相談における注意ポイントを挙げておきます。

⑴　話の聞き方

　相談者の話をよく聞くのは、もちろん相談の鉄則です。しかし、相談者の話が理路整然としているとは限りません。

　そこで、相談者の服装の乱れ、口調、顔色、挙措動作（仕草）、視線の移動などを観察し、話がまとまらない様子であれば、早めに「私から質問させてもらってもいいですか」と切り出してください。

　逆に、相談者の話がある程度整理されている場合には、相槌を打つ、頷くなどの肯定的な仕草で先を促します（講演でも、何度も頷いてくれる受講者がいればたいへん話しやすくなります）。

　ただし、相談者も、気分が乗ってくると、自分が経験した苦しみや悲しみについて理解してほしいという心理的欲求から、エピソード（そのとき、娘にこういわれ

て、私は深く傷ついたといった話）を語りがちです。しかし、エピソードはどうしても時間を消費しますので、それが繰り返されたり、長くなりそうな場合には、適当に楔を打って本論に話を戻す必要があります。そのためには、「その話はもういいから」といった拒絶ではなく、「さっきの話が気になるんだけど」といった指摘を心掛けてください。

(2)　質問の仕方

相談者の話が要領を得ないなら、言葉を遮ってでも質問します。

ちなみに、大学病院では、経験豊富な教授、准教授、講師や医局長などが初診の患者を問診し、短時間で体調の変化等を巧みに聞き出し、危険な疾病から除外診断し、いくつか残った疾病の可能性に順位をつけ、追加検査、投薬処方、診療科や入院（主治医）などを決定するそうです。それは、もし初手での診断を誤って対応が後手に回ると取り返しがつかなくなるからです。

これに対して、法律相談では、相談者が何でも問いに答えてくれるとは限りません。やましいこと、恥ずかしいこと、コンプレックスを持っていることなどは隠そうとするからです。隠されると聞きたくなるのが人情ですが、事案解決に関係のないことなら知る必要はありませんし、やがて経験を重ねるうちに、どのような事情が潜んでいるかは見当がつくようになります。

ですから、最初のうちは、その相談の事案で必要と思われることを直截に尋ねてください。

(3)　回答の仕方

相談の要点を理解し、その解決方法がわかれば、その場で回答します。

事件性のない相談の場合には、相談者が知りたいことを推測しながら、一般論を申し上げるしかありません（これに手間取ります）。

また、事件性のある相談でも、質問が要領を得ないものや資料が確認できないまま回答を求められるケースでは、場合分けしながらの説明になって、時間内に正確な回答ができません。そのような場合には、「もっと詳細に話を伺わなければ正確に分析できない」、「予測だけで間違っているかもしれない回答は差し上げられない」、「証拠（遺言書・遺産分割協議書・不動産登記資料・通帳など）を確認しないままでは確定的なことがいえない」と説明するほかありません。そして、もっと正確な回答を差し上げるには、事務所に来ていただいて、時間をかけ、資料を拝見しながら相談していただく必要があると申し添えるべきでしょう。

なお、相談者の中には、弁護士の回答のうち都合のいい部分だけを切り取って

行動される方がおられますので、発言では誤解を招かないような注意が必要です。

(4)　相談の終わり方

　終わり良ければすべて良し、というように、相談の終わり方も重要です。

　法律相談の結果、事件や手続を受任する場合には、弁護士報酬や費用を説明し、委任契約書を作成する必要があります（弁護士職務基本規程 29 条、30 条）。ただし、以下の点に注意を要します。

　まず、相談者の意思能力に問題があるかもしれないと思われる場合、説明を理解しているか自信がない場合、依頼を渋る素振りを見せる場合には、その場で受任すべきではありません。また、委任契約の内容が複雑だったり、場合分けが必要だったりすれば、限られた時間内に委任契約の内容に関する説明を尽くすことは困難です [9)]。とすれば、日を改めてもう一度事情を伺い、委任の意思を確認するべきでしょう（録音が有効な場合もあります）。後になって「そんなことはいっていない」といわれたり、家族の反対等で翻意される可能性もあるからです。

　また、相談者の感情の抑制が利かなかったり、細かい点に執着される傾向がある場合には、事件を処理する間ずっとそれに付き合わねばならないことを覚悟しなければなりません。それによって他の事件の処理が疎かになったのでは他の事件の依頼人に失礼ですから、受任の可否を慎重に判断してください（ほかの弁護士に受任を断られて法律相談に来られている可能性もあります）。

　これに対して、事件性のない相談では受任に至らないことが多いとは思いますが、相談者の心情や立場を考え、できる限りのアドバイスを差し上げてください。また、できれば、必要に応じて継続的に相談されるよう勧めてください。

　また、受任をお断りする場合には、はっきりとその旨を告げ、必ず、その場で資料一切をお返ししてください。中途半端に一部でも資料を預かると、後日、資料を返すのに難儀します。なお、もともと無理な希望で相談に来られ、それを指摘すると、「この弁護士は役に立たん」と吐き捨てて出て行かれる方もおられますが、それはもう致し方のないことと割り切ってください。

(5)　その他の注意

　法律相談は一期一会が原則ですが、相談者が回答者の弁護士を気に入り、1 年

9）法律相談では、その場で直接受任して委任契約書を締結することが予定されているように思えますが、本来、委任契約は、受任後のあらゆる展開を予測して締結するべきものであり、短時間の相談にのってただちに締結できるようなものではないと感じています。

後、2年後に連絡してこられることもあります。また、法律相談時の回答に誤りがあれば、それを訂正するべきです。したがって、相談内容や相談者の連絡先は控えておくべきでしょう。

　なお、受任前に職務上請求によって相談者や関係者の戸籍や住民票を取り寄せることは禁じられていますので、受任前に先走ってこれらを取得するべきではありません（本人通知制度によって相談者自身に連絡され、トラブルになる可能性があります）。

3　相談環境の違いによる注意

以上のほか、相談の環境によっても、注意するポイントが変わります。

(1)　弁護士会・市役所等での相談

　弁護士会や市区町村でのいわば公的な法律相談の場合、30分程度の制限時間の中で相談を伺い、問題点を洗い出し、回答（処方箋）に辿り着かなければなりません。したがって、時間の配分はきわめて重要です。

　話の腰を折らないように会話の流れをコントロールし、10分以内に相談者の話の概略を聞き終え、それからの約10分で質問して事案と問題点を把握し、残りの10分で処方箋を差し上げられるよう心掛けます。どうしても時間不足ですから、その事案で予想されるもっとも危険なリスクを警告し、もっとも適切な解決方法を一つか二つアドバイスするのが限界になるはずです。

(2)　事務所での相談

　相談者に事務所に来ていただける場合は、いわばホーム・ゲームで、時間に追われず、インターネットで不動産の現況、路線価等の資料、裁判例、文献などを確認しながら、落ち着いて相談内容を分析することができます。委任契約を締結する際、事案の処理にかかる時間的コスト、金銭的コスト、結論の予想などについても、十分に説明することができます。そのほうが相談者のためにもなるわけですから、できる限り説得して事務所に来ていただくべきです。

(3)　相談者宅での相談

　弁護士が相談者宅を訪問して相談を受けるケースもあります。その際には、コピーをとったり、書籍を確認したりできないので、いわばアウェイ・ゲームです。

　しかし、「相談者が資料を持って来なかった」ということはありませんし、百聞は一見に如かずというように、相談者のお宅で得られる情報は少なくありません。家族写真、遺影、仏壇、訪問介護員（ホームヘルパー）やデイサービスの予定を記載したカレンダー、部屋の散らかり具合、庭木剪定の有無、テレビの音量など、相談者の生活を示す様々な情報を収集することができます。それに、外出に

苦労される高齢者も多いので、積極的にご自宅に伺うことを勧めます。

　相談者のご自宅を訪問する場合には、昼食時や夕食時にかかる時間帯を外して饗応を遠慮し[10]、ご仏前に線香をあげるため数珠（念珠）を用意し、駅までの送り迎えで高齢者に車を運転させないことなどに気をつけてください。

(4)　電話・Zoom 等での相談

　相談者にとって、弁護士会が行っている無料の電話相談[11]は便利ですが、短時間の電話の中で相談の内容を把握し、解決法を示すのは困難です。相続放棄の方法などの簡単なことならともかく、込み入った内容であれば断定的な回答は避け、継続相談として事務所に来ていただいて相談を聞くよう誘導してください。

　なお、新型コロナウイルス感染症対策のため、対面を避け、Zoom や Teams での相談を受けることもあるでしょうが、それが可能であっても、画面で資料を確認することは難しいので、あらかじめ相談者から資料を提供してもらい、内容を検討してから相談に臨んでください。また、オンラインの相談では相談者の表情や仕草などがわからないとか、相談料の徴収などの問題もありますので、面談が望ましいことに変わりはありません。

(5)　同席者がいる場合

　相談の際に、高齢の相談者だけでなく、そのご家族（推定相続人）が同席されることがあります。

　高齢の相談者は難解な説明を聞き取れず、理解も不十分になりがちですから、基本的にご家族の同席は歓迎です。ただし、高齢者と家族の思惑が異なることは少なくありませんし、相談者も、傍にいる家族の意向を忖度して説明をされることがあります。そんな場合には、後になってから、「あのときは息子が同席していたからいえなかったけれど」という話が出るかもしれません。したがって、機を見て、失礼にならないように「お人払い」をお願いし、相談者の真意を確認してください。

4　健康に対する気遣い

高齢者の不安の第1位が健康や病気であることは申し上げました。認知症をはじ

---

10)　終戦後の物のない時代を過ごした経験をもつ高齢者は、来客は食事で歓待しなければならないと思われがちです。また、久しぶりに客が来るということで喜んでおられることもありますが、弁護士としては羽目を外すべきではないという趣旨です。

11)　大阪弁護士会・京都弁護士会・兵庫県弁護士会の遺言・相続センターでは約20分間無料の電話相談を実施しています。

めとする高齢者の病気については後述しますが（第5編第2章）、法律相談で備えて
おくべき気遣いについて付言します。

(1)　難聴

　こちらが話しているときに、相談者が眉根に皺を寄せてずっと横を向いていた
ら、片方の難聴を疑います。このようなときは、相談者が黙っていたとしても話
の内容は理解されていないことが多いです。

　加齢性難聴は前期高齢者で3人に1人、後期高齢者では2人に1人と頻発です。
高齢者が電話で大声で話すのも、テレビの音が大きいのも、音量調整ができない
からです。こうした場合は、聞こえる耳のほうから、十分な声量で語りかける必
要があります。

　また、難聴は他者とのコミュニケーションを阻害し、殻に閉じこもるので、認
知症発症率は2倍になるといわれています。補聴器は30〜50万円と安くありま
せんし、フィッティングにも技術が必要ですが、余裕があるなら認知症対策とし
て試されるべきではないかと考えています。

　なお、いつから聞こえにくくなったのかも尋ねてみてください。3日前の朝に
起きたら片方の耳に耳鳴りがして急に聞こえなくなったという場合は突発性難聴
の可能性があります。突発性難聴は発症から1か月以内に症状固定するため、発
症から1〜2週間内（ゴールデンタイム）の早期治療（ステロイド投与）が不可欠で
す。

(2)　視力

　書面を読むときに、相談者が書面との距離を調整しているなら、老眼（老視）
の可能性が高いです。

　老眼とは、加齢によりレンズの役割をする水晶体の弾性が失われてピント調節
機能が弱まり、約30cmの距離のものに焦点を合わせることができなくなる現象
で、50歳以上になれば多かれ少なかれ老眼の症状が出ます（老眼人口は7,000万人
といわれています）。

　そのほか、白内障は、加齢とともに水晶体が白く濁って視力が低下する病気で、
患者数は約100万人です（白内障は水晶体を人工レンズに取り換える手術で治癒できる可
能性が高いです）。緑内障は、加齢とともに眼底に存在する視神経に障害が起こり、
視野（見える範囲）が狭くなる病気で、患者数は500万人といわれています。

　つまり、高齢者は小さい字を読むのが苦手なので、事務所には（市役所と同じよ
うに）老眼鏡や拡大鏡を用意し、相談者に書面を送るときには12ポイント以上

の文字を使うことをお勧めします。

　なお、突然の飛蚊症や視野欠損では、網膜剥離の危険があります。網膜剥離は失明を招く重大な病気で、一気に進行しますから、目を閉じて眼球を動かさず、すぐに眼科を受診するよう勧めてください。

(3)　糖尿病

　糖尿病は、血液中の血糖値が慢性的に高い値を持続する疾患で、インスリンの産生に障害がある1型糖尿病と、過食、暴飲、運動不足、ストレスなどによって膵臓の働きが悪くなる2型糖尿病に分類され、日本人では2型糖尿病が95%です。平成29年（2017年）の厚生労働省の調査によれば、治療を受けている糖尿病患者は約328万人（男性約184万人、女性144万人）で、その半数が高齢者です（糖尿病が強く疑われる者の割合は70歳以上の男性で26.4%、女性では19.6%です）。

　糖尿病が悪化すると、口が渇く、トイレが近くなる、疲れやすい、体重減少といった症状がみられ、重い合併症（失明のおそれがある糖尿病網膜症、人工透析が必要となる糖尿病腎症、壊疽によって手足の切断を余儀なくされる糖尿病神経障害など）を引き起こします。また、糖尿患者も認知症を発症しやすいとされ、認知症になれば血糖値のコントロールもできなくなるという負のスパイラルが指摘されています。

　なお、高齢者の糖尿病患者は、血糖値を下げる薬剤が体内から排出されにくいことなどから、低血糖発作が起きることがあります。面談中に、異常な発汗、震え、頭痛、生あくびなどがあると要注意で、放置すると昏睡から生命の危機に至ることもあります。また、介護施設に入所する際には、その施設が糖尿病患者に対応できるかどうかのチェックが必要です。

(4)　高血圧

　高血圧とは、安静時でも慢性的に血圧が高い状態（収縮期血圧が140mmHg以上又は拡張期血圧が90mmHg以上）が続くことです。自覚症状はありませんが、放置していると心疾患や脳卒中（脳出血）など致死的な病気につながるため、サイレント・キラーと呼ばれます。前述の厚生労働省の調査によれば、実際に治療を受けている高血圧症患者数は約994万人（男性約431万人、女性約564万人）ですが、推定では約4,300万人ともいわれています。

　もちろん若い方でも塩分の摂り過ぎや肥満、ストレス、運動不足などで高血圧になりますが（生活習慣病）、高齢になれば血管の弾力性が失われて血流が悪くなり（動脈硬化）、心臓がそれをカバーしようとして収縮期血圧が高くなります。糖尿病を合併している場合には特にリスクが高くなります。

　具体的には、相談で興奮して立ち上がった際に急に血圧が下がって脳に血が届かず、ばったり倒れられることがあります（起立性低血圧）。

　それより怖いのは、心疾患と脳血管疾患です。動脈硬化や高血圧の高齢者が十分な水分を摂らないでいると血栓を生じて心臓や脳血管が詰まります（心筋梗塞・脳梗塞）。心筋梗塞の場合は胸が痛む等の症状があり、脳梗塞ではろれつが回らなくなったり、片方の上下肢に力が入らなくなったりします。また、脳梗塞とは逆のパターンで、脳内の未破裂脳動脈瘤が破裂してくも膜下出血（脳出血）に至ることがあり、頭に激痛が生じます。それぞれ、救命治療のためのゴールデンタイムは4〜5時間とされますので、高齢者が「ちょっとじっとしていれば治るんです」といったとしても、すぐに救急車を呼んでください。

　以上は、もちろんレアケースですが、高齢・高血圧の相談者と面談する場合は、十分水分を摂っていただいて、興奮させないような配慮が必要です。

(5)　転倒防止（骨粗鬆症）

　高齢の相談者を事務所にお迎えする際には、わかりやすいところまで迎えに行き、帰られるときには駅やタクシーを拾うところまで付き添います（年寄り扱いするなという方には不要です）。その年代の高齢者にとって、転倒はもっとも避けなければならないことだからです。

　骨粗鬆症は、加齢とともに骨の量（骨量）が減って骨が弱くなり骨折しやすくなる病気で、わが国では女性980万人、男性300万人が罹患しています（一般社団法人日本生活習慣病予防協会ホームページ）。骨粗鬆症の症状があると、ほんのわずかなはずみで（尻餅や手をついただけでも）骨折します。骨折の好発部位は背骨（脊椎圧迫骨折）、手首の骨（橈骨遠位端骨折）、太ももの付け根の骨（大腿骨頚部骨折）で、高齢者が寝たきりになる主原因です。

　寝たきりになれば自立は困難となり、施設入所が必要になって、気力も体力も失われ、死の床につくことになりかねません。高齢者もそれを十分に知っているからこそ、転倒には細心の注意を払い、足元を見ながら、ゆっくりと歩を進めるのです。

　なお、高齢になると、転倒しても咄嗟に防御態勢が取れず、頭部を床や縁石にぶつけてしまうことがあります。頭部を打つと脆くなっている脳血管が破れて急性硬膜下血腫などを生じ、その血腫が次第に頭蓋内に広がると、延髄を圧迫して呼吸停止に至ることがあります（脳ヘルニア）。このような場合でも、高齢者にはしばらく意識があるので、「何ともないですよ」と繕うものですが、4〜6時間

以内に CT や MRI で頭蓋内出血の有無を確認して治療を始める必要があります。

　以上のように、高齢者の健康には細心の注意を払っていただきたいと思います。

⑹　その他

　夏に冷たい麦茶に手を出さない高齢者は、お腹が冷えるのを嫌がっているのかもしれません。でも、たとえば脳梗塞予防のためにも水分は必要ですから、「熱いお茶か白湯にしましょうか」と声をかけてあげてください。

　高齢になれば、失禁、尿漏れ、頻尿なども顕著な症状となります。特に女性は自分から言い出しにくいので、「トイレはいかがですか」と声をかけてあげてください。

　最後に、もう一度、思い出してほしいのですが、高齢者の関心の第一は健康です。相談者から既往歴や服薬を伺い、病気、病院、治療、薬剤のことで話を合わせられるようになると、一気に距離を縮めることができます。

　前置きが長くなりました。では、具体的な相談例を検討しましょう。

第 2 編　終活に関する相談

相談例1　高齢者からの事件性のない相談

相談者（78歳女性）から、「夫が他界してから、長男一家と同居している。今のところ生活に支障はないが、終活や相続についての記事などを見て、先のことが心配になった」と相談された。

対応のポイント

高齢者からの相談は必ずしも具体的でなく、法律問題とさえいえないときもあります。ただし、わざわざ足を運ばれるからには問題や悩みごとを抱えておられるかもしれません。丁寧に事情を伺ってください。もっとも、漫然と話を聞いているだけでは時間を浪費しますので、問題を予想しながら的確に質問する必要があります。

――――――――――― 解　説 ―――――――――――

1　問診

２～３分話を聞いて、相談者の話が要領を得ない場合には、こちらから基本的事項を確認します。

第一に、家族関係の確認です。配偶者の有無、配偶者がいないなら未婚・離別・死別のいずれか、子は何人か、誰と同居しているか、誰か亡くなった方がおられるのか、などです。これによって親族関係を把握します。

第二に、生活環境についても確認します。どのような住居に住んでいるのか（所有か賃貸か）、生活費の収支、蓄えの額や、預貯金の管理者などです。初対面でお金に関することは尋ねにくいでしょうが、ある程度は伺っておくべきでしょう。

第三に、相談者の健康状態を確認します。年齢、持病、入通院歴、介護認定などについて情報を仕入れます（なお、認知症の方が一人で相談に来られることはまずありません）。健康に関する話題は、距離を縮める潤滑油になってくれることもあります。健康面で特に問題がなければ、介護認定や財産管理などは、一応、喫緊の問題ではないと判断します。

第四に、日常生活のタイムスケジュールについて伺います。１日の過ごし方がわかれば、相談者の生活ぶりを想像できます。

　最後に、相談に来られたきっかけ（イベント）を確認します。これによって、相談者の抱える問題が明らかになるはずです。

2　同居家族との関係

　問診によって、相談者がどのような悩みごとを抱えているのか、また、相談者が気づいていなくても、この先どのような問題が起きる可能性があるのかを考えます。

　ちなみに、相談例では、同居の家族がいるのに、なぜ一人で法律相談に来られたのかが気になります。「生活に支障がない」と話していますが、まったく問題がないなら相談に来ないでしょう。とすると、家族との関係で悩んでおられるのかもしれません。

　まず、相談者と長男家族との仲がうまくいっているなら、長男家族に迷惑をかけないように終活しておきたいという相談が予想できます。長男や嫁に迷惑をかけたくないから来てみた、介護が必要になったらどうしよう、遺言は必要なのかといった相談です。

　つぎに、長男家族との折り合いに問題があって、そっと一人で相談に来られたのかもしれません。相談内容としては、長男夫婦が冷たい、恩着せがましい、嫁には財産を渡したくない、長男夫婦の孫に対する教育がなっていないというような不満が予想できます。もっとも、この場合は、話し相手を求めて相談に来られただけかもしれません。

3　遺言・相続の相談

　長男以外に次男や三男といった推定相続人がいる場合には、長男と次男の仲が悪いが何とかできないものか、次男にもそれなりのものを残してやりたいといった相談が予想され、遺言や相続が問題になる可能性が出てきます。

　一般に、複数の子があり、そのうちの一人と相談者が同居している場合は、同居の子と非同居の子の間で相続紛争が起こる確率は高くなります。というのも、同居の子は親の面倒をみているという意識を強く持っているのに対して、非同居の子は同居の子が親との同居で楽をしていると考えがちだからです。そして、同居の子と非同居の子が次第に疎遠になり、ささいな出来事にそれぞれの配偶者も加わってひと悶着起きると、兄弟姉妹でも、容易に縁を切った状態になります。したがって、その兆候があるときや、すでにそうなってしまっている場合、親としてはいたたまれず、一人で相談に来られることがあります。

　そうして、兄弟姉妹の仲をどのように取り持てばいいのかという相談なら、法律知識以外の知恵を絞るしかありませんが、他界後のことを心配されているのなら、

遺言や相続のことについて説明することになります。

4　親の責任

　もっとも、同居の子と非同居の子の仲がうまくいかなくなる原因の一つは親の言動です。

　加齢によって心細くなった高齢の親は、多かれ少なかれ、子に対して愚痴をこぼし、他の子に対する不満を漏らして、自分の寂しさを理解してもらおうとしがちです。その子らがみな親元を離れているなら親の愚痴を冷静に受け止められますが、同居の子がいる場合には、しばしば問題がこじれます。

　というのも、不安が嵩じた高齢の親は、非同居の子に対して、同居の子に食事をさせてもらっていない、通帳を取り上げられた、現金を盗まれた、財産を狙われているといった不満を口にするからです。もちろん、それは事実ではなく、親にとっては、自分を大切にしてほしいと思うあまり口をついて出た他愛もない話かもしれません（あるいは認知症による思い込みかもしれません）。

　しかし、非同居の子はこれを看過できません。兄に任せておけば大丈夫と思っていたのに、そんなことが起きているのか、兄は兄嫁のせいで人格が変わってしまったのか、といった疑いが生まれます。そして、いったん生まれた疑いは増幅されます（疑心暗鬼を生ず）。

　しかも、こうした親に限って、他方で同居の子（夫婦）に対しては、非同居の子はまったく帰ってこないし頼りにならない、もともと情の薄い子だった、私の財産はおまえに継いでもらいたいなどと口走るのです。罪の意識はないのでしょうが、これでは「憎みあえ」といっているようなものです。

　さらに、子らに対して、「この家をどちらに継いでもらうか悩んでいる」とか「ご先祖様のことを思えば」と迷う素振りを見せ、わざわざ預貯金を引き出して現金を見せびらかすといった行動をとる方もおられますが、それも確実に相続紛争の導火線になります。

　したがって、相談者に対して、やがて年をとると誰でもそういう言動をとりやすいので注意してくださいと申し上げます。相続紛争の原因になるような言動を控えることは、親としての最後の務めだと思うのです。

三行要約

★　相談内容が要領を得ないときは、いくつかの確認事項を通じて相談者の状況を掌握する。

★　一人で相談に来られる高齢者は、家族との関係で悩んでいる可能性がある。

★　多少の不満があっても、推定相続人に対して不用意な言動をしないことは親の責任でもある。

相談例2　**独身の子と2人で暮らす高齢者の相談**

相談者（81歳女性）から、「20年前に夫が他界した後、ずっと独身・無職の長女（54歳）と2人で暮らしている。今のところ、何とか生活しているが、これから先に備えて何をどうしておけばよいのか」と相談された。

対応のポイント

相談者と長女が約50年間も一緒に暮らしているなら互いに気心も知れていますし、毎日の生活は安定しているはずです。しかし、加齢により、現在の関係はやがて壊れる運命にあります。相談者の死後一人で暮らすことになる長女のことを考えれば、問題の先送りをせず、今のうちに何らかの手を打っておくべきです。

――――――解　説――――――

1　8050問題

「親一人・子一人」と聞けば、親と幼い子が肩を寄せ合って慎ましく生活している世帯を想像します。しかし、子が中高年ともなれば、なぜ子は自立していないのだと眉を顰められるかもしれません。

「8050問題」とは、若い頃からの子のひきこもりが常態化し、50台の子と80台の親が同居している場合のことで、最近は、孤立死、無理心中、親の死体遺棄、親の年金・生活保護費の不正受給などの原因として捉えられています。

ちなみに、平成30年度の内閣府調査によれば、中高年（40歳～64歳）のひきこもりは約60万人で、そのほとんどが高齢の親との同居と考えられます。そうすると、高齢者と子の同居世帯（約1,000万世帯）のうち6％程度（60万世帯）がこの問題を抱えているのです。また、「8050問題」はそのまま高齢化し、やがて「9060問題」に移行すると危惧されています。

多くの場合、8050問題やひきこもりの背景には、精神疾患や事故の後遺症など、そうならざるを得ない深刻な事情が存在します。しかし、根本的な解決としては、子の就労（又はそれに代わる社会参加）による自立しかありません。相談者の死後に長

女が生活していけるかどうかを懸念されているのなら、なおさらです。

　これは法律問題ではありませんが、このような問題があると思われる場合には、都道府県や市区町村のひきこもり地域支援センターや自立相談支援機関窓口への相談を勧めます。必要ならその場で相談者の代わりに窓口を調べ、電話で予約を取ってもよいでしょう。[12]

2　共依存の問題

　もう一つ指摘しておきたいのは共依存の問題です。

　「共依存」(Co-Dependency)とは、自分と特定の相手の関係性に過剰に依存し、その人間関係に囚われている関係への嗜癖を意味します[13]。たとえば、親が子の世話をすることによって、子から依存されることに自己の存在価値を見出し、子をコントロールして自分の望む行動をとらせて親自身の心の平穏を保とうとすることをいいます（親子が逆のパターンもありますし、夫婦の場合もあります）。そして、共依存者は、相互の依存を「愛や支援に基づく崇高・純粋な行動」と考えますが、その関係性が覆るときには強烈な苦痛や疲労を伴い、場合によって自殺の動機にもなるとされます。

　相談例でも、もし相談者と長女が共依存の関係なら、相談者は、長女の自立を願っているといいながら、それを阻害する裏腹な行動をとっているかもしれません。特に、「娘は、私がいないと何もできない子なんです。だから心配なんです」といった発言が頻繁に出るようなら要注意です。窓口を紹介するといっても、「娘は家から出たがらないんです」など様々な口実を設けて、アドバイスを拒絶されます。したがって、相談者の気持ちに配慮しながら、うまく誘導しなければなりません。

3　相続開始後に想定される事態

　相談者が他界されれば、長女は一人で取り残されます。

　相談者と長女の関係があまりに歪であれば、ほかに推定相続人となる非同居の子

---

12) こうした窓口では、経験のある臨床心理士などの相談員が相談に対応し、ひきこもりの本人たちの集いや親の集いを紹介してくれます。

13) 共依存は、アルコール依存症を扱う看護現場から生まれた概念です。アルコール依存症の患者は家族に世話や介護を依存しますが、それだけでなく、介護する側の家族も世話をする自分に陶酔し、飲酒問題の解決を拒む傾向が見られたからです。こうした共依存者は、一見すると献身的・自己犠牲的に見えますが、深層心理では患者を回復させることを拒み（イネイブリング）、結果として患者が自立する機会を阻害する自己中心性を内包すると指摘されています。

がいても、関わり合いをおそれて実家に寄り付かないかもしれません。しかし、それは相続紛争が起きないことを意味するものではありません。したがって、長女以外の子がいる場合には、相談者には遺言書の作成をお勧めします（それが非同居の子のためでもあります）。なお、相談者の子が長女だけなら、相続開始後には、狭義のおひとりさまの問題が生じます（相談例5参照）。

　なお、「今のところ、何とか生活している」とのことですので、収入源は相談者の年金だと考えられます。そうだとすると、相談者の死亡によって年金はなくなりますから、長女は相談者の遺産を取り崩しながら生活するか、それが底をつけば生活保護を受けることになる可能性があります。また、長女に障害があるなどの場合には、親なき後の問題（相談例19参照）が生じます。

三行要約

★　親一人・子一人の8050問題がある場合、解決策としては子の就労（又は社会参加）しかない。

★　相談者の家庭内で解決できなければ、公共の相談窓口を調べて紹介する。

★　親子が共依存関係にある場合、アドバイスをことごとく拒否されることがある。

相談例3　夫婦2人暮らしの高齢者の相談

　相談者夫婦（82歳男性・76歳女性）から、「今のところは自宅で生活しているが、そろそろ今後のことが気になってきた。何から準備しておけばよいだろうか」と相談された。

対応のポイント

　高齢者世帯のうち、夫婦2人暮らしの世帯数は800万を超え、その人数は1,600万人もおられるはずですが、高齢者ご夫婦そろっての相談はあまりありません。これは、ご夫婦が互いを気遣ってサポートし、生活も安定しているからと思われます。ただし、そのようなご夫婦が相談に来られるなら、何らかの契機があって必要に迫られたからではないかと推測できます。

14）生活保護受給者は平成31年2月で2,089,641人です（厚生労働省令和元年5月8日プレスリリース）。

======================== 解　説 ========================

1　生活に関する相談

　具体的な相談として多いのは、夫婦のどちらかが健康を損ねて2人で暮らせなくなった場合にどうすればいいかといった生活自立上の相談です。高齢の夫婦2人暮らしのご家庭では、互いに支え合って何とか生活しているところ、片方が健康を損なえば、その生活が成り立たなくなるからです。

　もし、そのような相談であれば、介護サービス、施設入所、財産管理、成年後見の制度などを説明します（つまり、これらに関する基本的な知識はあらかじめ用意しておく必要があります）。これは厳密には法律相談ではないかもしれませんし、若手の弁護士にとっては回答が難しいかもしれませんが、親身に相談にのれば、きっと喜んでいただけます。

　なお、配偶者が死亡しても今の家に住み続けることができるかといった不安であれば、平成30年の相続法改正で配偶者居住権等が創設されましたので、その点について説明します（相談例44参照）。

2　子がない夫婦の相続に関する相談

　高齢の夫婦そろっての相談で次に多いのは、「自分が先に亡くなったら妻はどうなるのだろう」という相談です。特に夫婦に子がいない場合に、この相談が多いようです。

　もともと、子がいない夫婦は、さっさと離婚するか（子は鎹といわれます）、寿命まで仲良く添い遂げるかのどちらかだといわれます。また、長年夫婦2人だけで暮らしておられる場合、片方配偶者が亡くなっても、その遺産は他方配偶者がすべて相続すると思い込んでおられることが少なくありません。

　しかし、子のいない夫婦のどちらかが死亡すれば、先に死亡した配偶者の兄弟姉妹（又は甥・姪）が相続人として登場します（直系尊属が存命の場合は割愛します）。そして、子のいない夫婦は兄弟とあまり親戚付き合いせず（親戚の寄り合いでは子や孫の話題が多くなるため肩身が狭いのです）、甥・姪とも疎遠であることが多いため、残された配偶者は遺産分割協議では苦労することになりかねません。

　したがって、遺産分割協議を回避するためには遺言を残すべきですし、自分の財産を配偶者に相続させたいと思うなら、遺言書で「すべての遺産を配偶者に相続させる」旨を定めておけば足ります。

3　子がある夫婦の相続に関する相談

　これに対して、相談者夫婦に子がいる場合、子への相続に関する相談を受けるこ

ともあります。

　子のある夫婦の片方が亡くなっても（一次相続）、他方配偶者と子が「なさぬ仲」（前妻の子や養子）でない限り、一次相続で大きな問題が起きることは少ないといえます。というのも、一次相続の時点では残された配偶者の発言権がわが子のそれよりも大きいはずだからです。

　しかし、一次相続が開始した時点で配偶者が認知症になっていたり、複数の子同士の仲がよくない場合には、一次相続でも、もめる可能性があります。したがって、家族との関係をよく伺って、その事情に応じた遺言を勧めます。

　なお、相談者夫婦に複数の子がある場合には、一次相続での「すべての遺産を配偶者に相続させる」という内容の遺言は子の遺留分を侵害し、二次相続でもめる原因にもなりますから、一般的にはお勧めしません（相談例 52 参照）。

4　夫婦そろっての遺言

　さて、相談例のようなケースでは、夫（82 歳）が妻（76 歳）より先に亡くなることを想定して、夫の遺言書作成だけを希望されることもあります。しかし、どちらが先に他界されるかはわかりませんので、夫婦そろっての遺言をお勧めします。ただし、共同遺言は禁止ですから（民法 975 条）、別々の遺言書を作成する必要があります。

　つぎに、遺言で配偶者に遺産を相続させるとしても、その配偶者が先に死亡していればその部分は無効となり、遺産が宙に浮きます。もちろん配偶者が先に死亡した後に遺言を書き換えることも考えられますが、その時点では、遺言者が遺言能力を失っているかもしれません。したがって、他方の配偶者が先に死亡している場合に備えた予備的遺言（条件付遺言）を勧めます。これは、二次相続の場合についても遺言で取り決めることを意味します。

─(**三行要約**)─────────────────────────────

★　夫婦そろって来られる相談は、子がいない場合で、かつ、互いを思いやってのことが多い。

★　将来の生活に関する介護等の相談であれば、一般的な制度の説明をする。

★　配偶者死亡の場合の相続を懸念されているなら、夫婦それぞれに、遺言書を作成し、他方配偶者先死亡に備えた予備的遺言条項をつけるよう勧める。

─────────────────────────────────────

> **相談例４　一人暮らしの高齢者の相談**

　相談者（76歳女性）から、「３人の子は独立し、半年前には夫が他界して、私も、「おひとりさま」になってしまった。これからどうやって生きていけばいいのか途方に暮れている」と相談を受けた。

対応のポイント

　一人暮らしの高齢者世帯数は683万世帯（男性222万世帯、女性460万世帯）です。近くに相談できる身内や知人がいないため、孤立している方も少なくありません。こうした方は、やがて病気になったり、生活できなくなればどうすればいいか、認知症になったら誰が面倒をみてくれるのかといった不安を常に感じています。特に、配偶者を亡くした直後は、精神的に落ち込みがちなので、注意が必要です。

━━━━━━━━━━━ 解　説 ━━━━━━━━━━━

1　おひとりさま

　一人暮らしの高齢者は「おひとりさま」と呼ばれることがあります。

　『おひとりさま』は平成21年（2009年）に放映されたTBSドラマの題名で、このドラマは33歳の女性教師（観月ありささん）が年下の同僚（小池徹平さん）にひかれるという設定ですから、高齢者とは無関係でした。その後、平成22年（2010年）のNHKスペシャルで『無縁社会』という番組が放映されました。この番組では、地域社会と隔絶し、孤独な生活を送る高齢者の増加現象を「無縁社会」として取り上げ、人間関係の希薄化や生き甲斐がないなどの問題により、消費者被害や孤立死などのリスクが高まることに警鐘を鳴らしました。こうして、高齢者のおひとりさまがクローズアップされたのです。

　しかし、おひとりさまが一人暮らしの高齢者を意味するとしても、その中には、子や兄弟などの推定相続人がいる場合と推定相続人がいない場合（本書では「狭義のおひとりさま」といいます）があり、独居であっても、完全な一人暮らしか施設入所されているかなどで事情は異なります。

2　配偶者を失った場合の心情に対する理解

　相談例では相談者には３人の子がおられるのですから、本来、相談相手には困らないはずです。また、相談者はまだ若いので（76歳なら平均余命は15.15年です）、しばらくは認知症リスクも現実化しないと思われます。したがって、健康に関する不安

が顕在化していないのなら、年金支給に合わせて今後の生活設計を見直すとか、生前整理や断捨離を始めるとか、あるいは遺言をお勧めするといった回答になりそうです。

　心配なのは相談者の心身の状態です。というのも、配偶者が亡くなると、（子の有無に関係なく）残された配偶者は生活のリズムが狂い、喪失感から気力を失いがちで、一気に老けるといわれているからです。この傾向は妻に先立たれた夫に顕著ですが（男やもめに……という諺があります）、夫に先立たれた妻も意気消沈して生活のリズムが乱れ、不安が嵩じることがあります。

　したがって、このような兆候がある場合には、法律相談でも相談者の気持ちに寄り添い、亡くなった配偶者の菩提を弔い、故人を偲んで昔話を聞くとともに、新たに何かするべきことを見つけて、相談者を元気づけることが大切です。

3　相談者へのアドバイス

　もっとも、真面目な方ほど、「自分がしなければならないこと」を探そうとされます。そして、気持ちが弱っているときには、高齢者は、終活ビジネスの宣伝文句に乗せられて、不要なことに手を出してしまいがちです。

　たとえば、終活や相続のセミナーに参加すれば、任意後見、財産管理、家族信託、遺言信託を勧められるでしょう。終活フェアでは、葬儀の予約や墓地の購入を勧められるかもしれません。しかし、相談者の場合、それは必要でしょうか。3人の子が相談者のことを気にかけてくれているのなら、相談者にとって、それらは喫緊の課題ではありません。

　そうであれば、相談者には配偶者のいない新しいライフスタイルを模索するようアドバイスするべきです。たとえば、今や高齢者のサークル活動は活況です。中には商売目当てのものもありますが、山歩きでも、寺巡りでも、多額の費用はかかりません。そして、そのメンバーたちも相談者と同様の経験を持つ人たちですから、その人たちと語らうことによって少しは気持ちが落ち着くはずです。

　もちろん、相談者によっては「私は社交的じゃないし、そういう集まりはちょっと」という方もおられますが、やさしく背中を押してあげてください。

4　保証人問題など

　さて、一般に、おひとりさまがよく不安に感じておられるのは、施設入所、入院の際の身元保証人が見つからず、入所や入院を断られるのではないかという問題です。

　たしかに、介護施設や病院は、ケアプランへの同意、手術や延命など治療方針へ

の同意、死亡した場合の遺体や動産の引取り、利用代金の支払いなどのために身元保証人を求めます。そこで、特定非営利活動法人（NPO）などの各種法人による、見守り、財産管理、福祉サービス支援、身元保証サービスに葬祭支援までまとめたサービス（商品）が注目されるようになりました。しかし、これらのサービスを受託した業者が将来も健在で、いざというときに頼りになるという保証はありません。[15]

　葬儀や埋葬、墓石の売買などでも同じことがいえます。つまり、葬祭業者や霊園業者は、「いざというときに子どもたちに迷惑をかけないよう今から準備しておきましょう」とのキャッチフレーズで墓地の永代使用権や墓石を売り込み、高齢者を囲い込もうとしがちです。

　しかし、特に、最初に多額のお金を支払わせて長期にわたってサービスを提供するという類型の終活ビジネスでは、常に、事業者が集めた金を流用し、別の事業に投資して失敗して破綻するリスクがあります。そして、そういったリスクを避けるための冷静な判断には、孤立しないことがもっとも重要です。

5　弁護士の関与

　さて、配偶者を亡くしたばかりの相談者の動揺や不安が大きく、このまま放置していることが見過ごせないなら、見守り契約やホームロイヤーをお勧めするべきかもしれません。定期的に事務所に来てもらって、相談ごとを伺いながら話し相手を務め、生活上のアドバイスを差し上げる。これは、高齢者医療で行われていることと何ら変わりませんし、法律問題を解決することに固執する必要はありません。

┤三行要約├

- ★　配偶者を亡くすと気持ちが落ち込むことが多いが、一歩踏み出して新しい生活を探してもらう。
- ★　最初に大金を要する終活ビジネスでは、その業者が破綻すると元も子も失う。
- ★　おひとりさまになっても孤立を避けることが、もっとも重要である。

---

15) 平成28年（2016年）に、身元保証を引き受けていた公益財団法人日本ライフ協会が破産して社会問題となりました（契約者数は約2,600人でした）。そこで、平成30年（2018年）8月30日、厚生労働省老健局は「市町村や地域包括支援センターにおける身元保証等高齢者サポート事業に関する相談への対応について」との通達（老高発0830第1号、老振発0830第2号）を発し、施設や病院は身元保証人なしに入所、入院できるようにするべきであるとしました。しかし、その後も身元保証人を求める施設や病院が大半ですので、身元保証人の心配は無理からぬことです。

相談例5　**狭義のおひとりさま**

相談者（75歳女性）から、「15年前に父を、8年前には同居していた母を看取り、（兄弟もいないので）天涯孤独の身となった。後は自分が死ぬだけだが、生きている間にしておくことはあるだろうか」と相談された。

対応のポイント

おひとりさまの中には推定相続人がいない方（狭義のおひとりさま）もおられます。相談に来られる狭義のおひとりさまの傾向としては、一人暮らしには慣れているものの、自分が亡くなった後のことを心配されているという真面目な方が多いようです。そういった場合には、早めの遺言と生前整理をお勧めします。

―――――解　説―――――

1　狭義のおひとりさま

一人暮らしの高齢者（おひとりさま）の中には、伴侶がおらず、その他の推定相続人（直系尊属、直系卑属、兄弟姉妹及びその代襲者）もいないという方（狭義のおひとりさま）がおられます（もちろん、戸籍で確認しなければ推定相続人がいないことは確定できません）。

さて、狭義のおひとりさまが亡くなられて、親類・縁者もいなければ、葬儀・埋葬の手続が採れず、被相続人自身は無縁仏として葬られることになります[16]。また、狭義のおひとりさまの遺産は宙に浮きますが、他方で、被相続人に債権を持つ病院や施設、被相続人に部屋を貸していた賃貸人らは、相続人から弁済を受けることができず、途方に暮れます。

この場合の解決策としては、相続財産管理人制度[17]（民法951条、952条）が用意されています（相談例62参照）。しかし、賃貸人などの利害関係者が家庭裁判所に相続財産管理人の選任を申し立てるには50万円から100万円の予納金納付を求められ

16）縁者がいない「無縁仏」の場合、地方自治体は、火葬後の一定期間は遺骨を保管し、その後、自治体が管理する墓地に合同埋葬します（墓地、埋葬等に関する法律9条又は生活保護法18条）。

17）令和3年民法改正が施行されれば相続財産管理人は相続財産清算人に変わりますが、ここでは現行制度で説明します。改正により相続財産管理に要する時間は若干短縮されますが、本文のとおり、時間と手間がかかることは変わりありません。

ますし、相続財産管理の手続に1年以上かかるため、債権者や利害関係人の立場からすれば甚だ迷惑です。もちろん、被相続人に十分な遺産があって予納金が不要となったり、申立ての数か月後には予納金の返還を受けられることもありますが、相続債権者が迷惑をこうむることに変わりはありません。

2　遺言の必要性

　一方、狭義のおひとりさまが遺言書で遺産の処分を定め、遺言執行者を指定しておけば、相続財産の調査や債権者に対する弁済を遺言執行者に任せることができます（遺産の処分は遺贈によるため、遺贈義務者である遺言執行者は不可欠です）。もっとも、相続債権者ほかの利害関係人がその遺言の存在を確知できない場合がありますので、弁護士が遺言書を預かるとともに継続的な相談相手になり、かつ、介護施設やケアマネジャーに緊急連絡先として知らせておくなどして、遺言者の死亡をすぐに知ることができるよう工夫する必要があります。

　なお、葬儀や埋葬など死亡直後に必要となる手続は遺言事項ではありませんから、遺言書とは別に、身近にいる親しい人との間で（有償の）死後事務委任契約を締結しておくのが理想的ですが、適任者がいなければそれも弁護士が受任すべきでしょう。また、遺言書でそれらの事項を定め、事実上、遺言執行者となる弁護士が葬儀や埋葬を執り仕切ることもできます。

　したがって、相談者には、相続開始後に周囲に迷惑をかけないよう遺言執行者の指定を含む遺言書の作成を勧めます。

3　生前整理の必要性

　相談者は、亡父の相続（一次相続）と亡母の相続（二次相続）を経験していますが、このような場合、亡父・亡母名義の不動産や預貯金の相続手続（名義変更）を放置している可能性があります。一人っ子なら名義変更しなくてもさして支障がありませんし、「両親名義の財産をそのままにしておきたい」という気持ちが強く働くからです。両親の遺骨を埋葬せず、骨壺と一緒に暮らしているケースもあります。しかし、いずれは名義変更手続をしなければなりませんから、気持ちにけじめをつける意味でも、名義変更等の手続を勧めます。

　また、遺言で「すべての遺産を○○に遺贈する」としても、受贈者がこれを放棄すれば（民法986条1項）、処理に困ります。たとえば、亡父名義の田舎の田畑・山林などは引受け手がいないこともありますから、あらかじめ、これらの不動産を処分しておくことが望ましいです（相談例21参照）。

　なお、相談者もやがて両親と同じ墓に入りたいのなら、死後事務委任契約や遺言

書で、その意思表示をしておくべきでしょう。

4　少子化傾向

　日本の合計特殊出生率[18]は、昭和 22 年（1947 年）こそ 4.54 人でしたが、昭和 27 年（1952 年）に 3.0 を割り込み、昭和 36 年（1961 年）には 2.0 を割り込み、平成 30 年（2018 年）には 1.42 人まで下がっています。また、令和 2 年（2020 年）の国勢調査では、生涯未婚率（50 歳時点の未婚率）は男性で約 26 ％、女性で約 17 ％でした。厚生労働省による人口動態統計では、令和元年（2019 年）の婚姻数は約 59 万組で離婚数は約 21 万組です。こうした合計特殊出生率の低下や生涯未婚率・離婚率の上昇により、少子化傾向は顕著ですから、今後、「狭義のおひとりさま」のケースは増える一方でしょう。

　狭義のおひとりさまはおおむね気丈に振る舞っておられますが、それなりの寂しさも抱えておられるはずですので、相談相手になって心を開いていただき、見守り契約やホームロイヤーを勧めるべきでしょう。

三行要約

- ★　狭義のおひとりさまは、過去の相続が未処理の場合が多いので、生前整理を勧める。
- ★　狭義のおひとりさまには、例外なく、遺言執行者指定を含む遺言書の作成を勧める。
- ★　遺言が日の目を見ない可能性もあるので、遺言書作成後も継続的にフォローする。

相談例6　一人暮らしの親に関する子の相談

　相談者（50 歳女性）から、「母（82 歳）が郷里で一人で暮らしているが、呆けてきているようにも思えるので、振り込め詐欺や悪徳商法に引っかからないか不安だ。私が同居することはできないけれど、何か対策はあるだろうか」と相

18）合計特殊出生率とは、一人の女性が出産可能とされる 15 歳から 49 歳までに産む子供の数の平均を示す人口統計上の指標です。戦後の推移を示すと、昭和 32 年は 2.04 人、昭和 42 年は 2.23 人、昭和 53 年は 1.79 人、昭和 63 年は 1.66 人、平成 10 年は 1.38 人、平成 20 年は 1.37 人でした（新型コロナウイルス感染症により、令和 2 年、3 年の合計特殊出生率はさらに下がりそうです）。余談ですが、昭和 41 年（1966 年）は丙午で、八百屋お七に代表されるように丙午生まれの女性は気性が荒いという迷信があり、この年の特殊出生率は 1.58 まで下がりました。

談された。

対応のポイント

　「おひとりさま」の問題の一つは、特殊詐欺や悪徳商法に遭いやすいことです。しかも、一度でもそうした被害に遭うと、その情報が流通して何度も特殊詐欺や悪徳商法のターゲットとなることがあります。ハード面の対策としては固定電話の見直しなどが挙げられますが、ソフト面でも、高齢者の寂しさを癒すために話を聞いてあげることが必要でしょう。

——————————解　説——————————

1　特殊詐欺対策

　令和元年（2019年）の調査では、振り込め詐欺の認知件数は約1万7,000件で、被害総額は約315億円、検挙率は約40％でした。また、振り込め詐欺の進化形としてアポ電強盗やアポ電空き巣も増えています。「アポ電強盗」とは、警察官等を装った電話で自宅にある金額を聞き出して強盗に入るもので、「アポ電空き巣」は電話で呼び出し、そのすきに空き巣に入る手口です。アポ電の認知件数は、令和元年（2019年）4月から6月の3か月間で約3万5,000件でした。これらの犯罪の9割以上は、一人暮らしの高齢者の固定電話を利用しています。

　そこで、これらの犯罪に遭わないようにするためには、①固定電話を解約し、家族との連絡は携帯電話に変えることが第一選択ですが、それ以外に、②固定電話を通話録音を予告する防犯機能付電話機に交換する、③知らない電話番号からかかってきた電話には出ず留守番電話で対応する、④いったん切って掛け直す癖をつける、⑤通話してもお金に関する話をしない、⑥家族とは合言葉を決めておくなどの方法が考えられます。

2　悪徳商法対策

　一人暮らしの高齢者は、そのほかにも、マルチ商法、利殖商法、アポイントメント商法、点検商法などの悪徳商法のターゲットです。これらの商法は、訪問販売や電話勧誘により、高齢者の興味をひきやすい健康や趣味に関する話題や老後資金の不安につけこんだ儲け話などを梃子にして誤解を誘い、同情を引き出し、ときには居座ったり恫喝したりして、不要な高額商品を売りつける点に特徴があります。

　これらの商法に騙されないための第一選択は、最初の誘引を拒絶することです。電話による勧誘については特殊詐欺対策と同じ方法が妥当しますが、訪問による販売に関しては、知らない人が訪ねてきても玄関を開けないといった工夫が必要です。

3　高齢者の話し相手

　高齢者が特殊詐欺や悪徳商法の被害に遭う背景には、高齢者が家族と疎遠になっていることや、過疎化のために地域社会から疎外されているといった事情があります。

　高齢者は歳を経るにつれて、体力・気力が落ち、食欲がなくなり、物忘れが増え、目や耳が悪くなり、膝の痛みで歩けなくなるなどして、次第に、それまでできていたことができなくなります。親しい友人・知人も施設に入所したり他界したりしていなくなり、話し相手を見つけることができません。若い人とは話題も合いません。それが、特殊詐欺や悪徳商法の被害に遭う遠因となります。

　たとえば、相談者が実家に帰った際には、家の中に見慣れないものがないか注意するよう申し上げます。到底消費できない大量の商品（トイレットペーパー、布団、野菜など）がある場合は黄信号です。「こんなに買ってどうするの」と咎めると「ないと困るから買っているんじゃないの」と言い返されますが、おそらくはその商品の販売員と話がしたいからに違いありません。こうした物品の購入は、悪徳商法とまでいかないまでもよくない兆候で、最後は、近所の方々に商品をただで引き取ってもらうことになります。

　金融機関も、こうした高齢者に、株式、投資信託、保険を売り込んでいます。散らばった書類の中に金融商品の分厚いパンフレットや取引結果報告書がないか探すようアドバイスしてください。ただし、取引に気づいた息子や娘が金融機関に文句をつけても、「ご本人が希望されたことですので」とか、「価値のある商品をお買い求めいただいているので、そのまま資産として保有されればいかがでしょうか」と体よく追い払われます。

　要するに、高齢者自身は社会とのかかわりを求めていて、その販売員と話ができるのがなによりの楽しみなのです。

4　対策

　したがって、相談者に対しては、母と頻繁に会えなくてもこまめに連絡し、話し相手になるようアドバイスするしかありません。その際には、「何か買ったんじゃないでしょうね」と訊くよりも、「最近、話し相手になってくれる人はいるの」とやさしく尋ねるほうが有効といわれています（その話し相手こそが問題です）。そして、たとえば、「○○さんがね、よくしてくれるの」と知らない名前が出てくるようなら、要注意です。

　また、相談者の母の年齢（82歳）からすれば、郷里にはまだ多くの親戚や知人が

おられるはずです。里帰りのときにはその方々を回って、何かあればすぐに連絡するようお願いしておきます。さらに、介護認定を受ける状態になれば、ケアマネジャーにも相談しておきましょう。

　なお、すでに、母に大量の商品を売っている店や、株式取引で頻繁に自宅を訪問してくる金融機関がある場合には、弁護士が、母や相談者の代理人として、その店や金融機関に対して、母に対する販売活動を中止するよう申し入れることを検討するべきでしょう（金融機関や大手企業であれば、口頭で事情を説明しただけでも取引中止になる可能性が高いです）。

　もっとも、この場合の弁護士は、（成年後見等に備えて）郷里で探していただいたほうがいいかもしれません。

三行要約

★　特殊詐欺、悪徳商法対策としては、固定電話の解約、留守電での対応など見直しが有効。

★　親との連絡を密にし、周囲の人の協力を仰いで、親の生活環境の変化の兆しを確認する。

★　不要と思われる過剰取引がある場合には、弁護士から販売元に警告を発する。

相談例7　望まれない介入者

　相談者（55歳女性）から、「一人暮らしの叔父（82歳）を久しぶりに訪ねたら、私の知らない女性（68歳）が上がり込んで、叔父の世話をしている。妻子のいない叔父は、その女性を頼りにしているようだが、ときどき怖がっているようにも見えるので心配だ」と相談された。

対応のポイント

　その女性（介護者）は善意で叔父の世話をしてくれているのかもしれませんが、もちろん、そうでない可能性もあります。叔父本人、隣人、親戚らに叔父と介護者との関係を確認し、必要に応じて、介護認定や成年後見開始の申立てなど、しかるべき対策を採ってください。

――――――――　解　説　――――――――

1　望まれないボランティア

　介護サービス従事者以外の方が、認知症の傾向がある高齢者の家に入り込み、高

齢者の世話をしていることがあります（同性の場合も異性の場合もあります）。このような方は、その昔、高齢者に「世話になった」とか、「特別なご縁があった」と主張し、自らを「ボランティア」と称して食事、掃除、洗濯などをして高齢者に取り入ります。また、高齢者も話し相手ができ面倒もみてもらえるので歓迎する傾向があります。

　もちろん、その介護者が真に善意で、あるいは高齢者との信頼関係から面倒をみてくれるならありがたいことです。しかし、こうした方が高齢者の通帳や印鑑を管理し、勝手に預金を引き出し、世話代などの名下に金銭を取得していることも少なくありません。さらに、嵩じて、高齢者に婚姻届を作成させて配偶者になったり（後妻業）、縁組届を作成させて養子になったり（養子業）、あるいは、自分に対する遺贈を内容とする遺言書を書かせたりするケースも散見されます。

　このような場合のターゲットになる高齢者には、配偶者や子がいない、孤立している、小金を持っている、認知症の初期でお金の管理ができないといった共通項があります。また、このような介護者は、高齢者の財産を勝手に費消した点などを指摘されると、高齢者から暴力を振るわれたとか、性的関係を迫られたなどと逆切れする特徴があります。相手が若い弁護士だと見くびって、これらの事情を強弁されることもありますが、怯むことはありません。

2　相談者に対するアドバイス

　このような場合には、まず、相談者の叔父から預金通帳等を預かって取引履歴を確認し、収支に不自然な点がないかを確認します。それが困難な場合や、不自然な多額の出金がある場合には、介護者に説明を求めます。その前提として叔父本人から委任を受けられるかという問題があります。もし、本人の意思能力が十分でないなら、四親等内の親族である相談者から後見開始の申立てをしてもらいます。

　これに対して、介護者は、「叔父さんは呆けていない」、「財産を取り上げられるなんてかわいそう」などといって法定後見制度の利用に反対し、高齢者が医師の診断を受けるのを妨害したりしますが、取り合う必要はありません。

　なお、介護者と叔父との婚姻や養子縁組を予防するためには、叔父を市役所等に同行して縁組等の届出に関する不受理届を提出する方法があります（戸籍法27条の2第3項）。

---

19)「後妻業」は、平成24年（2012年）に連載された黒川博行氏の小説名。高齢者の遺産を
狙うというストーリーでテレビドラマ化されました。

3　高齢者虐待

　平成 18 年（2006 年）、高齢者虐待の防止、高齢者の養護者に対する支援等に関する法律（高齢者虐待防止法）が施行されました。

　同法は養護者又は要介護施設従事者等による高齢者の虐待の防止を目的としており（同法1条）、虐待の例としては、身体的虐待（殴る、蹴る、つねる、縛る）、性的虐待（高齢者夫婦間の DV を含む）、心理的虐待（脅迫、侮辱、恫喝、侮蔑）、ネグレクト（介護や世話の放棄・拒否や不合理な制約）、経済的虐待（年金・預貯金・財産等の取り上げや処分）などが挙げられます（同法2条4項、5項）。

　もし、介護者が高齢者から預金通帳を取り上げている場合には経済的虐待に当たる可能性があり、高齢者に対して恫喝や侮辱をしている場合（そのおそれがある場合には高齢者と介護者の会話を録音します）には心理的虐待の可能性があります。

　このような場合には、相談者に高齢者虐待防止法の内容を説明し、市区町村の高齢者虐待にかかわる窓口で相談するよう勧めます。相談を受けた市区町村の担当課は、高齢者の自宅を訪問して調査し、介護認定や成年後見の申立ても検討してくれます。

三行要約

★　一人暮らしの高齢者の家に親族でない介護者がボランティアと称して出入りしている場合は要注意。

★　不審な点があれば、介護認定を受け、成年後見開始を申し立てるなど、法的に対応する。

★　介護者が高齢者から通帳を取り上げるなどの事実が認められれば、高齢者虐待に当たる。

相談例8　ゴミ屋敷

　相談者（53 歳女性）から、「一人暮らしの叔父（82 歳）の家に行ってみたところ、ゴミで足の踏み場がなく、戸外にもゴミが散乱していた。近所の人から何とかしてくれと言われたが、私がゴミを整理しようとしても叔父に怒られる。どうすればいいだろうか」と相談された。

対応のポイント

　高齢者が一人で暮らす家がゴミ屋敷となって、近隣住民が迷惑しているとい

うニュースがよく報じられます。ただし、本人が「これはゴミではない」と言い張る以上、有効な対策はないとされてきました。令和 3 年民法改正により、管理不全土地管理命令や管理不全建物管理命令の制度が新設されましたが、ゴミ屋敷問題の解決のためには、まだまだ難しい問題が残されています。

──── 解　説 ────

1　ゴミ屋敷の機序

　高齢になると、どうしても物忘れが多くなり（認知症が加わればなおさらです）、さっきまで手元にあった物がどこに行ったかわからなくなります。間違えて大切なものを捨ててしまったらたいへんだと思うので、部屋に物が溢れます。たまにゴミを出そうとは思うものの、分別収集日は覚えていないし、燃えるゴミ、燃えないゴミ、ガラス、瓶、ペットボトル、段ボールなどの分類なんてできるはずがありません。重いゴミ袋を両手に抱えて階段を昇降するのもひと苦労です。ゴミ集積所で近所の人に間違いを注意されるのも嫌でたまらず、ゴミ出しが億劫になります。

　さらに、必要なときに目的のものが見当たらないと、認知症や物忘れだとは認めたくないので、「盗まれた」と言い出します。「盗んだ」と疑われるのは様子を見に来た家族や訪問介護のヘルパーで、「盗まれた物」は、通帳や印鑑などに限らず、眼鏡だったり、野菜だったり、下着だったりもします。

　そして、「そんなものは誰も盗みませんよ」といわれると、「じゃあ、私への嫌がらせに違いない」と断定し、身近に人を寄せつけなくなります。時折、こうして被害者意識を募らせた高齢者が「盗まれた」、「嫌がらせされている」と訴えて法律相談に来られますが、対応に苦労します。

　さらに、高齢者は「頼れるものは金しかない」という感覚に陥りがちです。そこで、手元に現金を置いて見せびらかし、家族や知人の関心をひこうとすることがあります。ところが、誰かがその現金を狙っているような気がしてくるので、家の中のあちこちに現金を隠します。そして、その隠し場所を忘れてしまうので、なおさら物が捨てられないのです。そんなときに、誰かが「整理しよう」と声をかけたとしても、現金を狙っているとしか思えず、きわめて強い拒否反応を示します。

　こうして、特に 80 歳以上の一人暮らしの場合には、半分以上の確率で、屋内は足の踏み場もない状態になっているという印象です（屋外までゴミが溢れるようになるのは末期症状です）。

2　ゴミ屋敷の解決法

　この傾向が進行すると、やがて戸外にもゴミが溢れ、異臭がしたり、景観や通行を害するほどになります。この段階でようやく隣人からクレームが出て、「ゴミ屋敷問題」と認識されます。しかし、本人が、これはゴミではないと主張する限り、それをゴミとして撤去する方法はありませんでした。

　横浜市や大阪市など地方自治体によっては、相談窓口を設け、指導・勧告・命令・代執行を内容とする条例を定めて取り締まろうとする動きがありますが、再発防止が保証できないことや強権的な措置には馴染まない面もあることから難しい問題に違いありません。

　なお、居住空間に価値のない大量の物品を度を越して蒐集することにより、著しい苦痛や不全を起こすことは、近年、「強迫的ホーディング」（ためこみ症）と呼ばれる精神疾患と分類されるようになりましたが（DSM-5）[20]、まだ有効な治療法は見つかっていません。高齢者には片付けする気力も体力もない場合が多いので、家族としては、高齢者の気持ちを宥めて一緒に片付けようと提案する程度のことしかできないのが実情です。

3　管理不全土地管理命令及び管理不全建物管理命令

　さて、令和3年民法改正の一環として、管理不全土地管理命令及び管理不全建物管理命令の制度が設けられました（改正民法264条の9から264条の14）。施行日は未定ですが[21]、施行後は同法によって対応できる可能性があります。

　法改正については後述しますが（相談例64）、かいつまんでいえば、所有者による土地の管理が不適当であることによって他人の権利又は法律上保護される利益が侵害され、又は侵害されるおそれがある場合において、必要があると認めるときは、利害関係人の請求により、当該土地を対象として管理不全土地管理人による管理を命ずる処分（管理不全土地管理命令）をすることができ（改正民法264条の9第1項）、その効力は対象土地にある動産に及びます（同条2項）。また、管理不全建物についても、利害関係人の請求により、当該建物を対象として、管理不全建物管理人による管理を命じる処分（管理不全建物管理命令）ができるようになりました（同法264条の14第1項）。

---

[20] DSM-5は2013年に米国精神医学会（APA）が更新した精神障害の診断と統計マニュアルで、日本精神神経学会でも翻訳されています。
[21] 公布の日（令和3年4月28日）から2年を超えない範囲内において政令で定める日から施行されます。

　しかし、この改正法によるとしても、相談者自身は申立権者たる利害関係人に当たらない可能性があること、申立人は予納金を負担させられること、戸外のゴミについては管理不全土地管理命令によってある程度片付けられるかもしれないが屋内のゴミはそのままとなり、やがて元の木阿弥になる可能性があるなどの問題があります。

　したがって、管理不全土地管理命令等の運用が不明である現時点では、相談者に対しては、できる範囲で叔父を説得すべきであるものの、最終的には行政対応に任せ、大きな荷物を背負い込まないようアドバイスすることをお勧めします。

三行要約

- ★　加齢と認知症の進行により、ゴミの整理や始末ができずにゴミ屋敷化が始まる。
- ★　親族が「片付けましょう」と説得しても、たいがいは聞き入れられず、かえって反発を招く。
- ★　令和3年民法改正による管理不全土地管理命令等の効果は不明であり、当面は、行政による対応を勧めるしかない。

相談例9　親との同居

　相談者（62歳男性）から、「田舎で一人暮らししている母（86歳）が認知症のようなので、心配している。弟（次男57歳）もいるが私は長男だし、私の2人の子（27歳、24歳）も就職して家を出たので、母を引き取って、妻（60歳）と3人で暮らそうと思うが、どうだろうか」と相談された。

対応のポイント

　子が認知症の親を引き取って面倒をみるというのは美談です。しかし、実際に世話をするのが配偶者であれば、その配偶者の理解は不可欠ですし、先々のことも考えておかなければなりません。また、兄弟への配慮や田舎の実家の処分も気にかかります。善意が仇にならないよう、将来を予測してアドバイスします。

=== 解　説 ===

1　親と同居のパターン

　別々に暮らしていた子が高齢の親と同居して面倒をみるパターンとしては、①子が親を田舎から呼び寄せる「引取り」、②子が実家に戻って親と同居する「実家で

の親との同居」、③複数の子が回り持ちで親を預かる「ローテーション」、④子が自宅と実家を行き来する「半同居」の四つがあります。相談例は、このうちの①のパターンです。

2　当事者の心理

まず、一般的に高齢の親は住み慣れた自宅から離れたいとは思わないので、母の気持ちを考える必要があります。それでも母が長男の申出に応じたのなら、自宅で自立して暮らす自信がなくなり、地元の施設にも入りたくない（大勢の前で恥をかきたくない）といった気持ちがあるからかもしれません。

つぎに、長男としては、長男の責任を果たしたい（在宅介護してあげたい）という気持ちが強いのだろうと思います。男性で単身の子が親を引き取るというパターンはあまり見かけませんので、配偶者（妻）が母の面倒をみてくれるだろうという淡い期待がありそうです。

しかし、相談者の妻としては、義母との同居は歓迎できることではありません。そうすると、同居することにより、義母の資産を生活に流用させてもらえるかもしれないという期待があって当然ですし、いざとなれば施設に入所してもらおうと考えている可能性もあります（同床異夢）。

一方、次男は母の介護問題から逃げられるので、あまり文句をいいませんし、長男一家が母の財産を多少流用することも想定の範囲内でしょう。しかし、母の財産が一気に減少したり、母から長男一家への恨みつらみを聞かされたり、長男が母を引き取って間もなく施設に入所させたといった事情が生じれば、「親孝行は口先だけ」と長男夫婦を非難し始めます。

3　同居と介護

親との同居は、もちろん在宅介護を意味しますが、在宅介護のたいへんさは経験してみないとわかりません。介護サービスを利用するとしても、徘徊、癇癪、愚痴、下の世話などを経験し、それまでの生活が制約され、認知症が進んだ親から感謝されなくなれば、やがて我慢の限界を迎えます（トイレや居室の壁に排せつ物をこすりつけられたりすれば、さすがに限界でしょう）。そうすると、否応なく施設入所を選択せざるを得ません。そうして、母が他界し、遺産分割の段階になれば、長男夫婦には「介護の苦労はどう評価してくれるのか」という気持ちが生じます。

なお、寄与分（民法 904 条の 2）には、ご承知のように、「特別の寄与」との厳しい要件があり、よほどのことがなければ認められません。また、平成 30 年民法改正では、配偶者の苦労に配慮して、相続人ではない親族（相続人の妻など）が被相続

人に対して無償で療養看護などの労務を提供した場合には特別寄与料が認められることになりましたが（民法1050条）、寄与分と比べて要件が大幅に緩和されたわけではありませんし、実際にどのような場合に請求が認められるかもまだ不透明です。

　したがって、相談者に対しては、同居後に在宅介護が不可能な事態になったらどうするのかを確認しなければなりません。

4　親の財産の管理

　さて、親と同居する場合には、他の兄弟から親の資産の流用を疑われないように、親の財布と子の財布を完全に分ける必要があります。

　具体的には、親子双方が別の家計簿をつけ、親の出費はできる限り口座引き落としや振り込みを利用し、ATMからの現金出金を避け、1年に一度くらいの頻度で他の兄弟に預金通帳の写しや収支の明細を送ることを勧めます（親子での旅行や日常生活の報告として写真や動画を送るといった工夫も有益です）。長男が成年後見人になった場合と大差ありませんが、相続紛争を避けるための転ばぬ先の杖です。

　ちなみに、よく問題になるのは、孫の入学祝、結婚祝、出産祝、新築祝等の現金出金ですが、兄弟一律の金額にしておけば紛争を回避できます。また、母を迎え入れるために自宅をバリアフリーに改築したり風呂や階段に手すりをつける際にも、領収証を残しておくべきです。

　つぎに、母が住んでいた田舎の実家は、帰る予定がないなら、空き家問題を避けるためにも早めに処分すべきです。なお、後述の相続土地国庫帰属法によって実家を国庫に帰属させるためには建物を撤去しておく必要があるので（相談例64参照）、母の生前に母の費用で行っておきたいところですが、実家は弟にとっても生家ですから、弟と膝を交えて話し合うべきでしょう。

　なお、相談例の弟から相談された場合には、長男に母の生活費を教えてもらい、その一部でも分担して母名義の口座に仕送りすると提案するようアドバイスします。そうすれば、長男の浪費に対して、一定の心理的抑止効果を期待できるからです。

5　同居パターンの比較

　相談例とは異なりますが、②の「実家での親との同居」パターンは、子が身軽な単身である場合が多いようです。ただし、非同居の子からは、同居の子が、自分の都合で親に寄生していると見られやすいリスクがあります。この場合は、親の預貯金の流用や自宅の相続などの問題でもめやすいため、親の財産管理には、①のパターン以上に気を遣う必要があるでしょう。

　これに対して、③の複数の子が回り持ちで親を預かる「ローテーション」のパ

ターンは、たとえば2か月ごとに長女の家と次女の家を行ったり来たりするもので、たまに見かけますが、高齢の親にとっては移動が負担になり、頻繁な環境変化によって認知症が進行する懸念もありますので、あまりお勧めできません。

　また、④の「子が自宅と実家を行き来する半同居」というのは、子が金曜日から日曜日まで実家に戻って親の介護をするといった方法です。その子にとっても大きな負担になることは自明なので、兄弟の仲がこじれることは少ないのですが、二重生活のため費用面でも体力面でも子の負担が重くなり、長続きしません。

6　親の言動についての注意

　同居の場合に限定されませんが、認知症が進んだ高齢の親は、子らの気をひきたいがゆえに、目の前の子に迎合し、目の前にいない子の悪口をいう傾向があります。たとえば、次男に対しては、「長男夫婦にご飯を食べさせてもらっていない」、「長男に預金通帳を取り上げられた」といい、長男に対しては、「頼りになるのはおまえだけだ」、「次男は私の財産を狙っている」などと媚びるのです。高齢者としては自然な行動ですが、子らがその言動を真に受ければ、確実に相続紛争の種になります。

　これを避けるためには、親に子の悪口をいわないよう約束してもらうことと、仮に悪口を聞いても子は真に受けないことですが、言うは易く行うは難しいです。

7　相続開始前の紛争（前哨戦）

　親と同居している子と非同居の兄弟の対立が深まれば、相続開始前でもトラブルが生じます。

　まず、親が「次男の顔も見たくない」といっているといった理由で、同居の子が非同居の子と親との面会を遮断することがあります。実際、親が同居の子の顔色をうかがってそのような発言をすることもありますが、非同居の子からすれば、それは許せることではありません。そこで、自宅に押し掛け、警察を呼ばれ、弁護士に依頼して面会交流を求める親子関係調整調停事件に発展することもあります。

　しかし、子に「親との面会を求める権利」はなく、「親が会いたくないといっている」として調停期日の出頭を拒否されると打つ手がありませんし（家事事件手続法39条の審判事項ではありません）、人身保護法2条の申立ても要件が厳しく、奏功する見込みはほぼありません。

　こうして、腹に据えかねた非同居の子が、デイサービスの帰りに親を連れ去るといった自力救済も起こり得ます。これに対して、同居の子が親の取り返しを図ろうとすると、今度は非同居の子が「親は家に帰りたくないといっている」と主張しま

す。さらに、親を確保した子が、遺言書を書かせ合うといったこともあります。離婚事件の子の取り合いと似ていますが、こうなると手の施しようがありません。

　そのほか、非同居の子が、同居の子が親の財産を費消することを予防するために後見開始を申し立てることも頻繁に見受けられます。そして、同居の子は家庭裁判所からの意見照会で後見開始の申立てを知ることになりますが、例外なく激怒し、紛糾します（親の精神鑑定から始まることになります）。

　相続開始前でこれだけもめていれば、相続開始後に紛争になることは必至です。親との同居はその遠因となるかもしれませんので、相談者には、以上のリスクを十分に説明するべきでしょう。

━(三行要約)

　★　親との同居は在宅介護を意味するが、ずっと在宅介護できるわけではない。

　★　親と同居した場合には、疑いを招かないように親の財産と子の財産を峻別する。

　★　親との同居を契機として、親の取り合い、遺言の書かせ合い、成年後見開始申立てなどの前哨戦が始まることが多い。

相談例10　介護に関する相談

　母親（79歳女性）と同居している相談者（47歳男性）から、「母に認知症の症状が出始め、一人で外出することも危なくなってきた。妻（40歳）にも仕事があり、2人の子（9歳、6歳）もいるので、これ以上、家族で母の面倒をみるのは難しい。どうすればいいか」と相談された。

対応のポイント

　同居している親が自分のことを自分でできなくなり、家族による介護も限界を迎えれば、介護サービスを利用するしかありません。また、親の介護と子の養育が重なる場合はダブルケアと呼ばれ、仕事との両立も困難です。相談者に対しては介護サービスの内容を説明します。

━━━━━━ 解　説 ━━━━━━

1　介護保険

　介護保険は、平成9年（1997年）に制定された介護保険法により、平成12年（2000年）4月1日から始まった社会保険制度で、高齢者が尊厳を確保し自立した生活を営むことができるよう保健医療サービス及び福祉サービスに係る給付を行うも

のです（財源は公費と介護保険料で賄われます）。寝たきりや痴呆等で常時介護を必要とする状態（要介護状態）になった場合や、家事や身支度等の日常生活に支援が必要になった状態（要支援状態）になった場合に、介護給付や予防給付を受けて、介護サービスを利用することができます（介護保険法1条、2条）。

2　地域包括

　介護保険の適用を受けるため、相談者に、市区町村の介護保険課や地域包括支援センター（以下「地域包括」といいます）への相談を勧めます。

　地域包括は、地域住民の保健・福祉・医療の向上、虐待防止、介護予防マネジメントなどを総合的に行う機関で、保健師、主任ケアマネジャー、社会福祉士などが置かれ、専門性を活かして連携しながら業務に当たります（介護保険法115条の46）。

　地域包括は、地域ごとに置かれており（中学校区などに一つ程度の割合で設置されています）、高齢者にとっては「駆け込み寺」ないし「なんでも相談所」の役割を担いますので、介護保険に関すること以外でも、日常生活の支障に関することなら地域包括に相談できます。

3　専門員

　「保健師」とは、看護師資格を持ったうえで国家試験を受け、厚生労働大臣の免許を受けて保健指導に従事する者で（保健師助産師看護師法2条）、約5万人が稼働しています。なお、助産師は約4万人、看護師は約121万人、准看護師は約30万人です（厚生労働省／平成30年衛生行政報告例（就業医療関係者）の概況による）。

　「ケアマネジャー」（介護支援専門員）とは、介護保険制度においてケアマネジメントを担当する有資格者で（介護保険法7条5項）、要支援・要介護認定者とその家族から相談を受け、介護サービスの給付計画を作成し、自治体や他の介護サービス事業者との連携や調整を行ってくれます。平成28年で66万人のケアマネジャーがいます。

　「社会福祉士」とは、日常生活を営むのに問題がある人からの相談に対して助言や指導、援助を行う専門職の国家資格で、全国で約25万人が登録し、成年後見人にもよく選任されています。

4　介護保険適用の流れ

　地域包括でケアマネジャーに相談し、要介護認定（要支援・要介護）を受けて、ケアプラン（介護サービス計画書）を作成してもらいます。要支援・要介護の認定者は、全国で約700万人います。介護認定を受けると、安価な自己負担（条件によって異なりますが1割負担が原則）で、介護サービスを受けることができます。

　介護サービスの対象となる要介護状態や要支援状態にあるかどうか、該当するならどの程度かの判定を行うのが「要介護認定」で、保険者である市町村に設置される介護認定審査会が判定します。

　要介護認定は、介護サービスの給付額に反映されるため、その基準は全国一律でなければなりません。そこで、保健・医療・福祉の学識経験者より構成される介護認定審査会が、高齢者の心身の状況調査及び主治医意見書に基づくコンピュータ判定結果（一次判定）と主治医意見書等に基づいて、審査判定を行います。

　なお、この過程で認知症と診断されることもありますが、介護保険の適用に関しての調査ですから、その判断をもって、遺言能力等の有無を判断する決定的な材料とすることはできません。

5　要介護認定の基準

　要介護認定は、「介護の手間」を表す「ものさし」としての時間である「要介護認定等基準時間」を、下記の基準にあてはめ、さらに認知症高齢者の指標を加味して実施するもので、「要介護認定等に係る介護認定審査会による審査及び判定の基準等に関する省令」として定められています。

要介護認定等基準時間の分類	
直接生活介助	入浴、排せつ、食事等の介護
間接生活介助	洗濯、掃除等の家事援助等
問題行動関連行為	徘徊に対する探索、不潔な行為に対する後始末等
機能訓練関連行為	歩行訓練、日常生活訓練等の機能訓練
医療関連行為	輸液の管理、じょくそうの処置等の診療の補助等

　要介護認定等基準時間と認定基準の関係は、以下のとおりです。

要支援1	上記5分野の要介護認定等基準時間が25分以上32分未満又はこれに相当する状態
要支援2・要介護1	上記5分野の要介護認定等基準時間が32分以上50分未満又はこれに相当する状態
要介護2	上記5分野の要介護認定等基準時間が50分以上70分未満又はこれに相当する状態
要介護3	上記5分野の要介護認定等基準時間が70分以上90分未満又はこれに相当する状態
要介護4	上記5分野の要介護認定等基準時間が90分以上110分未満又はこれに相当する状態

| 要介護5 | 上記5分野の要介護認定等基準時間が110分以上又はこれに相当する状態 |

　さらに、要支援状態又は要介護状態とは、具体的には、以下のようなものが考えられています。

自立 （非該当）	歩行や起き上がりなどの日常生活上の基本的動作を自分で行うことが可能であり、かつ、薬の内服、電話の利用などの手段的日常生活動作を行う能力もある状態
要支援状態	日常生活上の基本的動作については、ほぼ自分で行うことが可能であるが、日常生活動作の介助や現在の状態の防止により要介護状態となることの予防に資するよう手段的日常生活動作について何らかの支援を要する状態
要介護状態	日常生活上の基本的動作についても、自分で行うことが困難であり、何らかの介護を要する状態
要介護1	要支援状態から、手段的日常生活動作を行う能力がさらに低下し、部分的な介護が必要となる状態
要介護2	要介護1の状態に加え、日常生活動作についても部分的な介護が必要となる状態
要介護3	要介護2の状態と比較して、日常生活動作及び手段的日常生活動作の両方の観点からも著しく低下し、ほぼ全面的な介護が必要となる状態
要介護4	要介護3の状態に加え、さらに動作能力が低下し、介護なしには日常生活を営むことが困難となる状態
要介護5	要介護4の状態よりさらに動作能力が低下しており、介護なしには日常生活を営むことがほぼ不可能な状態

三行要約

★　生活の自立が困難な高齢者には介護保険による介護サービスが用意されている。

★　親と同居していても、介護が困難になったら無理をせず、地域包括支援センターに相談してもらう。

★　要介護認定では認知症の進行も考慮するが、遺言能力の有無とは直接に関係しない。

相談例11　施設入所に関する相談

　相談者（55歳女性）から、「同居している母（82歳）が尻餅をついた際に腰椎を骨折し、介護が必要になった（要介護3）。母は自宅から離れたくないという

が、自分たち夫婦にも仕事があるので母の面倒をみるのが難しい。在宅介護すべきか施設入所させるべきか迷っている」と相談された。

対応のポイント

　法律問題ではありませんが、高齢者や家族にとって在宅介護か施設入所かは喫緊の問題です。相談にあずかる機会があればよく事情を聞き、できればケアマネジャーとも相談して解決方法を探します。在宅が無理なら介護施設のパンフレットを取り寄せ、各施設のサービスの内容、費用、環境、本人の意思との適合性を考え、実際に出向いて施設を確認することもあります。

═══════════════════ 解　説 ═══════════════════

1　在宅介護の可能性

　高齢者の家族から「親を施設に預けたい」と聞くことはよくありますが、ほとんどの高齢者は住み慣れた自宅を出て施設に入所することを希望されません。そこで、まずは、在宅のまま介護サービスを受けて対応できないかを検討します。

　在宅の場合の介護サービスとしては、訪問型サービスと通所型サービスがあります。

　まず、(自宅への) 訪問型サービスとしては、訪問介護 (ホームヘルパー)[22)]、訪問看護、訪問入浴、訪問リハビリなどの方法があります。また、(施設への) 通所型サービスとしては、デイサービス[23)] (日帰り)、デイケア[24)] (リハビリ)、ショートステイ (宿泊) などの方法があります。

　それぞれのご家庭によって組み合わせは異なりますが、たとえば、月・水・金曜日は日中デイサービスを利用し、火・木曜日は在宅で訪問介護を利用し、平日の夜と週末は子が親と一緒に過ごすというパターンなどをとるご家庭もあります。そこまでしても、隙間の時間が生まれてしまい、高齢の親が一人で過ごす時間帯は残ってしまいます。

──

22)　ホームヘルパー (訪問介護員) とは、介護保険法8条2項において介護福祉士とともに介護行為を許された資格者で、都道府県知事の指定する訪問介護員養成研修の課程を修了した者をいいます (介護保険法施行令3条)。

23)　デイサービス (通所介護) とは、施設には入所せず、昼間に日帰りでデイサービスセンター等を利用することです (介護保険法8条7項)。

24)　デイケア (通所リハビリテーション) とは、認知症や精神疾患の患者に対して医師の指示の下で行われる医療系の介護サービスです (介護保険法8条8項)。

2　在宅介護の危険性

　在宅における介護者の負担は、重くなることはあっても軽くなることがありません。そして、その状態が長く続くと、介護者も被介護者とともに高齢になって「老老介護」や「認認介護」[25]を招きます。そして、介護者が自分の役目をこれ以上果たせないと悲観して、自殺や心中などの悲劇的結末に至ることもあります。

　そのような悲劇を避けるためには、いずれ、施設入所を決断するしかないでしょう。住み慣れた家から離れたくない、娘と一緒にいたいといった親の気持ちや、縋りつく親を見捨てられないという子の気持は痛いほどわかりますが、共倒れだけは避けてもらわなければなりません。

3　介護施設の種類

　以上のような母親の状態、相談者の家族や仕事の負担などをケアマネジャーに説明し、どうしても在宅介護で対応できないなら介護施設への入所を検討します。

　その介護施設には、以下のような種類があります。

種類	対象入居者	特徴
特別養護老人ホーム（特養）	要介護度3乃至5	終身対応可能な公的施設で認知症患者も受け入れるが、費用が安いため待たされる。要介護度4、5の方優先。個室だと費用は約5割増し。
介護老人保健施設（老健）	要介護度1乃至5	リハビリ目的の公的施設で費用が安く認知症患者も入所可能だが待たされる。終身を予定していないため、帰宅可能なら退所を促される。
介護療養型医療施設	要介護度1乃至5	公的施設で認知症患者も入所可能だが待たされる。この施設はなくなる傾向にある。
軽費老人ホーム	自立から要介護度3	公的施設で認知症患者も事情によって受け入れるが、待たされる傾向にある。
ケアハウス	自立から要介護度3	公的施設で認知症患者も事情によって受け入れてくれるが、待たされる傾向にある。
介護付有料老人ホーム	自立から要介護度5	民間施設で認知症の患者も入所可能。ケアマネジャーほかのサービスを提供するが、通常、施設指定の介護サービス以外

25）高齢者が高齢者を介護するのが老老介護、認知症有病者が認知症有病者を介護するのが認認介護です。

		は選択できない。
住宅型有料老人ホーム	自立から要介護度 5	民間施設で認知症患者も事情によって受け入れる。
グループホーム	要支援 2 から要介護 5	民間施設で認知症の患者も入所可能。9 人を 1 ユニットとして集団生活させる。
サービス付高齢者向け住宅（サ高住）	自立から要介護度 3	高齢者の居住の安定確保に関する法律（2001 年施行）によって創設された民間施設。ケア専門家が常駐するバリアフリー構造の賃貸住宅で、認知症患者は要相談だが、待たされる傾向にある。国交省の管轄である点で厚労省管轄の住宅型有料老人ホームと区別されるが、内容はほぼ同じ。
健康型有料老人ホーム	自立のみ	民間施設で、認知症患者は入所できない。
高齢者専用賃貸住宅（高専賃）	自立から要介護度 3	民間施設で事情によって認知症患者も受け入れるが、最近ではサ高住に吸収されている。
高齢者向け優良賃貸住宅（高優賃）	自立から要介護度 3	民間施設で認知症患者の受入も高専賃と同じだが、サ高住に吸収されつつある。
シニア向け分譲マンション	自立から要介護度 5	民間施設で、認知症患者も事情によって入所可。設備が充実しているものは高額だが、売却時にはかなり値下がりする。

4　入所施設の検討

(1)　費用の比較

　施設入所に当たっては、まず、施設入所にかかる費用を検討します。施設利用料には、入居一時金と月額費用（施設利用料、食費、介護費用、管理費など）があります。

　この費用をイメージしていただくため、いくつかの介護施設について、平均的と思われる 10 年間の施設利用料の目安を考えてみます（82 歳女性の平均余命は 10.54 年です）。なお、施設利用料が年金の額等によって変わること、都市部では割高になること、個室利用の場合は数万円高くなること、医療費や介護費用の変動などの要素は考慮していません。

	特別養護老人ホーム（特養）	グループホーム	サービス付高齢者向け住宅（サ高住）	介護付有料老人ホーム
入居一時金	0円	20万円	20万円	200万円
施設利用料・食費	6万円	15万円	15万円	25万円
介護費用	3万円	3万円	2万円	2万円
管理費	1万円	0円	1万円	0円
月額費用	10万円	18万円	18万円	27万円
10年間の費用	$10 \times 12 \times 10$ $=1,200$万円	$20 + 18 \times 12 \times 10$ $=2,180$万円	$20 + 18 \times 12 \times 10$ $=2,180$万円	$200 + 27 \times 12 \times 10$ $=3,440$万円

　こうしてみると、特別養護老人ホームの安さが目立ち、希望者が殺到して順番待ちになることも頷けます（公的施設には入居一時金がないことが多く、月額利用料も数万円に抑えられますし、特養は最後まで面倒をみてくれます）。

　一方、民間施設である「介護付有料老人ホーム」などの「有料老人ホーム」[26]は、入居一時金が高く設定される傾向があり、サービスが充実しているので月額利用料だけではそれほど高くなさそうに見えますが、10年も利用すると馬鹿にならない差が現れます。これに対して、最近、主流になりつつあるサービス付高齢者向け住宅（サ高住）やグループホームでは、入居一時金は比較的安く設定され、賃料以外も含めた月額費用は20万円程度が目安です。

　問題は、このような金額を利用者本人の年金収入で賄えるのかということです。相談例で母の収入が老齢基礎年金と亡夫の遺族厚生年金だけで、月額12万円程度ですから、サ高住やグループホームを利用すると確実に赤字になります。そうすると、収入と施設利用料の差額を利用者の現有資産で賄えるのかが問題です。しかし、同居の親子間でも、子が親の資産（預貯金額等）を知っているとは限りません。また、「親のためだからこのくらいは」とか「自分が補塡すればいいんだ」という意識が働くかもしれませんが、共倒れになっては元も子もありませんので、慎重な判断を要します。[27]

---

26)「有料老人ホーム」とは、老人を入居させ、入浴、排せつ若しくは食事の介護、食事の提供又はその他の日常生活上必要な便宜であって厚生労働省令で定めるもの（介護等）の供与（他に委託して供与をする場合及び将来において供与をすることを約する場合を含む）をする事業を行う施設であって、老人福祉施設、認知症対応型老人共同生活援助を行う住居その他厚生労働省令で定める施設でないものをいいます（老人福祉法29条1項）。

(2)　費用以外の要素

つぎに、入所候補の施設が清潔で、職員を含めて雰囲気がいいかどうかも検討してください。経営がしっかりしていなければ介護施設の倒産もあり得ますし、その場合には他の事業者が継承するとしても、サービスの質が下がるからです（相談例 12 参照）。

さらに、被介護者（高齢者）がその施設を気に入るかどうか、家族が訪問しやすいかどうかも検討します。その際に、家族は、ケアマネジャーと相談して候補となる施設を選び、パンフレットを取り寄せて、実際に被介護者と一緒に見学に行きます。もっとも、被介護者は、いろいろと気に入らない理由をつけて施設入所を拒む傾向があり、家族やケアマネジャーが協力して施設入所を説得することになります。

なお、成年後見人等に選任されている弁護士が、家族やケアマネジャーから被後見人等の施設入所について相談された場合に「身上監護には関知しない」と突き放すことが多いとの批判があります。後見人もできれば下見にも同行し、被後見人等の説得に協力するべきでしょう。介護従事者の話では、気難しい被介護者も、裁判所に選任されている後見人が施設入所を勧めると、素直に聞き入れてくれることがあるそうです。

┤三行要約├

★　在宅介護の場合は訪問型サービスと通所型サービスを組み合わせるが、自ずと限界がある。

★　介護施設に入所する場合は、施設の検討や高齢者の説得に積極的に協力する。

★　介護施設を選ぶ際には、トータルでどの程度の費用がかかるのかを確認しなければならない。

相談例12　介護施設からの相談

サービス付高齢者向け賃貸住宅（サ高住）の担当者から、「身寄りがなく認知症の入所者（92 歳女性）の病気が進行し、余命間もないとわかった。連帯保証

---

27)『老後の資金がありません』垣谷美雨著（中公文庫）は、2 億円の資産をもつ親を高級老人ホームに入所させ、その結果、老後の資金がなくなったというコメディタッチの小説で（新型コロナウイルスの影響で遅れていますが、天海祐希さん主演で映画化されました）、参考になります。

人がいないので、これから先、財産の管理、延命治療、ご遺体の引取り、葬儀
埋葬、賃料等の請求、貸室の明渡し等について、どうすればいいかわからず途
方に暮れている」と相談を受けた。

対応のポイント

　介護施設も、身寄りのない入所者にもしものことがあった場合には、対応に
困ります。認知症が進行して事理弁識能力がないなら、財産管理契約も遺言も
できません。利害関係人である施設は、後見開始の申立権者ではありませんか
ら、本人による後見開始申立てを検討します。

―――――――――――　解　説　―――――――――――

1　サービス付高齢者向け賃貸住宅（サ高住）の実情

　サ高住は、高齢者の居住の安定確保に関する法律（2001 年施行）によって創設さ
れた民間施設で、令和 2 年 11 月現在で全国に 7,735 施設があり、入居者は約 26 万
戸、賃料は全国平均で約 10 万 7,000 円です（その他の費用を入れれば 20 万円前後になり
ます）。サ高住は、比較的健康な高齢者向け住まいとしてスタートし、特別養護老
人ホーム待機者の受け皿として発展してきました。

　さて、部屋の広さや安否確認の実施などの条件を満たして都道府県等にサ高住と
して登録されると、1 戸当たり 90 万円～ 180 万円の整備費補助、固定資産税の減
額などの支援を受けられます。しかし、様々な事業者が乱立して過当競争となり、
令和元年（2019 年）度には 53 施設が倒産又は廃業しました。こうして、サ高住も賃
料だけでは経営が成り立ちにくいので、約 8 割の施設が訪問介護ステーションやデ
イサービスを運営し、これらのサービスと併せて収益を上げていますが、最近では
安い家賃で入居者を集め、自社の介護サービスを過剰に使わせる「囲い込み」が問
題となっています。

　そこで、国土交通省はサ高住の経営状態を利用者に可視化するために情報公開を
求めており、その登録状況やサービスの内容は、サービス付き高齢者向け住宅情報
提供システムでも閲覧できます（令和 3 年 1 月 4 日付読売新聞）。

2　介護施設の立場

　サ高住の算盤勘定だけからすれば、要介護度が高く、自社が提供する介護サービ
スで売上を稼ぐことができ、かつ、手のかからない高齢者で部屋が埋まっているの
が理想的です（その意味では、介護サービスが不要な自立した方は割に合いません）。そして、
入所契約の際に保証人（推定相続人）がいれば、いざというときも安心です。

　しかし、空室が多いと経営が苦しくなるので贅沢はいえません。そこで、保証人がなく、身寄りもない高齢者でも生活保護受給者でも、とりあえず入所させることがあります。そのような入所者が死亡したときには、ご遺体の引取り、賃料等の請求、貸室の明渡しなどの処理に窮します。

　ちなみに、縁者がいないケースでは、市町村長に申告することによって無縁仏として処理してもらえますが[28]、財産（遺留金）はあるが相続人が不明な場合、その後の処理も問題になります。

3　成年後見の活用

　これに対して、認知症の入所者について後見が開始すれば、施設（サ高住）は成年後見人に入所者の財産管理を任せることができます。

　そして、入所者（被後見人）が死亡した場合には、成年後見人は死亡届を提出し（戸籍法87条1項、2項）、火葬及び埋葬に関する契約の締結に関する家庭裁判所の許可を得て（民法873条の2第3号）、火葬、埋葬手続を行うこともできます[29]（納骨に関する契約も「死体の火葬又は埋葬に関する契約」に準ずるものとして同様に扱うとされています）。もっとも、被後見人の葬儀については民法873条の2第3号に例示されておらず、成年後見人が葬儀を執り行うことまでは認められませんので（法務省のQ＆Aでも同様です）、葬儀は直葬になると思われます[30]。

　さらに、被後見人の相続開始後、成年後見人は貸室の明渡しや入通院費の支払いも弁済期の到来した債務の弁済（民法873条の2第2号）として行うことができます（残置物の廃棄や保管のための寄託契約の締結は「その他相続財産の保存に必要な行為」（同条3号）として、家庭裁判所の許可を経て行います）。

　また、成年後見人には延命治療の同意権こそありませんが、相続開始すれば相続人に管理財産を引き渡す義務があるので、事前に入所者の戸籍を調べて親族（推定

28）死体の埋葬や火葬を行う者がないとき又は判明しないときは死亡地の市町村長がこれを行い、費用は行旅病人及び行旅死亡人取扱法の規定を準用するとされます（墓地・埋葬等に関する法律9条）。また、生活保護法18条の葬祭扶助を支出して火葬や埋葬を行うこともあります。

29）成年後見人が選任されても、本人死亡後、火葬の許可申立てを行ってから許可が出るまでの間、遺体をどこで保管するかといった問題は残ります。このようなケースでは、成年後見人は、事前に家庭裁判所に連絡票で事情を説明し、すみやかに対応できるよう準備しておくべきでしょう。

30）平成28年10月13日に施行された成年後見の事務の円滑化を図るための民法及び家事事件手続法の一部を改正する法律に関する解説のQ11及びQ12（法務省ホームページ）。

相続人）の有無や所在を確認し、連絡を取ってくれると期待できます。そうすれば、延命治療、葬儀及び埋葬などについて、親族の意見を伺うこともできます。

　そうしてみると、身寄りのない入所者の成年後見人が選任されることは、施設（サ高住）にとっては好都合です。

4　後見開始の申立て

　もっとも、後見開始の申立人は、本人、配偶者、四親等内の親族、後見人等に限られ、介護施設などの利害関係人は含まれません（民法7条、11条、15条1項）。そこで、身寄りのない入所者でも、多少なりとも事理弁識能力が残っているなら、その入所者本人からの後見開始の申立てを試みることになります。なお、後見開始の要件は「精神上の障害により事理を弁識する能力を欠く常況にある」（民法7条）ことですから、認知症の入所者本人が自ら後見開始を申し立てられるのかという疑問もありますが、条文上「本人」が明示されているので、この点は緩やかに解されているようです。

　しかし、入所者が意思表示できなかったり、あるいは「自分はまだ大丈夫だ。金を他人に任せる気はない」と言い張るなら、この方法は使えません。そこで、やはり成年後見開始の申立権者である四親等内の親族を探し出し、事情を説明して後見開始等の審判を申し立ててもらうようお願いするしかありません。したがって、入所時の記録などを手掛かりに四親等内の親族を探し出し、後見開始の申立てをしていただくようお願いすることになります（なお、後見開始と保佐開始の審判に本人の同意は不要です）。

　なお、四親等内の親族も判明しない場合は、市町村長から後見開始の申立てをお願いするしかないので（老人福祉法32条）、市区町村の老人福祉課に相談していただきます[31]。

─(三行要約)─

★　介護施設の入所者には、身寄りがなく保証人もいない方がいる（狭義のおひとりさまと同じ）。

★　そのような場合に介護施設は、財産管理、延命治療、遺体引取り、債権回収など

31）後出（相談例15）の最高裁判所事務総局家庭局作成の『成年後見関係事件の概況―令和2年1月〜12月―』によれば、成年後見等開始の申立て（後見、保佐、補助開始、任意後見監督人の選任を含む）のうち、本人の申立ては約20.2％で、本人以外の親族からの申立てが約52.7％、市区町村長の申立てが約23.9％でした。

の対応に窮する。

★　本人による後見開始申立てを利用して成年後見人が選任されれば、ある程度は対応できる。

相談例13　賃貸人からの相談

　相談者（41 歳男性）から「父（77 歳）が亡くなり、祖父の代から部屋を貸している長屋を相続したが、借家人の一人（88 歳女性）は身寄りがなさそうだし、呆けてきたようなので、先のことを心配している。今のうちにできることはないか」と相談を受けた。

対応のポイント

　高齢者に部屋を貸している貸主も前述の介護施設と立場が似ています。ただし、介護施設が入所者の生活を観察・把握しているのに対して、高齢の借家人は孤立しており、貸主も気づかないうちに孤独死されていることもあります。さらに、古くからの借家の場合は契約書がないことも多く、貸主は相続開始後の対応に苦労します。

――――――― 解　説 ―――――――

1　貸家の相続

　今は昔、昭和 20 年代には戦災で住居を失った方々の多くが長屋（木造 1 階建て壁共通の建物）の借家人になりました。都市再開発によって少なくなりましたが今でも長屋は生き残っていて、賃貸人も借家人も代替わりして借家契約が存続している例があります。

　このような借家契約では、①建物賃貸借契約書が見当たらない、②契約書があって連帯保証人の署名捺印があってもその保証人はすでに他界している、③賃貸人と借家人の相続が繰り返されることにより両者の関係が疎遠になっている、④不動産管理業者に借家の管理を委託せず、賃貸人自身が通い帳[32]で集金する形態が多い、⑤借家人が高齢化し孤独死の可能性が高くなる等の問題が予想できます。

32）かつて賃貸人の 8 割が自ら貸家を管理していましたが、最近では賃貸人の高齢化が進み、自ら貸家を管理する賃貸人は 2 割程度になったと言われています。

33）「通い帳」とは掛買のときに品名・金高・月日などを記して後日金銭を授受する時の覚えとする帳簿をいいます（広辞苑）。

2　借家人の死亡に関する問題

　相談例の場合で建物賃貸借契約書が見当たらず、かつ、何ら対策を講じないまま借家人が死亡した場合には、以下の問題が生じます。

　第一に、借家人（被相続人）の相続人が不明で、親戚・縁者にも連絡がつかなければ、相談者は葬儀、火葬、埋葬について対応できません（無縁仏になる可能性が高いでしょう）。

　第二に、借家人が死亡しても借家契約は相続人に承継されますし、厳密にいえば借家契約の合意解除には相続人全員の同意が必要ですから、弁護士や司法書士などによる相続人調査（職務上請求[34]）が必要です（借家契約は一代限り、と明示された契約書があれば別です）。

　第三に、借家契約を解約できても明渡しや原状回復の問題は残ります（孤独死問題は後述します）。サ高住のような介護施設の貸室なら部屋も狭く動産も手荷物程度ですから、貴重品を役所や警察に預かってもらって原状回復できますが、長年の借家で荷物が多ければ遺品整理業者に原状回復を依頼するため数十万円の費用がかかります[35]（古い契約だと敷金・保証金も微々たるものですので費用を賄えません）。

　第四に、借家人に相続人がおらず、又は相続人全員が相続放棄すれば、相続財産管理人（令和3年民法改正施行後は相続財産の清算人）の選任申立てが必要になり、この申立てにも予納金が必要です（相談例62参照）。

　第五に、相談例は借家契約ですが、仮に借地契約で借地人が借地上に建物を所有しているケースだとすると、土地賃貸人は建物の中には勝手に入ることができないという問題があり、借地人の相続人に関する手掛かり（手紙や日記帳など）を探すことができません（借地人とは別の借家人が死亡した場合はなおさら面倒です）。

　したがって、相談者が貸家を相続した直後なら、この機を逃さず、新たに借家契約を締結し直すべきでしょう。

34）「職務上請求」は弁護士、司法書士、土地家屋調査士、税理士、社会保険労務士、弁理士、海事代理士又は行政書士の8士業のみに認められ、受任している事件又は事務に関する業務を遂行するために必要がある場合には戸籍謄本等の交付の請求をすることができるとされています（戸籍法10条の2第3項）。

35）遺品整理業には、一般廃棄物収集運搬業許可（廃棄物の処理及び清掃に関する法律7条1項）や、古物商許可（古物営業法2条2項1号、3条）などが必要です。民間資格である遺品整理士（約4万人）がいますが、まだ業法がなく、家庭ごみの違法投棄や高額請求などの報道も目立ってきました。複数の業者から相見積をとって選ぶといっても手間なので、弁護士が信頼のおける業者を紹介すれば喜ばれます。

3　孤独死

さらに深刻な問題は、孤独死です。

「孤独死」とは、一人暮らしの者が誰にも看取られることなく、自宅での突発的な事故や疾病により、助けを呼ぶこともできないまま死亡することをいいます。[36]

さて、借家人が孤独死された場合は発見が遅れるため、ご遺体の腐敗や腐乱が進み、部屋そのものにダメージが及びます。したがって、家主は、腐敗液の痕跡を消し、死臭を消臭するなどのため特殊清掃業者にクリーニング（特殊洗浄）を依頼せざるを得ず[37]、全面改装が必要になることもあります。

また、孤独死のあった部屋を新たに賃貸する場合、それが心理的瑕疵に当たるほどのものなら、貸主は告知義務を、仲介業者は重要事項として説明する義務を負いますので（宅地建物取引業法 35 条、47 条 1 号ニ）、次の借手を探すのは困難です。[38]

したがって、家主は借家人がどうやって生活しているのか気になって当然ですし、頻繁に借家人の安否を確認しなければなりません。

4　借家人とのコミュニケーション

以上から、相談者に対しては、以下のようなアドバイスが考えられます。

まず、建物賃貸借契約書と連帯保証人を確認します。つぎに、借家人から四親等内の親族を聞き出し、一度連絡を取って借家人の状態を知らせておくべきでしょう。また、借家人の認知症が進行するようなら、成年後見人をつけてもらうようお願いします。

もちろん 88 歳の借家人が 41 歳の家主（相談者）に親族を教えてくれるとは限りませんが、借家人も、常に孤独死の恐怖を感じておられるはずです。そうであれば、相談者自ら足しげく賃借人を訪問し、思い出話など交えて健康を気遣えば心を開いてくれるかもしれません（江戸時代から「大家と言えば親も同然、店子と言えば子も同然」

36）「孤独死」は日本で高齢化が問題化した 1970 年代にマスコミによって作られた造語で、平成 7 年（1995 年）1 月 17 日の阪神・淡路大震災によって家族や生活基盤を奪われた被災者の多くが誰にも看取られないまま仮設住宅で亡くなったことから、社会問題として認識されるようになりました。

37）特殊清掃は専門的な作業なので、程度にもよりますが 200 万円〜 300 万円の費用が掛かると思われます。

38）自然死（病死）の場合、何日間の放置で説明義務を負う孤独死となるかの明確な判断基準はありません。ただし、死後 3 日で体内にガスが溜まり約 10 日で腐乱が始まりますので、時期によりますが、3 日ないし 1 週間程度放置されると説明義務のある孤独死に当たると取り扱われています。

という言葉があります）。

　なお、大手警備会社も、一人暮らしの高齢者の異変を察知できる見守りサービスを展開しています。これは、高齢者が体調の異変を感じたときにナースコールと同じように警備会社を呼びだしたり、高齢者からの通報がなくても人感センサーを設置して緊急事態を感知するといったサービスで、月額数千円程度の基本料金がかかりますが、借家人やその家族のみならず、家主にとっても利用価値があるでしょう。

三行要約

- ★　古くからの借家契約では、契約書や保証人を確認し、親族の連絡先を聞き出しておく必要がある。
- ★　孤独死されて発見が遅れた場合には、思いもかけない出費となる。
- ★　借家人の異変をすぐに察知できるよう、日頃から借家人とコミュニケーションをとる。

相談例14　高齢者と金融機関

　相談者（55歳男性）から、「これまで父（85歳）の生活費を父名義の預金口座からカードで引き出してきたが、預金残高が少なくなったので、父と一緒に銀行に行って1年前に契約した投資信託の解約を銀行に申し込んだ。ところが、待たされた末、銀行は成年後見人をつけないと解約に応じられないという。銀行を訴えられないか」と相談された。

対応のポイント

　銀行が成年後見人の選任を求めたのは、預金名義人（父）の認知判断能力に疑問を持ったからでしょうし、銀行を訴えることには意味がありません。父の投資信託を解約するためには後見開始を申し立てるしかないと思われます。なぜそのようなことが起きるのか、これからどうすべきかについて、相談者に説明します。

――― 解　説 ―――

1　高齢者に対する金融機関の対応

　金融機関にとって高齢者は投資信託等金融商品売り込みのターゲットですが、逆に、高齢者による預金の引き出しや投資信託の解約は難題の一つです。

　というのも、認知判断能力がないと思われる高齢者との取引に応じたのでは、後

日、金融機関の責任を追及されかねないからです。預金名義人のキャッシュカード
と暗証番号を利用して ATM から出金される場合はともかく、やや頼りない高齢の
預金名義人が直接窓口に来られて多額の預金や投資信託の解約を申し込まれた場合
には、この問題が顕在化します。そして、金融機関は、預金名義人の認知判断能力
に疑問があれば、受領権者としての外観を有する者への弁済（民法478条）の要件を
満たさない可能性があるため、ほぼ例外なく、「成年後見人をつけてください」と
いう対応をとります[40]。

　したがって、相談者としては、後見開始を申し立て、成年後見人から金融機関に
対して投資信託の解約等を申し入れるしかありません。実際に、最高裁判所事務総
局家庭局作成の「成年後見関係事件の概況」によれば、法定後見の審判申立ての動
機としては、「預貯金等の管理・解約」を挙げるものが 32,601 件（37.1％）で最多で
した（重複回答可能のアンケートで、動機の第2位は「身上保護」の 16,357 件です）。つまり、
金融機関がこのように対応するため、認知判断能力に疑いありと見受けられる場合
には成年後見等を申し立てざるを得ない状況にあります（相談例 15 参照）。

　しかし、法定後見制度については後述のように多くの問題がありますし、相談例
では金融機関の勧めで1年前に投資信託を始めたばかりですから、相談者としては
納得がいかなくて当然です。

2　金融機関の取り組み

　このような問題に対応するため、金融庁は、令和2年7月、高齢者に金融商品を
頻繁に売買させて手数料を稼いだり（回転売買）、投資信託を勧誘する場合に他の商
品と比較させないといった金融機関の手法を問題視するとともに、高齢者の預金の
引き出しについても、それが医療や介護など明らかに預金名義人本人のための支出
であれば柔軟対応が望ましいとして、行政指導に乗り出しました（令和2年7月29
日読売新聞）。

　これを受けて、全国銀行協会も、令和3年2月18日、認知機能が低下した高齢
者らに代わって親族などが預金を引き出すことを条件付きで認めるとの見解を発表

39）金融機関は「認知判断能力」という表現をしますので、この項ではその用例に従いますが、
　　事理弁識能力（民法7条等）と同義と解して差し支えないと考えます。
40）大手金融機関は預金契約者の年齢を把握しており、70歳以上の高齢者から窓口で多額の
　　出金を求められた場合には理由の説明を求め（振込詐欺対策）、100万円以上の出金は基本
　　的に断り（又は警察官を呼ぶ）、ATM の上限枠いっぱいの連続利用も1週間以上続けば名
　　義人に連絡するといった対応を取っているようです。

しました。これによると、預金引き出しには原則として預金者本人の意思確認が必要で、依然として認知判断能力に問題がある場合には法定後見制度の利用を促すものの、医療費や介護施設の費用の支払いなど預金者本人の利益になることが明らかな場合には、引き出しにも柔軟に応じるよう全国の銀行に促すようです。

　そうだとしても、診断書や主治医の意見書は必要か、医療機関等への直接振り込みに限って認めるのか、投資信託などの金融商品の解約はどのような条件下で認められるのかなどの詳細はまだ決まっていません。

3　代理出金機能付信託

　金融機関でも、認知判断能力が減退した高齢者の預金の出金について、代理出金機能付信託という商品を用意しています。

　「代理出金機能付信託」とは、預金契約者の認知判断能力が低下した場合に備え、契約者が金融機関に預金を信託し、契約者が指定した家族などの代理人（たとえば長男）が契約者の信託預金を引き出せるという信託商品で（定額に限ると設定することもできます）、現在、つかえて安心（三菱UFJ信託銀行）、人生100年応援信託（三井住友信託銀行）、認知症サポート信託（みずほ信託銀行）、マイトラスト（りそな銀行）などの商品があります。

　どの信託も仕組みはほぼ同じと思われますが、契約者は一定額（たとえば200万円）以上の預金を信託銀行に信託し、その際に信託額の1～2％程度の管理手数料を支払い、出金の権限を持つ代理人と閲覧者を指定します。すなわち、信託された預金を引き出せるのは代理人だけで、それを閲覧者（たとえば次男）が監視するというシステムで、代理人が信託預金を出金したときには閲覧者に通知されるため、代理人による勝手な使い方はできないと説明されています。こうしておけば、契約者が自分の意思を表示できず預金を引き出せなくなっても代理人が生活費などを契約者の口座から支払うことができるという寸法で、金融機関にとっても高齢者の預金管理が楽になるというメリットがあります。

4　代理出金機能付信託の問題点

　代理出金機能付信託は契約行為ですから、その契約を行う時点では、預金契約者に契約を締結する意思能力が備わっていることが前提です（任意後見、財産管理、家族信託も同様です）。したがって、父の言動が怪しくなってきたと気づいたときには手遅れかもしれません。

　さて、代理出金機能付信託の長所は、後見開始の申立てと比べれば比較的簡単であり、長男が代理人、次男を閲覧者と指定すれば家族の中で完結することです。そ

して、専門職後見人や成年後見監督人などに介入されることはありません（後述しますが、任意後見契約、財産管理契約（相談例 16 参照）、家族信託（相談例 19 参照）などの方法は、事実上、第三者に介入されます）。もちろん受託者である銀行に対しては管理手数料を支払う必要がありますが、月額の利用料は少額に抑えられるので、専門職後見人等（任意後見人、任意後見監督人、財産管理受任者、家族信託の受託者等）に支払う報酬に比べれば割安と思われます。

しかし、代理出金機能付信託は、家族の中で完結するがゆえに心許ない点があります。たとえば、出金された金員の使途は限定されませんので、閲覧者（次男）にも、代理人（長男）が出金した金員を何に遣ったかはわかりません。また、閲覧者として指定されなかった推定相続人（たとえば三男）には、出金の事実は通知されず、蚊帳の外に置かれるため、代理出金機能付信託による出金が相続紛争の原因となる可能性を否定できません。

5　相談者に対する説明

以上から、この件では、父の認知判断能力に問題があると思われる事情があるなら、相談者に対しては、銀行の言うとおり、後見開始の申立てをするしかないと説明せざるを得ません。そして、成年後見人が選任された場合の問題（相談例 15 参照）についても説明することになるでしょう。

━━━**三行要約**━━━

- ★ 金融機関に定期預金や投資信託の解約を断られ、やむなく後見開始を申し立てることが多い。
- ★ 金融庁の指導により、やがて金融機関も高齢者名義の預金の出金等を認めると思われるが、条件が厳しくなると予想される。
- ★ 代理出金機能付信託では閲覧者には出金が通知されるが、代理人による出金の使途まではわからない。

相談例15　成年後見

相談者（58 歳女性）から、「同居している母（83 歳）の認知症が進んできた。姉（61 歳）や弟（53 歳）から私が母の財産を使っていると誤解されるのは嫌なので、成年後見を申し立て、自分が後見人になろうと思うが、どうだろう」と相談された。

対応のポイント

　成年後見を利用すべきかという相談ですから、成年後見制度を説明します。成年後見は高齢者の財産管理の方法としてもっとも基本的な方法ですが、誤解されていることも少なくありません。問題点を説明し、相談者が成年後見制度を利用する目的と効果が一致しているかを確認する必要があります。

=解　説=

1　成年後見制度

　家庭裁判所は、本人、配偶者、四親等内の親族等の申立てによって、精神上の障害により事理を弁識する能力（以下、「事理弁識能力」といいます）を欠く常況にある者については後見開始、その能力が著しく不十分である者については保佐開始、その能力が不十分である者については補助開始の各審判を下し、それぞれ成年後見人、保佐人、補助人を選任します（民法7条、11条、15条）。なお、成年後見人には広汎な代理権が与えられ、保佐人には重要な財産処分行為（民法13条1項）に関する同意権と取消権（場合により代理権）、補助人には、それよりは限定的な同意権と取消権が認められます（民法17条1項）。[41]

　最高裁判所事務総局家庭局作成の「成年後見関係事件の概況―令和2年1月～12月―」によれば、令和2年（2020年）末における後見制度の利用者は232,287人で、その内訳は、成年後見が174,680人、保佐が42,569人、補助が12,383人（任意後見は2,655人）でした。

　また、令和2年（2020年）度の後見等関係事件の審判申立件数は37,235件で、その内訳は、成年後見開始26,367件、保佐開始7,530件、補助開始2,600件、任意後見監督人選任は738件でした（要するに、後見制度の大半は成年後見人です）。また、全体の認容率は約95.5%、認知症を原因とするものが約64.1%、鑑定実施は約6.1%、鑑定費用は10万円以下が約93.2%でした。

2　成年後見人の選任

　平成12年（2000年）施行の成年後見制度の創設当初は、親族が後見人等となることが期待されていましたが、親族後見人が管理財産を費消するトラブルが多発し、

41）本書では、成年後見、保佐、補助及び任意後見を合わせて「後見等」又は「後見制度」といい、後見人、保佐人、補助人及び任意後見人を合わせて「後見人等」と呼びます。ただし、「法定後見」とは任意後見人を除く場合です。

専門職後見人が選任されることが多くなりました。令和2年（2020年）度に選任された後見人中の親族の割合は約19.7％、それ以外は専門職後見人（司法書士・弁護士・社会福祉士）が選任されています。ことに、多額の資産がある場合には専門職後見人が選任されますし[42]、申立人が専門職後見人候補者を推薦しても、後見開始決定前に推定相続人全員に候補者に関する意見を照会し、その結果、候補者の選任に反対する意見があれば、利害関係のない専門職後見人を選任します。

　したがって、相談者自身が成年後見人になるのは難しいことを説明してください。

3　成年後見制度の問題点

(1)　財産利用に関する思惑違い

　相談例のように、高齢者と同居している子が後見開始を申し立てる場合、申立人には、自分が家庭裁判所から成年後見人に選任してもらって、高齢者の財産管理に「お墨付き」をもらいたいという期待があるのが一般的です。しかし、前述のように、申立人がそのまま後見人に選任されることは稀ですし、（専門職）後見人が選任されると相談者は母の財産を自由に使うことができなくなります。

　たとえば、相談者が母の在宅介護をしている場合には、介護費用や医療費のほか、風呂や階段の手すり、バリアフリーへの改装、母所有の自宅建物の屋根の修繕など様々な出費が予想されますが、そのたびに後見人に説明し、後見人から費用を支払ってもらわなければなりません。もちろん母の持つ株式の処分や相続税対策についても同様で、母の財産はほぼ凍結された状態になります。したがって、後見開始の申立人やその家族は「成年後見を申し立てなければ母の財産を利用できたのに」と不満に感じがちです。

(2)　財産凍結に関する思惑違い

　これとは逆に、非同居の子が、同居の子による親の財産の浪費を監視し、親の財産を保全する目的で後見開始を申し立てる場合があります（いわば相続の前哨戦です）。

　しかし、成年後見人は後見開始の申立人に対して、直接に報告義務を負うわけではありません。したがって、申立人といえども、後見人が説明をしない場合に成年後見の内容について知りたければ記録を閲覧・謄写するしかなく、それも家庭裁判所が許可した範囲に限られます（家事事件手続法47条）。

42）多額の資産とはおおむね2,000万円程度と推測しています。ちなみに、専門職後見人の報酬が月額2万円とすると10年間では240万円となります。

　また、本人に多少なり事理弁識能力が残っている場合には、後見開始から保佐開始や補助開始の審判に移行しますし[43]、その場合に、被保佐人や被補助人本人が自宅の修繕や孫への贈与などを希望するなら、保佐人や補助人が本人の意思に従って出金を認める可能性もあります。

　つまり、後見等開始が認められれば申立人の思惑どおりに事が運ぶというわけではありません。

(3)　後見監督人・後見制度支援信託

　相談者の母の財産が少なく、相談者に兄弟がいなかったり、兄弟が賛成してくれている場合は、相談者自身が後見人に選任されることがあります。しかし、後見人に選任された相談者は、領収証を集め、家計簿をつけて被後見人の財産管理し、その結果を家庭裁判所に報告しなければなりません。

　また、家庭裁判所は親族後見人の横領を警戒し、後見監督人の選任に同意するか後見制度支援信託[44]を選択するかを求めます。これは、申立人に対して、「あなたは信用できない」といわれているようなもので気持ちのよいものではありませんし、もちろん費用がかかります。

(4)　専門職後見人の報酬

　専門職の後見人や後見監督人が選任された場合は、その報酬が発生します。

　後見人や後見監督人の報酬は家庭裁判所が定めますが、最低でもほぼ月額2万円以上なので、通例、年間約30万円から50万円程度が被後見人の財産から出ていきます（本人の資産の多寡や後見事務の内容によっては報酬が増額されます）。この報酬は被後見人の財産から支払われますが、被後見人の家族にとっては相続によって取得する財産の減少を意味しますから、心穏やかでいられません。こうして、専門職後見人は、被後見人の家族から、「成年後見は、裁判所が楽をして弁護士や司法書士を食わせるための制度ではないのか」と厳しく非難されることがありま

43）非同居の子から後見開始を申立てられると、親と同居している子は大変立腹しますし、後見開始の要件である事理弁識能力を欠く常況の有無については両者の見解が先鋭に対立します。家庭裁判所は鑑定や調査官調査によってこれを判断しますが、後見開始の要件を満たさないと判断する場合には、申立人に対して、後見開始の申立てを取り下げ、改めて保佐開始や補助開始の申立てるよう求めます。

44）「後見制度支援信託」は、被後見人の財産のうち日常的な支払いをするのに必要十分な金銭を預貯金等として後見人が管理し、通常使用しない金銭を信託銀行等に信託する仕組みのことです。後見制度支援信託を選択する場合でも、その契約の当否を検討するため、一時的に専門職後見人が選任されます。

す。

(5)　専門職後見人の対応の拙さ

専門職後見人の側に問題があることも、少なくありません。

すなわち、後見人は、財産管理だけでなく身上監護についても配慮すべき立場にありますが（民法858条）、専門職後見人が被後見人の日常生活の面倒をみることは難しく、ほとんどの場合、その権限は財産管理に限られます。しかし、専門職後見人が被後見人に会いに行かないとか（コロナ禍で面会制限されている場合はやむを得ませんが）、家族の相談にのってくれないとか、被後見人の施設入所などにも協力しないということがあれば、確実に被後見人の親族の不興を買います。

こうしたことを考えれば、身上監護の権限のない専門職後見人も、定期的に本人と面会してその様子を観察し、保護的な支援だけでなく、日常生活において被後見人等ができる限り自分で意思決定できるよう支援するべきだといえるでしょう（平成28年5月に施行された成年後見制度の利用の促進に関する法律にもその旨が明記されました）。

なお、被後見人の親族らは、成年後見人に不正な行為、著しい不行跡その他後見の任務に適しない事由があるときは、家庭裁判所に対して解任を求めることができます（民法846条等）。

(6)　やめられない成年後見

このように成年後見制度には問題がありますが、申立人や家族が不満を抱いても、いったん始まった成年後見を止めることはできず、被後見人は、終生、成年後見人のお世話になります。もちろん本人の事理弁識能力が回復するなどの場合には取消できますが（民法10条、14条、18条）、認知症は原則として不可逆的ですから、その可能性は期待できません。そして、これも被後見人の親族の不満の種になります。

4　説明での注意点

相談例で、相談者は、姉や弟から疑われたくないので成年後見を利用したいとのことでした。そうであれば専門職後見人が選任されても問題なさそうですが、成年後見制度は万能ではありませんので、姉や弟にも成年後見を申し立てることについて相談しておくべきでしょう。

なお、相談者が希望されるなら後見開始の申立てを引き受けるべきです。ただし、その弁護士自らが後見人候補者として申し立てても、親族が反対すれば別の後見人が選任される可能性が高いです。

┌─ **三行要約** ─────────────────────────

★ 成年後見の制度を正確に知らないまま申し立てた場合には、思惑が外れる。

★ 専門職後見人が選任されることが多く、親族後見人が選任された場合にも、後見監督人か後見制度支援信託の利用を強制されることを説明する。

★ 成年後見がいったん開始すれば、途中でやめることはできない。

┌─ **相談例16　任意後見契約** ──────────────────

一人暮らしの相談者（81歳男性）から、「会社を経営している甥（65歳）から、『叔父さんは今後のことを考えて財産管理契約と任意後見契約をしたほうがいい。自分が引き受けるから』と繰り返し勧められている。よくわからないので、詳しいことを教えてほしい」と相談された。

対応のポイント

任意後見契約では、法定後見と異なって、本人が信頼できる人を後見人に指名できる利点がありますが、実際には多くの問題があり、あまり活用されていません。どこに任意後見契約の問題があり、その結果どのようなことが起きているかを相談者に説明します。

══════════════ 解　説 ══════════════

1 任意後見契約

任意後見契約に関する法律は、成年後見制度と同じく、平成12年（2000年）に施行されました。

任意後見契約は、委任者（本人）が、受任者（任意後見受任者）に対し、精神上の障害により事理を弁識する能力が不十分な状態における自己の生活、療養監護及び財産の管理に関する事務の全部又は一部をあらかじめ委託し、代理権を付与する旨の委任契約で、任意後見監督人が選任された時からその効力を生じます（同法2条1号）。なお、任意後見契約は公正証書によらなければならず、登記も必要です（同法3条、4条1項）。

成年後見と異なる任意後見契約の最大のメリットは、委任者が元気なうちに、自分の意思で任意後見受任者を指名できることです（委任できる権限の範囲も必要に応じて決められます）。成年後見制度の様々な問題を回避するための便法としても用いられてきました。

2　任意後見契約の利用実態

さて、弁護士、司法書士、公証人らが任意後見契約の長所を強調し、同契約を推奨してきたこともあって、令和元年（2019 年）の任意後見契約の新規登記件数は14,102 件、同年 7 月 29 日時点での累計（通算）登記件数は 120,962 件にのぼりました（令和 2 年（2020 年）11 月 18 日付任意後見制度の利用促進に向けた運用の改善及び法改正の提言／日本弁護士連合会）。

ところが、登記された累計 120,962 件のうち、本人死亡により閉鎖された登記を除く 100,504 件（本人存命中の登記された成年後見契約）の中で、「任意後見監督人の選任登記」がされていたのは 3,510 件（約 3 ％）しかありませんでした。

つまり、任意後見契約を締結（登記）する人は多いけれども、多くの任意後見契約では任意後見監督人が選任されず（したがって契約も発効せず）、事実上、任意後見契約は利用されていません。以下、紙幅を割いて、その理由を説明します。

3　任意後見契約の問題点

(1)　委任者側の理解能力

令和元年（2019 年）12 月の法務省調査では、任意後見契約時の委任者の平均年齢は 80 歳で、もっとも契約締結件数が多いのは 83 歳でした。この年代になると多かれ少なかれ判断能力が衰えますから（80 歳～ 84 歳の認知症有病率は 21.8％です）、委任者は任意後見契約の内容を正確に理解していない可能性があります。もともと高齢になると理解不足を疑われるのが嫌で「わかった」といいがちですし、特に任意後見契約については、「まだ先のことだ」と考えて同意しやすいのです。

したがって、任意後見契約は、もっぱら受任者側の主導によって取り決められやすいといえます。

(2)　財産管理契約との併用

任意後見契約の利用形態としては、即効型（直ちに任意後見監督人を選任して発効させるもの）、移行型（財産管理契約と併用するもの）、将来型（任意後見契約のみを定めるもの）の 3 種類がありますが、令和元年（2019 年）のそれぞれの利用割合は 1 ％、75％、24％でした（法務省民事局の調査）。つまり、任意後見契約が締結される 4 件のうち 3 件では、同時に財産管理契約が締結されているのです（そして、財産管理受任者が任意後見受任者を兼ねているはずです）。

しかし、このようなケースでは、財産管理受任者は、広汎な権限に基づいて委

45）ちなみに、同年の法定後見（後見・保佐・補助）申立件数は 35,211 件です。

任者の財産を管理していますから、本人の事理弁識能力が低下しても、わざわざ任意後見監督人による監督を求める必要がありません。むしろ、任意後見監督人などいないほうが（任意後見契約を発効させないほうが）融通が利き、都合がよいのです。

(3)　**任意後見受任者の属性**

　前述の法務省調査によれば、任意後見受任者の割合は、親族70％、専門職17％、知人等6％、その他6％でした。しかし、もともと法律や経理に疎い親族が、財産管理受任者及び任意後見受任者としての職務を果たせるとは思えません。とすれば、多くの場合、専門職（弁護士、司法書士、税理士、コンサルタント）が親族に助言を与えて財産管理受任者等に就任させ、その職務を代行しているのではないかと思われます。そうであれば、それら専門職にとっては家庭裁判所が選任する任意後見監督人は不要です。

(4)　**任意後見監督人選任の請求権者**

　家庭裁判所に任意後見監督人選任を請求できるのは、本人、配偶者、四親等内の親族又は任意後見受任者ですが（任意後見契約に関する法律4条1項）、事理弁識能力の低下した本人、高齢の配偶者、近くにいない親族などにこの役割を期待することはできません。

　とすれば、本人（委任者）の状態をいちばんよく知っている任意後見受任者自身が任意後見監督人の選任を請求するしかありませんが、財産管理受任者を兼ねている任意後見受任者なら、その必要を感じないでしょう。

(5)　**任意後見契約に対する無理解**

　任意後見監督人が選任されなければ任意後見契約が発効しないというのは（任意後見契約に関する法律2条1号）、弁護士にとっては常識ですが、世間ではそうではありません。そのため、代理権目録を添付した任意後見契約の公正証書と登記事項を見せられると、多くの方が（任意後見監督人選任前でも）成年後見人と同じ権限を持っていると誤解します（財産管理契約では認めないはずの出金を認める金融機関もあります）。そうした意味でも、任意後見受任者は、任意後見監督人選任の必要を感じません。

　こうして、任意後見受任者（＝財産管理受任者）は、第三者（任意後見監督人）の監督を受けないまま、財産管理契約に基づいて本人の財産を管理するという状態がずるずると続き、任意後見契約はいつまで経っても日の目を見ないのです。[46)]

⑹　適時における任意後見監督人の選任

　さて、任意後見監督人選任の申立てをする時期についても、任意後見監督人選任の要件である「精神上の障害により事理を弁識する能力が不十分な状況にあるとき」（任意後見契約に関する法律4条1項）の判断は容易でありません[47]。

　ちなみに、この要件は、補助開始の要件である「精神上の障害により事理を弁識する能力が不十分である者」（民法15条1項）とほぼ同じですから、後見開始の要件（常況）や保佐開始の要件（著しく不十分）よりは手前の状態で足り、「一人にしておけない」とか「判断が危なっかしい」と思われる状態であれば該当するはずです。ただし、客観的な判断と委任者本人の認識は往々にして食い違い、その意味でも任意後見監督人選任請求の判断は遅れがちになります。

⑺　本人の同意

　そして、これが最後の関門ですが、任意後見監督人の選任を請求するには、本人の同意が必要です（任意後見契約に関する法律4条3項）。

　しかし、本人は自分の事理弁識能力の低下を認めませんし、財産にも執着しますから、「任意後見監督人の選任を申し立てて財産管理に着手しますが、いいですか」と問われて「うん、わかった」と答えるとは限りません。

　なお、本人の同意が得られない場合でも「本人がその意思を表示することができないとき」であれば任意後見監督人を選任できますが（同項但書）、調査官調査の際に、はっきり「嫌だ」と言われてしまえばそれまでです。そうすると、例外的に「本人の利益のため特に必要があると認めるときに限り」の要件を満たすものとして、家庭裁判所に後見開始の審判を求めるしかなくなります（同法10条1項）。

4　相談者に対するアドバイス

　さて、相談者は、甥から任意後見契約と財産管理契約の併用（移行型）を勧められているわけですが、甥に何か思惑がありそうな場合には、移行型には濫用の危険

46）日弁連の提言（2項参照）でも、こうした任意後見制度の問題点を克服するため、任意後見制度の周知徹底、財産管理契約の代理権の制限、任意後見受任者の報告義務や任意後見監督人の請求を行う義務などを挙げますが、道半ばです。

47）事理弁識能力は法律行為の結果が自己にとって有利か不利かを判断する能力であり、それが「不十分である」とは、民法13条1項に規定する重要な財産行為について自分一人で行うことは不可能ではないが、適切に行えないおそれがあるため、他人の援助を受けていたほうが安心であるといった程度の判断能力をいうとされています。

があることを説明して、慎重に判断するよう進言します。また、弁護士が相談者の代理人としてこれらの契約締結交渉を担当できることも説明してください。

他方、相談者から弁護士に対して任意後見契約の受任者になるよう求められた場合には、①任意後見契約に関する相談者の理解を確認し、②財産管理契約を伴わない将来型の任意後見契約を検討し、③任意後見監督人の選任申立てに関する具体的基準について相談者と協議し、④その申立てに対して同意しない場合は任意後見契約を解除することを確認する（任意後見契約に関する法律9条1項）などの手順を踏んで、これを引き受けるべきだと考えます。

三行要約

★　任意後見契約を締結しても、財産管理契約とセットになっている場合には（移行型）、ほぼ発効されない。

★　財産管理受任者が発効前の任意後見契約を利用して、権限を濫用するおそれがある。

★　弁護士が任意後見受任者を引き受ける場合には、委任者に問題点を十分説明して理解を得る。

相談例17　財産管理契約・見守り契約

相談者（80歳女性）から、「終活セミナーの講師から、任意後見契約をするなら、財産管理契約や見守り契約を公正証書で作っておけば安心ですと勧められた。財産管理契約とか見守り契約も、結んでおいたほうがよいのだろうか」と相談された。

対応のポイント

任意後見解約、財産管理契約、見守り契約は、よくセットでの利用が推奨されています。任意後見契約についてはすでに述べましたので、ここでは財産管理契約と見守り契約について説明します。財産管理契約にも任意後見契約と同じくいくつかの問題点がありますので、事案に応じてカスタマイズする必要を説明してください。また、場合によっては見守り契約やホームロイヤーの利用を勧めます。

━━━━━ 解　説 ━━━━━

1　財産管理契約

　財産管理契約（財産管理等委任契約とか任意代理契約ともいわれます）は、文字どおり、委任者が受任者に対して委任者の財産の管理を委託する契約です。しかし、自分で財産管理できるなら、それを人に任せる必要はありません。したがって、委任者は、現に財産管理できない状態にあるか、その状態が予想される状態にある方で、通常は認知症の初期だったり介護を必要とする高齢者です。

　これに対して、受任者は、財産管理を業務として扱う専門職やコンサルタントとなることが多いはずです（親族が受任者となるとしても専門職がサポートすることが多いと思います）。

　そうすると、契約内容に関する委任者の理解が十分でないまま、受任者側が主導して財産管理契約を締結させる可能性がありますから、受任者側による不当な勧誘がないかには注意が必要です（適合性の原則）。

2　財産管理契約の問題点

　財産管理契約に関する問題点は、以下のとおりです。

(1)　授権の範囲

　財産管理契約における授権の範囲は広く設定されがちです。たとえば、財産管理契約の公正証書に添付される「代理権目録」のひな型には、「不動産、預貯金、動産等すべての財産の管理、保存、処分」など一切の行為を含む代理権が挙げられていますが、本当にそれが必要なのか疑問です。

　移行型の財産管理契約締結の際には、「認知症等によって任意後見契約が必要になる前でも、身体が不自由になって動けなくなった場合に備えて、財産管理の事務について代理権を与える契約が必要だ」と説明されるようです。であれば、その目的は入通院・介護サービス等を含む日常生活に必要な事項（いわば保存行為）に限られ、すべての財産の処分に関する代理権までは不要ではないでしょうか。

(2)　財産管理の始期

　そもそも自立している高齢者が誰かに財産管理を任せる必要はありません。

　とすれば、高齢者本人が財産管理できなくなった時点からの財産管理が望まれるはずですから、（即効型でない限り）どのような状態になったら財産管理契約を発効させるのか始期を明らかにすべきです（将来型）。たとえば、委任者が同契約の発効を希望し、かつ、委任者が要介護1又は2の要介護認定を受け、親族の誰

それや担当のケアマネジャーが同意した場合といった具体的な条件を設定するべきではないかと考えます。

(3)　財産管理契約の終期

　財産管理契約と任意後見契約を併用する場合（移行型）、多くの財産管理契約では「任意後見監督人選任の審判が確定したとき」（任意後見契約の発効時）を財産管理の終期として挙げます。なるほど連続性を確保するために、この規定は合理的です。

　しかし、先述のとおり、任意後見契約では、任意後見受任者（財産管理受任者を兼ねる）の任意後見監督人選任の請求については、「判断能力が不十分な状況になったときは、すみやかに任意後見監督人選任の申立てを行うものとします」といった緩やかな規定しか置かれず、適時における任意後見監督人選任の請求は期待できません。また、財産管理の始期において明晰だった委任者も、その終期においては判断能力が低下しているはずですが、これを数値化することはできません。

　そこで、任意後見契約や財産管理契約の中で、たとえば、3か月に一度はかかりつけ医を受診して長谷川式簡易知能評価スケールを行ってもらい、「同検査の結果が2回連続で20点を下回った場合、又は医師が重要財産の処分に関する意思決定ができないと判断した場合は、1か月以内に家庭裁判所に対して任意後見監督人の選任を求める」といった具体的基準を取り入れることが必要ではないかと思います。

　もちろん、そうして行われた任意後見監督人選任請求が要件を満たさないとして、あるいは本人の同意を得られない（任意後見契約に関する法律4条3項）として却下される可能性はありますが、それはそれで正常な過程です。

(4)　財産管理者の義務

　一般に、財産管理契約のひな型では、財産管理受任者は、定期的に財産目録、会計帳簿、預貯金目録等を作成し、委任者に報告するといった規定が置かれています。しかし、委任者が完全な事理弁識能力を保持しているなら問題はありませんが、そうでなければ委任者は報告を受けても内容が理解できませんし、監督者も不在ですから、この義務が確実に履行されるかは甚だ疑問です（誰にも監視されていなければ手を抜きたくなり、次第に雑になります）。それに、後に任意後見監督人が選任されれば財産管理上の不透明な支出を追及される可能性もありますが、それが期待できないことも前述のとおりです。

　とすれば、せめて代理出金機能付信託（相談例14参照）のように、委任者以外の第三者（子や親族）への報告義務を課すべきでしょうし、（財産管理契約受任者ではない）弁護士が財産管理の監督者になることも推奨されるべきでしょう。

(5)　公正証書による財産管理契約

　任意後見契約とともに財産管理契約を公正証書として作成することにも疑問があります。おそらく「両契約とも公正証書にするのが普通です」と説明されているのでしょうが、両契約の公正証書がある場合、金融機関でさえ、その成年後見受任者＝財産管理受任者には、成年後見人同様の権限があると信じる可能性があるからです。

3　見守り契約

　つぎに、「見守り契約」とは、高齢の委任者が、受任者に対して、面会等適宜の方法による定期的な様子伺いを依頼し、それによって委任者の健康状態（事理弁識能力を含む）や生活ぶりを確認し、必要に応じて委任者の生活に関する相談にのる契約のことです（相談例13の大手警備会社の見守りサービスとは目的が異なります）。そして、財産管理契約でカバーし切れない病院、施設、介護事業者との契約の事務処理や保証人への就任などについても対応できるとして、任意後見契約や財産管理契約とセットで推奨されます。

　なるほど見守り契約は高齢者のサポートのために有益だと思いますし、（費用の点を除けば）高齢者も歓迎してくれるはずです。しかし、問題なのは財産管理受任者であり任意後見受任者でもある者が、同時に見守り契約の受任者を兼ねることです。むしろ、それらの受任者とは異なる（利害関係のない）第三者が見守り契約の受任者になって財産管理受任者等に対する牽制の役割を果たすべきではないでしょうか。そして、それには弁護士こそ適任でしょう。[48]

4　ホームロイヤー

　さて、日本弁護士連合会でも高齢者を対象とするホームロイヤー契約を推奨しており、各単位弁護士会や一部の法律事務所でも積極的に取り組んでいます。[49]

---

48)　なお、弁護士が見守り契約の受任者となった場合は、定期的に本人を訪問するとともに、毎回ある程度決まった質問をしながら、本人の事理弁識能力の経時的変化を記録化するよう工夫してください。

49)　ホームロイヤー契約の料金（顧問料）は、面談頻度などの条件によって異なりますが、月額1万円が多いようです。ただし、それを毎月振り込んで支払うという条件は高齢者の負担になりやすいでしょうから、料金の支払方法には工夫が必要です。

　ホームロイヤーは、いわば「かかりつけの弁護士」として高齢者を見守り、財産管理、任意後見、成年後見、遺言、死後事務処理などの分野において、弁護士ならではのトータルサポートができると謳われています（日本弁護士連合会ホームページ）。

　ホームロイヤーも、前述の見守り契約と同様、高齢者のサポートのために有益だと思いますが、日弁連が掲げる目的は広すぎて訴求力に欠けるように思えます。たとえば、2か月に一度は弁護士が高齢者のご自宅に伺って問題を抱えていないかをアセスメントシートでチェックし、離れた場所で暮らすお子さんに書面や映像で報告するとか、弁護士がバックアップしている家庭であることを大手警備会社なみの目立つステッカーで玄関に表示する（護符）とか、いろいろなアイデアや工夫が必要でしょう。

5　相談者に対するアドバイス

　以上から、相談者に対しては、財産管理契約、任意後見契約、見守り契約、死後事務委任契約（相談例18参照）などのセット活用が推奨され、入院・入所時の保証人サービスから葬儀・埋葬までワンストップで引き受けると謳われるケースがあるけれど、すべてを同一人物に頼るワンストップ・サービスでは監督者がいなくなるので（もちろん公証役場に監督機能はありません）、不祥事を招きやすいと説明するべきでしょう。

　他方、相談者から、弁護士に対して「じゃあ、全部任せるのでやってほしい」と頼まれた場合でも、前述の趣旨からすれば、財産管理契約や任意後見契約については他の専門職を紹介し、自らは見守り契約（又はホームロイヤー）と遺言書作成を引き受けるといった役割分担を提案すべきではないかと考えています。[50]

三行要約

- ★　財産管理契約の受任者の権限は広汎になり、義務が曖昧になりがちなので、カスタマイズを勧める。
- ★　ワンストップが一人の管理者への権限集中を意味するなら、そこには監督者不在の落とし穴がある。
- ★　弁護士は、財産管理受任者等の監督者や見守り契約受任者（ホームロイヤー）と

50）もちろん破産管財、任意整理、成年後見人、相続財産管理人などの経験があれば、弁護士も無理なく財産管理業務を受任することができるでしょうが、複数の専門職でサポート体制を作ることに意味があります。

しての役割が適任。

相談例18　**死後事務委任契約**

　相談者（67歳女性）から、「介護していた知人男性（88歳）から『自分が死んだら葬儀・埋葬を頼む。息子は呼ばないでほしい。入院費用を払いアパートを引き払って、お金があまれば世話になった友人（75歳）に謝金をあげてほしい。あなたしか頼る人がいない』と懇請され、断り切れずに現金300万円を預かった。あとで問題にならないだろうか」と相談された。

対応のポイント

　最期が近づいてきた場合に、信頼できる人に後事を託すのはよくあることです。ただし、善意で引き受けたことを相続人から問題とされたのではたまりません。そうしたトラブルを避けるためには、依頼された内容を死後事務委任契約書の形ではっきりと残すことが必要です。内容によっては認められない場合もあるので注意が必要です。

================ 解　説 ================

1　死後事務委任契約の性格

「死後事務委任契約」とは、委任者が、受任者に対して、死亡後に生じる事務（葬儀・埋葬など）の代理権を与える委任契約です。家族がいなかったり、家族に負担をかけたくない場合や、家族の世話にはなりたくない場合に、こうした契約が必要になります。

　委任者の死亡は委任契約の終了原因ですから（民法653条1号）、相続開始と同時に委任契約が終了するとも考えられますが、委任者の死亡後における事務処理を依頼する旨の委任契約は有効と解されています。そして、その契約は、委任者の死亡によっても契約を終了させない旨の合意を包含し（最判平成4年9月22日金法1358号55頁）、委任者の地位を承継した相続人は、契約を履行させることが不合理と認められる特段の事情がない限り、委任契約を解除することが許されないと解されます（東京高判平成21年12月21日判時2073号32頁）。

2　死後事務委任契約でできること

　財産管理契約や任意後見契約は委任者の生存が前提ですから、葬儀・埋葬等の死後事務の処理は対象になりません。また、葬儀・埋葬等は遺言事項ではありません[51]

から、遺言書に記載しても法的効力を持ちません（もちろん遺言書にこれらの希望を記載することもありますが、相続人や遺言執行者に対して義務付けることはできません）。そこで、任意後見契約や遺言とは別に死後事務委任契約書を作成する意味があります。

　なお、平成28年民法改正で、成年後見人に被後見人の死亡後の保存行為や債務弁済の権限が認められましたので（民法873条の2第1号、2号）、死後事務委任契約の効力を考える上で参考になると思います。ただし、債務弁済については、本来、債務を承継する相続人に任せるべきですから、相続開始直後の事務処理に付随するもの（葬祭費用など）は弁済できるとしても、一般的な相続債務の弁済は原則として委任できないと考えるべきでしょう。

3　相談者に対するアドバイス

　死期が近づいた高齢者が藁にも縋る気持ちで依頼されるのはわかりますが、かといって、依頼内容が明確でなければ、後日、相続人との間で問題が起きるリスクがあります。そこで、相談者に対しては、至急、知人男性の要望を記録化するようアドバイスします（公正証書がベストですが、手書きのメモや録音でも結構です）。

　さて、知人男性の依頼の趣旨が明確なら、たとえば、知人男性が亡くなられた場合の葬儀や埋葬についてはその手続をとることができます。

　つぎに、入院費の支払いや賃借物件の明渡しなどは相続債務ですから原則は相続人に任せるべきですが、相続人に連絡がつかないといった事情がある場合には、相談者が預かった金員で対応してもよい（違法性・損害・利得などがない）と考えます。

　しかし、友人に対する謝金は遺贈（遺言事項）に当たりますので、相談者がそれを実行すると相続人から損害賠償請求を受けかねないことを説明し、思いとどまっていただくべきです。

　なお、死後事務委任契約の受任者には死亡届を出す権限はありません（戸籍法87条）。また、知人男性は「息子を呼ばないでほしい」としていますが、相続開始後

51）遺言事項は、以下のとおりです。認知（民法781条2項）、未成年後見人の指定（民法839条1項）、未成年後見監督人の指定（民法848条）、遺贈（民法964条）、遺留分侵害額負担割合の指定（民法1047条1項2号但書）、一般財団法人の設立（一般社団法人及び一般財団法人に関する法律152条2項）、相続人の廃除及び廃除の取消（民法893条、894条2項）、相続分の指定及び指定の委託（民法902条1項）、特別受益者の持戻し免除（民法903条3項）、遺産分割方法の指定及び指定の委託・遺産分割の禁止（民法908条）、共同相続人間の担保責任の指定（民法914条）、遺言執行者の指定及び指定の委託（民法1006条1項）、信託の設定（信託法3条2号）、祭祀承継者の指定（民法897条1項但書）、保険金受取人の変更（保険法44条1項）、遺言の撤回（民法1022条）。

には相続人による対応が必要ですから、どこかの時点では連絡せざるを得ないと思います。

─┤三行要約├─

★　財産管理契約でも遺言でも取り決められない死後の事務については死後事務委任契約が有効。

★　口頭での約束はトラブルを招くので、死後事務委任契約の内容は必ず証拠化する。

★　死後事務委任契約に基づいてできることとできないことがあるので、弁護士の指示に従ってもらう。

───┤相談例19　家族信託├───

　相談者（54歳男性）から、「先日参加した終活の講演会で、成年後見の問題点と家族信託の利点を教えてもらい、目から鱗だった。私の母（87歳）も認知症気味なので家族信託を利用しようと思うが、どうだろう」と相談された。

対応のポイント

　家族信託は民事信託の一種で、高齢者の認知症対策（成年後見の代替案）の一つとして注目を浴びています。家族信託は、その家庭の事情に応じたオーダーメードになるうえ、信託行為の内容をどのように定めるかは財産管理契約と比べても難しく、専門家によるコンサルティングは不可欠です。弁護士にとってはいささか不得手な分野ですが、これから増えてくると思われますので、知識を整理してください。

══════════ 解　説 ══════════

1　信託の基礎知識

　信託（trust）とは、委託者が受託者に財産権（所有権など）を移転し、受託者が信託目的に従って受益者のために信託財産を管理・処分する制度です。まず、以下の点を押さえておいてください。

　第一に、信託財産の権利が帰属するのは受託者ですが、経済的利益は受益者に帰属し、両者が分離しているところに特徴があります。また、信託目的・信託行為・信託財産・委託者・受託者・受益者が信託の6要素（特徴）とされます。

　第二に、他の制度との違いとして、以下の点が挙げられます。すなわち、信託は、委託者ではなく受益者に効果帰属する点と死亡によって終了しない点で（財産管理

契約などの）委任契約と異なり、財産権が受託者に移転する点で寄託契約と異なり、事実行為である身上監護を目的としない点で後見と異なり、相続開始前に発効する点、相続開始後の定期的給付を定めることができる点（遺言代用信託）、二次的承継を指定できる点（後継ぎ遺贈型受益者連続信託）などで遺言とも異なる、とされます。

　第三に、信託は、商事信託と民事信託に分類できます。商事信託は、信託銀行などの受託者が営利目的で信託報酬（手数料）を得るもので、投資信託、後見制度支援信託、代理出金機能付信託などがこれに当たります。一方、民事信託は信託報酬を目的としない信託で、平成18年（2006年）の信託業法改正により、営利目的でなければ信託業免許を持たない法人や個人も受託者になれるものとされました[52]。そして、家族信託は営利を目的としない家族が受託者となりますので、民事信託を利用した方法といえます。

　第四に、信託を設定する方法としては信託契約・遺言信託・自己信託があります（信託法3条）。ここでいう遺言信託とは、遺言で信託の内容を定める方法をいい、金融機関が宣伝している遺言信託（相談例45参照）とは異なります。

2　家族信託

(1)　家族信託とは

　「家族信託」とは、高齢者が信頼できる家族に財産を預ける信託のことで、民事信託の一種であり、通常、その方式は信託契約です。法令上、家族信託との用語は見当たらず、巷間、「家族の中で完結する信託」という意味で用いられています。

　家族信託は、高齢にさしかかった委託者が、将来の判断能力の衰え（認知症）に備え、家族の生活の安定や相続紛争の防止、相続税対策、事業承継等の目的で資産を活用する方法だとされます。それだけに信託の内容も様々で、家族信託に通暁した専門家の助力なくしては実現できません。したがって、専門家に対するイニシャルコスト（初期費用）や受託者の実質的なランニングコストが嵩むため、ある程度の資産がある高齢者でなければ選択肢の一つになりません[53]。

(2)　家族信託の利点

　家族信託の利点としては、①認知症対策としてすぐにスタートできる、②財産

---

52) 信託契約は公正証書によることを要しませんが、その内容から、信託契約の公正証書を作成するのが一般的です。ちなみに、平成30年（2018年）の民事信託の公正証書作成件数は2,223件でした。

管理と財産承継（相続）を同時に行える、③振り込め詐欺等の高齢者被害を防止できる、④他界しても預金封鎖を受けない、⑤不動産の名義移転に贈与税がかからない、⑥財産管理が透明になる、⑦遺言の代わりになる、⑧遺言ではできない内容の承継方法を定めることができる、⑨財産管理を次代に承継できる、⑩相続税対策になる、⑪（本当に家族内で完結するなら）管理費用がかからない、などが挙げられます。

　もっとも、家族信託ならこれらの恩恵をすべて受けられるというわけではなく、それぞれの事情に応じて、信託契約の内容を検討する必要があります。

(3)　家族信託の問題点

　他方、家族信託の問題点としては、①設定行為（信託行為）が専門的かつ複雑になる、②安心して財産を預けられる家族が見当たらない（受託者が信託銀行等だと手数料が割高になります）、③不動産に関して信託登記の費用がかかる、④財産の信託なので身上監護を盛り込むことができない、⑤受託者の義務（善管注意義務・忠実義務・計算書類の作成・報告等）が思いのほか面倒である（信託法 29 条以下）、⑥受託者となる推定相続人とそうでない推定相続人間に争いの種になる、⑦そもそも意思能力が十分な高齢者であれば、たとえ形式的であっても財産の移転を望まない、などが考えられます。

　それ以外にも、家族信託を選択する場合、信託終了事由や帰属権利者の確定、税金対策（受益者課税）、遺留分対策には注意する必要があります。また、不動産、現金、非上場株式は信託に適しますが、投資信託の家族信託は屋上屋を架すことになり、信託銀行や証券会社もそこまでの制度を構築できているわけではないといわれています。受託者の横領や信託形式の悪用（強制執行回避の手段）にも注意が必要でしょう。[54]

3　特殊な信託

家族信託だけでなく、以下のように相続対策として注目されている信託類型があ

53）信託行為の設計は専門家に任せることになりますが、そのコンサルティング料金はある程度高額になります。また、家族が受託者になった場合でも、受託者の義務を果たすために計算書類や報告書の作成が必要になり、その代行を税理士等の専門職に依頼すればランニングコストが発生します。

54）「信託崩壊～裏切られた信頼」サミュエル・P・キング、ランダル・W・ロス著（日本評論社）は、ハワイの大王カメハメハの莫大な遺産が公益信託の受託者によって費消されたという話で、信託が内在する危険を示しています。

ります。

(1)　遺言代用信託

　「遺言代用信託」とは、委託者の死亡により受益権を取得する旨の定めがある信託のことです（信託法90条）。

　たとえば、委託者が、生前の信託契約によって受託者（金融機関）に資産（信託財産）を信託し、委託者が死亡した場合には認知症の配偶者や障害のある子（親なき後問題[55]）を受益者として、定期金を与えるといった内容が考えられます。委託者の死後の財産処分につき遺言の代わりに利用できることから、遺言代用信託と呼ばれています。

(2)　後継ぎ遺贈型受益者連続信託

　「後継ぎ遺贈型受益者連続信託」とは、受益者の死亡により当該受益者の有する受益権が消滅し、他の者が新たに受益権を取得する旨の定めのある信託のことです（信託法91条）。

　たとえば、委託者が、生前の信託契約や遺言によって受託者に資産を信託し、その受益者（たとえば配偶者）が死亡した後は、前妻の子である長男に受益権を与える（受益者を変更する）といった場合に利用できます。また、最初の信託契約では委託者が受益者となり、委託者が死亡すれば受益者を配偶者に変更し（この部分は遺言代用信託です）、さらに配偶者が死亡すれば受益者を子に変更するといった複数の承継先を決めておくこともできます。通常の遺言では、受遺者が死亡した場合の遺産の承継先までは決められないと解されますので、その点で意味があります。

　なお、信託契約で、家族信託と同時に遺言代用信託や後継ぎ遺贈型受益者連続信託を設定することも可能ですが、契約内容が複雑になるほど、遺留分侵害、課税関係、信託の終了事由など様々な関係を整理する必要があり、受託者としての金融機関やアドバイザーとしての専門家が必要になります。[56]

(3)　空き家防止信託

　「空き家防止信託」とは、高齢の親（委託者）が、信託契約によって実家（信託財産）を子（受託者）に信託し、子は親の認知症が進行した場合には自ら実家を修

---

55)「親なき後問題」とは、障害のある子を持つ親が亡くなった後、その子の生活資金をどのように賄うかという問題ですが、その子を被後見人とする後見制度を利用するのが一般的と思われます。

繕するなどして管理し、親が施設に入所して実家が不要になった場合には実家を
処分することができるとするものです（受益者は親になります）。これも家族信託の
一種で、社会問題化している空き家問題の防止に有益であると説かれています。

4　相談者へのアドバイス

　任意後見契約や財産管理契約と同様に家族信託が推奨されていますが、信託契約
が複雑であることやコストがかかることから、家族信託にも利用しにくい面があり
ます。また、高齢者に十分な事理弁識能力があることが前提ですから、すでに本人
（母）の認知症が進行しているなら、家族信託を利用することは難しく、成年後見
の一択となるでしょう（信託行為の内容からすると、遺言能力以上の信託能力が必要と思わ
れます）。したがって、本人の健康状態をよく伺ったうえで、各方法の長短を検討し
ていただくべきです。

5　弁護士としての信託へのかかわり方

　平成 16 年（2004 年）12 月に改正信託業法が施行され、平成 19 年（2007 年）9 月
に改正信託法が施行されましたが、信託法と相続の関係についてはまだ定説や判例
が少なく、これからの分野です。若い弁護士のみなさんには、この機会に信託を勉
強して様々なスキームを考えていただきたいと思います。[57]

　なお、信託業法 2 条 1 項、2 項、3 条、7 条 1 項によれば、信託業は内閣総理大
臣の免許ないし登録を受けた者でなければ営むことができないとされており、弁護
士は営利目的とみなされるので、格別の許可を得ない限り、弁護士は受託者になれ
ないと解されています。したがって、弁護士は、現時点では、アドバイザー、信託
監督人、受益者代理人、ホームロイヤーなどとしてかかわることになりますが、信
託のいちばんの問題は受託者の権限濫用ですから、監視役としてのポジションが適
していると思います。

56）家族信託が家族内で完結する（委託者・受託者・受益者のいずれもが家族である）信託だ
　とすると、金融機関などを受託者とする遺言代用信託や後継ぎ遺贈型受益者連続信託は家族
　信託ではないはずです。また、家族信託でも、受託者となる家族にとって専門家アドバイ
　ザーのサポートを受けるのが不可欠なのであれば、家族内ですべてが完結するというわけで
　はありません。
57）日本弁護士連合会では、民事信託分野において弁護士が適切で高度なサービスを提供でき
　るようにするための環境整備を行うために、平成 29 年（2017 年）6 月に、日弁連信託セン
　ターを設置しました。

━━━━ 三行要約 ━━━━

★　家族信託は、成年後見を回避しつつ家族内で高齢者の財産管理を行える方法とされている。

★　家族信託では、受託者の義務が重く、金融機関や専門職の助けが必要で、費用がかかるとの短所もある。

★　信託行為の内容が複雑になればなるほど高齢者も家族もその内容を正確に理解できない。

━━━━ 相談例20　もめない相続 ━━━━

　２年前に妻を亡くしたという一人暮らしの相談者（79歳男性）から、「４人の子（長女53歳、次女52歳、三女47歳、長男39歳）はそれぞれに仲が悪い。遺言書を書いておけば、自分の他界後、４人がもめないようにできるのだろうか」と相談された。

対応のポイント

　高齢者の心配の一つは、子どもたちによる相続争いです。遺言書がそれを防ぐ方法として有効であることはたしかですが、遺言書さえ書いておけば足りるというものではありません。これまでの経緯、財産の内容などをよく伺ったうえで問題点を指摘し、一緒に対策を考えましょう。

━━━━━ 解　説 ━━━━━

1　遺言の限界

　遺言があれば、基本的に相続人が相続の内容を争うことはできません。しかし、例外もあります。

　まず、遺言が無効とされる可能性があれば話は変わります。したがって、遺言書作成時における遺言者の遺言能力を疑われないように証拠（ビデオや診断書など）を残す必要があります。

　また、自筆証書遺言では「これは父の筆跡じゃない。父がこんな遺言をするはずがない」といった反論が飛び出してくる可能性がありますので、公正証書遺言を勧めます。

　遺言が有効でも「４人の子に４分の１ずつの遺産を相続させる」という内容なら（相続分の指定）、誰が何を取るかの遺産分割協議が必要になりますから、争いが生ま

れます。遺産の一部の処分だけを決め、処分を決めていない遺産がある場合（一部遺言）も同様です。さらに、遺言の内容が一義的に明らかでなく、遺言者の意思解釈が必要になる場合には、解釈をめぐって争いが起きる可能性もあります。したがって、こうしたリスクを排除するためには、弁護士に遺言書を起案してもらうか、文面をチェックしてもらうべきであると説明します（相談例 42 参照）。

それでもまだ完全ではありません。各相続人の遺留分を侵害する遺言だと、遺留分侵害額請求権の問題が生じます。特定財産承継遺言（民法 1014 条 2 項）を多用する場合でも、流動資産以外の遺産については、その評価が問題になることがあります。具体的相続分の修正要素である特別受益や寄与分でもめることもあれば、相続債務の承継、葬儀費用の負担、固定資産税等の負担、祭祀承継問題などでもめることもあります。

それに、考えてみれば遺言が発効するのは遺言者の相続開始時であり、そのときには推定相続人の先死亡や財産の増減によって状況は変わっています（相談例の 79 歳男性の平均余命は約 10 年です）。つまり、もともと遺言は将来の状態を仮定して決めているので、すべてを確定させることは不可能で、遺言を残せば相続紛争が起きないという保証はありません。

2　家庭の事情の聞き取り

そうすると、遺言書を作成するだけでなく、そもそも 4 人の子が争わないように気を配ることが必要です。そのためには、4 人の子の仲が悪い理由など相談者の家庭の事情を伺わなければなりません。ところが、この点に関しては相談者の口が重くなったり、逆に、延々と昔話を始められることもありますので、想像力を働かせる必要があります。

たとえば、相談例では、長女と次女は 1 歳差なので、2 人は受験、就職、結婚など事あるごとに比較され、長年にわたって反目してきた可能性があります。三女はそれを見て育っているので、姉たちとは距離を置いているかもしれません。長男は、相談者が 40 歳のときの子ですから両親に溺愛され、姉たちから嫉妬されていた可能性があります（末っ子長男にありがちな傾向です）。子にとって親の愛情は絶対で、幼少期や思春期の蹉跌は容易に拭えませんが、もしそれができるとすれば、それは親しかありません。相談者に思い当たるところがあるなら、配慮が足りなかったと率直に謝り、子どもたちの気持ちを宥めておくよう勧めます。

つぎに、相談者の妻が亡くなってから 2 年間に起こったことを伺います。妻の遺産分割（一次相続）の結果が偏向していたのなら、相談者の相続（二次相続）が一次

相続と合わせて公平でなければ子は納得しません。どの子が最後まで亡母の看病をしたといった事情も考える必要があるでしょう。

　そのほかにも、長女は多額の自宅購入資金を出してもらった、事業に失敗した次女の夫から無心されていた、三女は実家に帰ってこない、長男は後継ぎのくせに家に寄り着かないなど、それぞれの子に様々な事情や言い分があるはずです。それが特別受益に当たるかなどの問題はさておき、弁護士としては、各相続人の心情に思いを馳せてアドバイスすることも必要です。

3　実質的な公平性

　遺言による財産の分け方について、相続でもめないことを第一の目的とするのなら、法定相続分を基調としながら事情に応じて各相続人の取得分に若干の傾斜をつけるにとどめるのが賢明だと思います。そして、4人の子が「満足はしないけれども、これなら仕方がない」と思ってくれるような遺言であれば相続紛争の危険は限りなく小さくなります。

　また、遺留分を侵害しないぎりぎりのラインを目指すと、相続開始までの期間経過により、結果として遺留分を侵害することがあります。そこで、多少の財産変動があっても遺留分を侵害しないよう余裕をもたせておくことが必要です。特別受益（生前贈与）は、そのために必ず確認してください。

　相続開始後、遺言者はこの世にいませんから、相続人は遺言者に直接文句を言えず、悔しさや憎しみは他の相続人に向かいます。そうならないよう、相談者の言動次第で子の誤解を解いたり関係を修復できる可能性があるなら、ぜひ試みてもらうべきでしょう。それが親としての責務かもしれません。逆に、親が目の前にいる子に媚び、他の子に対する不平や不満を口にしていたのでは、もめない相続を実現することはできません（相続紛争は親の責任です）。

　なお、相談者は一人暮らしですが、やがて子の誰かに面倒をみてもらいたいと考えておられるかもしれません。したがって、相談者の今後の生活についても配慮する必要があるでしょう。

───〔 **三行要約** 〕───

★　遺言は万能ではないので、それ以外に相続紛争を避けるための工夫がないかを考える。

★　これまでの歴史や家庭の事情を伺い、相続人たちの気持ち（言い分）を想像してみる。

★　財産の分け方としては、できる限り法定相続分を基調とし、若干の傾斜をつけるのが堅実。

相談例21 **生前整理**

　相談者（72歳男性）から、「３日前の検査で癌の転移が見つかった。すでに遺言書は書いているが、妻子に迷惑をかけないよう、そのほかに何かやっておくべきことはあるだろうか」と相談された。

対応のポイント

　遺産の処理については遺言で対応できますが、それ以外にも相続開始後に遺族が難題に直面することがあります。いざというときに遺族や周囲の方が困らないよう、相続財産を明らかにし、身の回りのものを整理し、利用しない不動産・動産や海外資産などは処分し、これまで放置してきた問題を片付けるよう勧めます。相談者本人がショックを受けているようなら、説明には気遣いが必要です。

――――――――――解　説――――――――――

1　財産の特定

　一般に、高齢者は、推定相続人に対して自分の財産の内容を明らかにしない傾向があります。子どもたちが自分の財産を狙っているのではないか、財産が少ないとわかればすげなく扱われるのではないかという不安が先立つからです（逆に、現金を見せびらかして関心をひこうとする場合もあります）。

　しかし、そのまま相続が開始すると相続人らは遺産の調査に手間取り、そのために、準確定申告や相続税申告が滞ったり、ほかの共同相続人（兄弟姉妹など）が被相続人の遺産を隠している（あるいは生前贈与を受けた）のではないかと疑い出すこともあります。それは、相続紛争の種にもなりますので、相続人に遺産の内容がわかるような工夫が望まれます。

　もちろん、遺産は遺言書に明示しておくのが一般的ですが、エンディングノートや手帳などに遺産の詳細を記載する方法もあります。

2　エンディングノート

　「エンディングノート」は、やがて迎える死に備え自身の希望などを書き留めておくもので、各種のエンディングノートが書店で売られていますし、終活関連のセ

ミナー、福祉協議会や老人センターの集まりなどで、手土産としてエンディング
ノートが配られることもあります。

　エンディングノートに書き留める項目としては、財産の内容、葬儀の際の連絡先、
自分史、感謝の気持ちなどが代表的で、もちろん財産の内容を子細に書いてくれて
いれば、それはそれで助かります。

　しかし、一人でエンディングノートを書いていると筆が滑り、遺言めいた内容
（たとえば自社の株式は長男に譲りたいなど）を記してしまうものです。そうなると、こ
れは自筆証書遺言として有効かという問題が生じますし（もちろん形式的要件を満たす
必要がありますが）、ほかに有効な遺言書がある場合でも、その文言が不明確な場合
には遺言内容の解釈指針として用いられる可能性があります。また、相続人に対す
る不満や愚痴を書けば、それが紛争の種になることもあるでしょう。

　したがって、相談者がエンディングノートを利用する場合には、そのようなリス
クがあることを指摘します。

3　身の回りの動産の整理

　高齢になるほど身の回りの物の整理がうまくできなくなり、不要な物が増えます。
ゴミ屋敷については先述しましたが（相談例8）、そのような状態になる前に不要な
物を整理しておくべきでしょう[58]。特に80歳を超えると自分で物を捨てることが困
難になってきますが、相談者は72歳とまだ若いので、自分でできるはずです。

　年賀状の打ち切りの挨拶や利用していない契約の処理なども検討対象ですし、
ペットの世話については負担付遺贈（民法1002条）やペット信託といった方法もあ
ります。

4　不動産の生前整理

　郷里に先祖伝来の実家や田畑があるが、しばらく帰ったことがなく、今はどう
なっているかわからないといったこともよくあります。しかし、放置しておくと、
遺産分割では相続人が郷里の不動産の取得を嫌がり、その不動産の押し付け合いに
なります。

　たとえば、郷里の実家が倒壊等の危険のある特定空家等となった場合には、市区
町村が立入調査し、指導、勧告、命令等の経過を経て強制的に解体を代執行される
という手順が用意されていますし（空家等対策の推進に関する特別措置法）、令和3年の

58）似た考えとして「断捨離」という言葉があります。「断」とは物を増やさないこと、「捨」
　とは不要なものを捨てること、「離」とは物への執着から離れることをいうとされます。

民法改正によって、管理不全土地管理命令や管理不全建物管理命令の制度が用意されましたが（改正民法 264 条の 9 から 264 条の 14）、手間がかかることには違いがありません（相談例 63 参照）。

　また、先々代、先代の相続で土地の所有権移転登記手続をしていなかったというケースもあります[59]。これに対しては、登記名義人の死後長期間にわたり相続登記されていない土地につき、登記官が法定相続人を探索し、職権で長期間相続登記未了である旨を登記に付記して法定相続人の登記手続を促す等の措置が講じられ（所有者不明土地の利用の円滑化等に関する特別措置法等）、さらに、令和 3 年民法改正によって、所有者不明土地管理命令及び所有者不明建物管理命令（改正民法 264 条の 2 から 264 条の 8）が創設され、相続登記や住所変更登記も義務付けられ（不動産登記法改正）、さらに相続土地国庫帰属法によって、条件次第で相続土地を国庫に帰属させる道も用意されましたが、いずれも相当の手間がかかります（相談例 64 参照）。

　また、共有不動産の処理、私道・里道・水路敷の処理、筆界特定なども将来、問題になります。

　なお、「筆界特定」とは、土地所有者の申請により、筆界特定登記官が申請人・関係人等に意見及び資料を提出する機会を与え、外部専門家である筆界調査委員の意見を踏まえて現地における筆界の位置を特定する制度ですが（不動産登記法 123 条以下）、代替わりするたびに境界は曖昧になりがちです。

　したがって、以上のことに心当たりがあるなら、使用されていない建物は解体し、土地は先代の相続を原因とする所有権移転登記を経て、郷里の不動産を隣家などに譲渡又は贈与するなどして、身軽になることを勧めます。

5　祭祀承継

　郷里に相談者の父母や祖父母が眠る墓がある場合、相談者もそこに入るのか、入るのならその祭祀承継はどうするのかも考えておく必要があります。

　相談者は郷里の墓に思い入れがあっても、子どもたちは都会に住んでいて里帰りすることもないし、村落共同墓地の掃除も期待できないなら、いっそ墓じまいして、子どもたちが訪問しやすい場所で永代供養しておくことが望ましいかもしれません（相談例 34 参照）。

59）相続登記をしなかった理由としては、遺産分割ができなかった、利用価値がなく登記費用を倹約した、固定資産税等の負担を嫌がったなどの理由のほか、先々代や先代の名前を公文書に残しておきたかったという動機もあるようです。

6　デジタル遺産に関する生前整理

比較的新しい問題ですが、デジタル遺産があるなら、その対応も必要です。

オンラインのデジタル遺産には、SNSアカウント、暗号資産（仮想通貨）、メールアカウント、アフィリエイトアカウント[60)]、ブログアカウント、FX取引アカウント、蓄積データなどが挙げられます。これらには所有権や著作権を観念できませんし、債権というわけでもありませんが、それに経済的価値があれば相続財産に含まれます。

しかし、相続人がデジタル遺産の存在に気づかない可能性がありますし、パソコンやスマホなど端末のパスワードやアプローチの方法がわからなければ、デジタル遺産を捕捉し、現金化することができません。なお、デジタル遺産の存在が推定できるならデジタルフォレンジックの利用も考えられますが、手間と費用がかかります[61)]。

したがって、生前整理としては、あらかじめ金融資産化するか、相続人に対してデジタル遺産の存在を知らせ、パスワード等とともに現金化や名義変更の具体的な方法を指示するよう勧めます。

逆に、オンライン上のデータの消去や処分を希望する場合には、エンディングノート、死後事務委任契約などにより必要な情報を添えてデータ処分（抹消）を依頼すべきですが、それも生前に行っておくほうが確実です。

7　海外資産

相談者が海外資産を所有しているときも、その内容を明らかにしておく必要があ

---

60) アフィリエイトサイトとは、広告等を掲載したSNSサイトなどで、成功報酬型で広告主から報酬を得られるものをいいます。

61) デジタルフォレンジック（digital forensics、略称DF）とは、「デジタル鑑識」又は「犯罪の立証のための電磁的記録の解析技術及びその手続」と定義されます（警察白書）。つまり、横領、背任、情報漏洩等の不祥事や刑事事件の捜査の目的でdeleteされた情報（メール、USB接続履歴等）を復元する技術で、ライブドア事件（2006年）、大相撲八百長問題（2011年）、大阪地検特捜部証拠改ざん事件（2010年）、江ノ島猫事件（2012年）、河井法相夫妻参院選買収事件（2020年）等で取り上げられ、有名になりました。

　もちろんデジタル遺産の探索に大掛かりなDFは不要ですが、端末のパスワードが不明の場合、それがパソコンであればハードディスクを取り出して解析できるのに対し、スマホの場合には（捜査機関でない限り）ロックを解除できないこと、SSD（Solid State Drive＝補助記憶装置）もDFが難しいこと、DFにはパソコン1台50万円以上、スマホ1台30万円以上の費用かかること、DFのためには安易に端末を立ち上げないことなどに注意が必要だと言われています。

ります。

　本来、相続については被相続人の本国法によりますが（法の適用に関する通則法 36 条）、遺産たる不動産には所在地法が適用されることもあります（英米・中国法など）。その場合は当地で検認裁判を受ける必要があり（プロベート手続）、当地在住の弁護士に依頼するなど複雑な手続が必要です。

　したがって、こういった海外資産も、あらかじめ処分することを勧めます。

8　特別受益の整理

　相続では、頻繁に特別受益が問題になりますが、数十年も前の贈与では、遺言者もはっきり覚えていないことが多いでしょう。そこで、いつ、誰に、何のために、いくら贈与したのか、持戻し免除するのかについて、整理して記録を残すよう相談者に勧めます。

9　債務の整理

　相続開始時に債務が残っていると、その負担をめぐって相続人がもめるリスクがあります。ですから、できるだけ繰上弁済しておくべきですし、たとえば、その借入金がアパートなどを建築費用に使われたのなら、遺言で建物を取得する相続人に負担させるのが合理的です（相続分の指定）。

　また、借入金返済が厳しいなら自己破産、任意整理など方法により債務整理しておくことを勧めますし、相続開始時に債務が遺産を上回るのなら、迅速に相続放棄できるよう相続人に知らせておきます。

三行要約

★　相続開始後に相続人が遺産の全容（相続債務や特別受益を含む）を把握できるよう準備する。

★　エンディングノートに財産内容や連絡先など以外に感情的なことを書くと紛争の種になる。

★　残されても困る遺産（田畑・山林、デジタル資産、海外資産など）は、できる限り生前に処分する。

相談例22　老後の生活資金

　相談者（67 歳男性）から、「持ち家に一人で暮らしており、年金は月額 16 万円しかない。退職金で多少の蓄えがあったが子への援助や投資の失敗ですっか

り減った。長生きするほどお金が足りなくなると心配になる」と相談された。

対応のポイント

　高齢者にとって、老後の生活資金が足りるかどうかは切実な問題ですが、その不安を煽るような終活ビジネスもあります。また、裕福な高齢者ばかりではなく、生活に不安を抱える方も少なくありません。若手弁護士もこの話題についていけるよう知識を仕入れておいてください。

―――――――――解　説―――――――――

1　老後2,000万円問題

　高齢者世帯の平均所得は308万円（月額約25万円）とされますが、その中央値は244万円（月額約20万円）です。ちなみに所得の内訳は公的年金や恩給が65％、稼働所得は21％、その他の収入が14％です。これに対して、高齢者世帯の月額の支出は平均27万円とされ、平成29年（2017年）の調査では高齢者の54.2％が生活が苦しいと回答しています。

　仮に月額所得が22万円で、支出が27万円とすると、毎月5万円が不足します。そうすると、たとえば定年後20年間では毎月5万円×12か月×20年＝1,200万円の補填が必要になり、定年後30年間では5万円×12か月×30年＝1,800万円の資金が必要になります。そこで、令和元年（2019年）、金融庁金融審議会「市場ワーキング・グループ」は、老後に備えるためには（年金以外に）約2,000万円の蓄えが必要だとする報告書を答申しました（当時の麻生太郎金融担当相はこの報告書の受け取りを拒否しました）。

　これが老後2,000万円問題といわれるもので、高齢者の間では老後資金に対する不安が、じわりと広がっています。

2　老後の生活設計

　相談者がまだ40代や50代で、収入に余裕があるなら、資産の効率的な運用をファイナンシャル・プランナー（FP）に相談することを勧めます。

　しかし、相談者（67歳）のように、自宅以外にさしたる資産がなく、収入を年金に頼らざるを得ない場合には選択肢が限られます。つまり、家計簿をつけて無駄な出費を見直しながら、年金の範囲で暮らせるように節約してもらうしかありません。

　なお、「年金」とは、毎年、定期的・継続的に給付される金銭のことで、公的年金と個人年金に分かれます。公的年金の代表格が国民年金で、国民皆年金の理念により、20歳以上60歳未満の人が共通して加入する国民年金と、会社員が加入する

厚生年金などによる２階建て構造になっています。

　国民年金の被保険者のうち、自営業者など国民年金のみに加入している人（第１号被保険者）は毎月定額の保険料を納め、会社員や公務員で厚生年金や共済年金に加入している人（第２号被保険者）は毎月定率の保険料を会社と折半で負担し、保険料は毎月の給料から天引きされます。専業主婦など扶養されている人（第３号被保険者）は、被保険者が保険料を負担しているため、個人として保険料を負担する必要はありません（国民年金法７条）。

　また、国民年金の給付事由としては、老齢給付、障害給付、遺族給付の３つがあり（同法 15 条）、20 歳から 60 歳まで継続して国民年金保険料を払った場合、満額の老齢基礎年金（同法 26 条以下）として年額 781,700 円、月額にすると約 65,141 円を受け取れます（これは令和２年（2020 年）の実績で、支給の繰上げ、繰下げなどの方法もあります）。なお、通常、年金収入として挙げられるのは老齢基礎年金と老齢厚生年金（厚生年金保険法 42 条以下）であり、これに確定拠出年金などの個人年金が加わります。

　相談者（67 歳男性）の場合の平均余命は 18 年ですが、その間に不測の出費も考えられますから、現在残っている蓄えには手をつけないよう心掛けていただきたいところです。

3　高齢者雇用

　さて、年金以外にも稼働収入や不動産収入があれば、生活はぐっと楽になります。
　この点、平成 25 年（2013 年）に改正された高年齢者等の雇用の安定等に関する法律[62]で、定年の撤廃・延長・再雇用や高年齢者の雇用を確保する措置、シルバー人材センターの設置等が定められ、令和３年（2021 年）４月１日に改正された同法では、70 歳までの定年引上げや継続雇用制度の導入、定年制の撤廃などの努力義務が定められました。しかし、実際に仕事がなければどうしようもありませんし、再雇用では賃金が下がり、高齢になればなるほど就業は難しくなります。

4　リバースモーゲージ（不動産担保型生活資金貸付制度）

　「リバースモーゲージ」とは、自ら所有する自宅に抵当権を設定して生活資金の融資を受け、利息のみを支払いながら、死亡時の不動産処分で元本を一括返済するという制度です。「自宅はあるが生活するための現金がない」という高齢者のために有益とされ、社会福祉協議会等でも相談を受け付けています。

　ただし、自宅がマンションの場合は適用外とか（評価額の目減りが早いからです）、

62）高年齢者とは 55 歳以上の者を指し、高齢者とは異なります。

推定相続人全員の承諾が必要とされるなど厳しい条件がありますし、これを利用できたとしても、思いのほか長生きして自宅を失うとか、金利上昇に伴って利息が上がるといったリスクがあると指摘されています。

つぎに、「リースバック」とは、セール＆リースバックの略で、自宅を売却するとともに新所有者から自宅を借り直し、賃料を払いながら住み続けるという方法です（リバースモーゲージとは逆の関係になり、定期借家契約になることが多いです）。この方法でも自宅売却時にまとまった生活資金が得られますが、賃料支払いが滞れば退去明渡しを求められますので、慎重に判断する必要があるでしょう。

5　儲け話の落とし穴

これだけ平均寿命（余命）が延びれば、高齢者も自分が何歳まで生きるか見当がつきません。したがって、多少の蓄財があったとしても、なお不安に感じておられます。

そして、その不安につけこんで、利殖や儲け話を持ちかけ、虎の子の預貯金をだまし取るという事例が多発しています。弁護士にとっては当たり前のことですが、「うまい儲け話が向こうから転がり込んでくる」ことはあり得ませんので、リスクを適切に判断し、できるだけ現有資産の範囲内で慎ましく生活するよう忠告してください。

また、それなりに資産があっても、高額な有料老人ホームに入居したり、墓地・霊園に多額の資金を投じたり、子や孫の求めに応じて散財していれば同じことになります。

6　生活保護

生活資金に窮した高齢者のセーフティネットは、生活保護です。生活保護を受けるための条件は、収入が最低生活費を下回っていること、活用できる資産（預貯金や不動産）がないこと、親族等から援助を受けられないことなどですが、これらの条件を満たしていると思われる場合でも生活保護は思うほど利用されていません。その理由は以下の点にあると思われます。

生活保護法4条2項は、「民法（略）に定める扶養義務者の扶養及び他の法律に定める扶助は、すべてこの法律による保護に優先して行われるものとする」とし、同条3項は「前二項の規定は、急迫した事由がある場合に、必要な保護を行うことを妨げるものではない」と規定します。つまり、扶助できる親族（直系血族及び同居の親族。民法730条）がいるなら生活保護を受けられない可能性があるので、生活保護の申請を受けた市役所等は、扶養義務者に対して義務履行の可能性を照会します。

　しかし、たとえば独居の高齢者の中には、直系卑属や兄弟姉妹と絶縁している
ケースも多く、（兄弟姉妹に対しては特に）自分が生活保護を受けようとしていること
を知られることを望みません。したがって、生活保護受給の要件を満たしているに
もかかわらず、その申請を思いとどまり、あるいは撤回するケースが多いのです[63]。

　そこで、令和 3 年（2021 年）3 月以降、本人が扶養義務者に借金を重ねている、
扶養義務者と相続をめぐって対立している等の事情がある、扶養義務者と縁を切っ
ている（10 年程度の音信不通）など、著しい関係不良が認められる場合には、扶養義
務者による扶養義務の履行が期待できないとして扶養義務者に対する照会は不要と
され、同年 3 月 26 日付の厚生労働大臣からの通知（事務連絡の改正）でも、この点
が確認されました。しかし、それでも高齢者にとって心理的障壁は高く、多くは生
活保護の申請を思いとどまっています。また、役所の側もそういった高齢者の心理
を利用して、生活保護費の支出を抑制しようとしている面があるかもしれません。

　これに対して、日本弁護士連合会は日本司法支援センター（法テラス）への委託
業務として、弁護士が生活保護申請等を援助する制度を用意しています。この制度
によれば、生活保護の申請手続の相談や代理交渉が原則として無料で行えます。

三行要約

★　「2,000 万円問題」は高齢者の不安に拍車をかけており、これに乗じる商法も目
　立っている。

★　リバースモーゲージやリースバックは自宅の価値を生活費に転換する制度だが、
　一長一短がある。

★　生活に困窮していても、生活保護の受給を望まない高齢者もいる。

相談例23　相続税対策一般

　相談者（55 歳男性）から、「父（84 歳）が亡くなったときの相続税の話が聞き
たいと思って市役所の法律相談に行ったが、対応した弁護士は「税金のことは
わからない」の一点張りで役に立たなかった。どんな相続税対策があるのか教

---

63) 平成 23 年（2011 年）1 月 8 日に大阪府豊中市のマンションで 63 歳と 61 歳の姉妹が痩せ
　細った変死体で見つかった事件（大阪元資産家姉妹孤独死事件）では、その後の調査により、
　姉妹は資産家の娘だったものの、相続税の滞納、賃貸マンション経営の失敗などで差押、強
　制管理などを受け、電気やガスも止められて餓死（孤独死）したことがわかりました。この
　姉妹は介護認定も生活保護も申請していなかったと報道されています。

えてもらいたい」と相談された。

対応のポイント

　「税金は税理士の先生に相談してください」といいたくなるところですが、役立たずといわれたくはありません。もちろん相続税対策は税理士の領分ですが、他方で相続人の不平等を招き相続紛争の原因になることもあります。とすれば、高齢者の相談にあずかる以上、弁護士も相続税については必要最小限の基礎知識を準備し、必要に応じて、税理士とは違う立場からアドバイスを差し上げるべきです。

══════════ 解　説 ══════════

1　相談者に対する基本的な対応

　相談者によっては全財産を開示せず、特定のケースや節税方法についてのみ尋ねてこられることがあります。そして、曖昧な知識のまま答えると「弁護士がこういった」と利用されかねません（最近では、あらゆる相談者、依頼人、相手方が会話を録音しているものと覚悟しておく必要があります）。

　そういう場合には、「弁護士は、頻繁に変更される財産評価基本通達（相続税や贈与税の課税価格計算の基礎となる財産の評価に関する通達）に精通しているわけではないので、最終的な責任を負えない」ことを前置きとし、「知っている限りでお話ししますが、自信はないので、資産税に通暁する税理士に相談（確認）していただきたい」と念押ししたうえで、コメントしてください。

2　相続税の試算と対応する節税方法

　まず、相続人の財産がどの程度あるのかを聞き出し、現時点で相続が開始した場合の相続税を試算します。相続税の計算方法は、以下の表の手順によります（相談例59参照）。

a	相続財産の総額を計算する（みなし相続財産などを含む）。
b	債務、税金、葬儀費用、基礎控除額を控除する（これを、課税相続財産といいます）。[65]
c	相続人が法定相続分どおりに相続したと仮定して、各相続人の取得財産を計

64）資産税とは固定資産税のことではありません。相続税、贈与税及び譲渡所得税等の総称と考えてください。

65）相続税の申告書では第2表の③（課税遺産総額）に記載される金額のことです。

算する。

d　相続人ごとに相続税率を乗じて仮の相続税額を出して合計する（＝相続税の総額）。[66]

e　遺言や遺産分割などにより実際に分けられた財産（具体的相続分）の割合に応じて、各相続人に相続税の負担額を割り付ける（＝各人の相続税額）。

f　個別の事情により税額の軽減又は控除を行う（配偶者税額軽減、未成年者控除など）。

つぎに、このaからfの各段階に応じた節税方法をまとめると、以下のとおりです。

目的	節税対策として考えられる方法
a 相続財産中の不動産の評価を下げる	小規模宅地の特例・土地活用・タワマン節税
a 相続財産中の金融資産を減らす	評価が逓減する資産の購入・生前贈与（暦年贈与）・名義預金・貴金属の購入
a 相続財産の膨張を抑制する	生命保険金・死亡退職金・相続時精算課税制度
b 相続債務を増やす	建築資金の借入・土地活用・タワマン節税
b 基礎控除額を増やす	養子縁組
d 具体的相続分に応じた相続税を減らす	養子縁組
f 税額軽減	配偶者税額軽減・未成年者控除
g その他	遺言・もめない相続（円満な遺産分割）

3　節税対策の基本方針

一般に、節税方法として頻繁に利用されるのは、暦年贈与、小規模宅地の特例、配偶者税額軽減の適用、生命保険だと思います。

このうち、小規模宅地の特例と配偶者税額軽減は、本来、相続開始後の処理（遺産分割の問題）ですから、相続税申告を担当する税理士に任せるのが基本ですが、遺言書作成や遺産分割交渉でも、事前にその要件を確認する必要があります。

なお、小規模宅地の特例と配偶者税額軽減の適用のためには、相続税がかからない場合でも相続税の申告が必要です。また、10か月以内の申告納税ができない場

[66]　いったん法定相続分で相続したと仮定して相続税総額を出す（c、d）というところが、間違いやすいポイントです。

合は、とりあえず未分割（法定相続分）で申告し（相続税法55条）、それから3年以内に遺産分割すれば、更正の請求[67]により、これらの制度を適用してもらえます。その後も、やむを得ない事情があれば適用の可能性がありますので、あわてる必要はありません（相談例25参照）。

　未分割の申告をせず、あるいは、いったん遺産分割協議を成立させた後で小規模宅地の特例や配偶者控除を使うため、改めて遺産分割のやり直しをした場合には、贈与税や所得税が課税される可能性がありますので、やり直しはきかないと考えてください。

　それ以外の節税対策（暦年贈与・生命保険等）については、相続人間の不平等を招くことが心配の種です。相続税対策と争族対策（紛争予防）は別物ですが、円満な相続こそ最高の節税対策とも言われます（したがって、税理士と弁護士は相互補完関係にあります）。

三行要約

★　相続税の計算ではいったん相続税の総額を確定させ、その後、各相続人の具体的相続分に従って税額を割り付ける。

★　遺言書作成でも遺産分割交渉でも、税理士に節税対策に関する意見を聞く。

★　もめない相続こそ最高の節税対策とも言われるので、紛争を招く節税対策は下策といえる。

【参考】相続税対策の例

　暦年贈与（相談例24）、配偶者税額軽減と小規模宅地の特例（相談例25）、養子縁組（相談例26）、土地活用（相談例27）、生前贈与（相談例29）及び名義預金（相談例30）以外の相続税対策について、簡単にまとめておきます。

1　相続時精算課税制度

　「相続時精算課税制度」とは、受贈者が2,500万円まで贈与税を納めずに贈与を受けることができ、贈与者の相続の際に、その贈与財産の価額（贈与

67）「更正の請求」とは、納税申告した者が、国税の申告期限から5年以内に、課税標準等又は税額等が過大だったとして、税務署長等による減額更正の処分を請求する手続です（国税通則法23条1項）。したがって、申告税額が過少だった場合の修正申告とは対をなします。

時の価額で計算する）と相続財産の価額を合計した金額をもとに相続税額を計算し、既払いの贈与税額は控除し、残額を一括して相続税として納税する制度です（相続税法 21 条の 9 以下）。その目的は、高齢者の資産を早めに次世代に継承させるとともに、贈与税や相続税を捕捉することにあります。

　60 歳以上の人から 20 歳以上の子や孫（年齢は贈与行為の年の 1 月 1 日現在）への贈与であることが条件で、贈与を受けた年の翌年 2 月 1 日〜 3 月 15 日までの贈与税の申告期間内に、贈与税の申告と一緒に「相続時精算課税選択届出書」を提出します。いったん届け出ると、以後の贈与には相続時精算課税が適用され、何度贈与しても 2,500 万円までは贈与税がかかりません。この金額を超えた部分については、一律 20％の贈与税が課税され、相続時に精算されます。計算の結果、相続税の納税を要しない場合も、遡って贈与税がかかることはありません。

　さて、相続時精算課税では、贈与の価額は贈与時の評価で相続税額を計算されるため、「不動産や株式などの贈与財産が、贈与時と比べて相続開始時には値上がりしていた場合」に実益があります（価額が逓減する財産の贈与では逆効果です）。また、いったん相続時精算課税制度を利用すると撤回できないこと、それ以降の暦年課税や小規模宅地の特例を使えなくなることに注意が必要です。

2　教育資金贈与

　平成 25 年 4 月 1 日から令和 5 年 3 月 31 日までの間に、30 歳未満の方（受贈者）が、教育資金に充てるため、金融機関等との一定の契約に基づき、受贈者の直系尊属（父母や祖父母など）から①信託受益権を取得した場合、②書面による贈与により取得した金銭を銀行等に預入をした場合、又は、③書面による贈与により取得した金銭等で証券会社等から有価証券を購入した場合には、その信託受益権又は金銭等の価額のうち 1,500 万円（塾や習い事は 500 万円）までの金額に相当する部分の価額については、取扱金融機関の営業所等を経由して「教育資金非課税申告書」を提出することにより、贈与税が非課税となるという制度です。

　しかし、①子や孫の名義で開設した教育資金口座に入金し、金融機関の営業所を経由して「教育資金非課税申告書」を提出し、領収証も必要になるなど手続が煩雑であること、②子や孫が 30 歳になった時点で終了すること、③使いきれなかった残金全額には贈与税が課税されること（租税特別措置法 70

条の2の2第13項、令和3年度税制改正）、④教育資金の返還も贈与扱いとして課税されるうえ、⑤祖父母の生活費が足りなくなることがあるといったデメリットが指摘されています。

　もともと扶養義務者（民法877条）が教育費や生活費に充てるため扶養権利者に贈与した場合、通常必要と認められる範囲については非課税ですから（相続税法21条の3第2号）、常識的な学費援助に贈与税は課税されません。

3　結婚・子育て資金の一括贈与

　平成27年4月1日から令和5年3月31日までの間に、20歳以上50歳未満の方（受贈者）が、結婚・子育て資金に充てるため、金融機関等との一定の契約に基づき、受贈者の直系尊属（父母や祖父母など）から①信託受益権を付与された場合、②書面による贈与により取得した金銭を銀行等に預入をした場合、又は③書面による贈与により取得した金銭等で証券会社等から有価証券を購入した場合には、信託受益権又は金銭等の価額のうち1,000万円までの金額に相当する部分の価額については、取扱金融機関の営業所等を経由して「結婚・子育て資金非課税申告書」を提出することにより贈与税が非課税となります。これにも教育資金贈与と同様のデメリットがありますが、紙幅の都合で割愛します。

4　おしどり贈与

　配偶者に対する居住用不動産の贈与（婚姻20年以上の夫婦間での居住用不動産の贈与又は購入資金の贈与。ただし継続居住要件があります）は、基礎控除額110万円のほか最高2,000万円まで贈与税が非課税となります（相続税法19条1項、2項）。ただし、同じ配偶者からは一生に一度限りです。

5　住宅取得資金贈与の特例

　平成27年1月1日から令和3年12月31日までに、直系尊属からの贈与により、自己居住用住宅の新築・取得・増改築の対価に充てるための金銭を取得した場合、省エネ住宅等なら1,500万円まで、一般住宅なら1,000万円まで贈与税が非課税となりました（令和3年度税制改正。ただし居住要件や床面積等の要件があります。租税特別措置法70条の2）。

6　生命保険（死亡保険金）

　受取人指定の生命保険契約では、死亡保険金請求権は受取人の固有財産となり、遺産分割は不要なので、相続税の原資に充てることができます。

　そして、被相続人が保険料を負担し相続人が受け取った死亡保険金は、そ

の合計額のうち 500 万円×法定相続人数までが非課税財産となる点で（相続税法 12 条 1 項 5 号、同法 3 条 1 項 1 号）、節税効果があります（非課税枠を超えた分は他の相続財産と合算して課税対象となります）。

　生命保険を利用する場合の短所は、①一時払終身保険では、多額の保険料を払い込んで老後資金が枯渇する可能性があること、②受取人に指定された相続人のみが利益を得るので他の相続人の不興を買うこと、③あまりに不公平な場合（遺産総額の 6 割が目安＝名古屋高決平成 18 年 3 月 27 日家月 58 巻 10 号 66 頁）は例外的に特別受益（持戻し）が認められること（最決平成 16 年 10 月 29 日民集 58 巻 7 号 1979 頁）などです。

7　死亡退職金

　死亡退職金も受取人の固有財産となって遺産分割の対象とならず、特に経営者が亡くなった場合に後継者が相続税の原資を確保するために利用でき、生命保険と同じ節税効果があります（相続税法 12 条 1 項 6 号、同法 3 条 1 項 2 号）。その短所も、生命保険の場合と同様です。

8　タワマン節税

　節税対策の一つとして、タワーマンションの高層階を購入するタワマン節税が有名です。分譲マンションは敷地共有部分が少なく、建物（区分所有）部分の評価額も逓減しますが、需要の大きい高層階は高値での転売が期待できるからです。しかし、相続開始後すぐに高層階を転売した事案で、東京高裁は財産評価基本通達 6 項により評価額の逓減を認めませんでしたし、平成[68] 30 年（2018 年）以降は 20 階以上の高層階の固定資産税が逓増することになりましたので、この方法による節税にも限界があることになりました。

9　税務署又は税理士への確認

　ただし、これらの制度を相談者に説明するのであれば、国税庁のホームページで確認し、さらに、税務署又は税理士への確認が不可欠であることを、必ず申し添えてください。

68）東京高判令和 2 年 6 月 24 日金商 1600 号 36 頁。なお、財産評価基本通達 6 項は「この通達の定めによって評価することが著しく不適当と認められる財産の価額は、国税庁長官の指示を受けて評価する。」としており、国税庁にとっては伝家の宝刀です。平成 28 年に、キーエンス創業家の株式譲渡で 500 億円の申告漏れが指摘されたことがありましたが、このときも同項が適用されたのではないかと言われています（日本経済新聞平成 28 年 9 月 17 日）。

相談例24 暦年贈与

　相談者（75歳男性）から、「暦年贈与として、これから10年間、長男（51歳）とその子2人（22歳、20歳）の計3人に対し、それぞれの預金口座に毎年110万円ずつを振り込んで合計3,300万円を贈与しようと思うが、問題があるか」と相談された。

対応のポイント

　「暦年贈与」は、相続税対策としてもっともよく利用されています。しかし、暦年贈与が何を意味し、どのような場合に否認されるのか、否認されないために何をしておくべきかについては正確な知識が必要です。

――――――――――――――― 解　説 ―――――――――――――――

1　贈与税と暦年贈与

　贈与税は、贈与によって財産が移転する機会に、その財産に対して課される租税で、相続税の補完税です[69]。そして、贈与税は、毎年1月1日から12月31日までの1年間に贈与された財産の合計額をもとに税額が計算され（暦年課税）、翌年の2月1日から3月15日までの申告が義務付けられています。また、贈与税の税率は、相続税の税率よりかなり高く設定されています[70]。

　贈与税では、受贈者1名当たり年間110万円までの贈与は非課税（基礎控除）とされますので（租税特別措置法70条の2の4）、この基礎控除を活用した贈与が「暦年贈与」と呼ばれています。なお、暦年贈与の範囲内の贈与には課税されませんから、申告義務はありません。

　さて、ある財産の移転が、客観的に贈与（民法549条）であることが明らかなら暦年贈与の基礎控除は自動的に適用されます。しかし、名義預金、貸付金あるいは預託金であって贈与の実体がない（実質的な財産の移転を伴っていない）とされ、贈与自体が否認される場合も少なくありません。

――――――――――――――――――――――――――――――――――――――

69）ですから贈与税は、主として相続税法第2章（課税価格、税率及び控除）の第2節に規定されています。

70）平成27年1月以降の贈与については、直系尊属から20歳以上（令和4年4月1日以降は18歳以上）の直系卑属への贈与についての贈与（特例贈与、租税特別措置法第70条の2の5）と、それ以外の贈与（一般贈与）によって税率が変わります。ここでは詳説できませんので、国税庁のホームページなどで確認してください。

したがって、暦年贈与として認められる（基礎控除の適用を受ける）ためには、事実上、①贈与者と受贈者の間の贈与契約書を作成し、②贈与対象財産が現預金なら、贈与の実行として、実質的に受贈者が管理している預金口座に贈与金を振り込む必要があります。

2　暦年贈与の問題点

さて、相続開始前3年以内の贈与は全額が相続税の課税対象となり、暦年贈与は適用されません（贈与税としての納税した額は相続税額から控除されます。相続税法19条1項）。

したがって、相談例のように、暦年贈与を利用して、毎年3人に110万円ずつを贈与し始め、5年経って亡くなった場合、5年分の合計1,650万円が非課税になるのではなく、4年前と5年前の贈与分660万円だけが非課税になります（その意味で、暦年贈与の利用を始めるのは早いほうが得策です）。

つぎに、毎年贈与契約書を作成するのは面倒なので、最初の年に、3人の受贈者に対し、毎年110万円を10年間にわたって贈与する旨の贈与契約書を作成する人がいますが、これは、定期金贈与契約として、最初の年に、3人の受贈者に対し、それぞれ1,100万円の贈与があったものとみなされる可能性があります。そうすると、初年度に、1,100万円から暦年贈与分（基礎控除）の110万円を引いた990万円に対して207万円の贈与税が課され、3人合わせて621万円の贈与税が課税されます（贈与税額の計算は特例贈与の場合によります）。それが嫌なら、毎年、贈与契約書を作成しなければなりません。

なお、基礎控除は受贈者を基準とするので、父から110万円、母から110万円を贈与した場合は、基礎控除を超えることになります。

3　暦年贈与の工夫

したがって、暦年贈与による基礎控除を利用する場合には、贈与であることを疑われないために、毎年贈与契約書を作成し、受贈者名義の口座に現金を振り込むべきです。さらにいえば、毎年異なった額（それも非課税枠を上回る金額）の贈与をして実際に贈与税を申告し、少額を納税する方法（たとえば、200万円を贈与して贈与税申告し、9万円の贈与税を納める）を勧めます。

なお、贈与金を振り込む先は、日頃から受贈者が公共料金やカード支払いなどに用いている生活口座がよいでしょう。贈与者としては、昔から通帳を持っている受贈者名義の口座に入金して「おまえにはこれだけ贈与してやったぞ」と恩を着せたいところですが、出入りのない貯蓄口座に振り込まれると受贈者も贈与金を使いに

くく、結果的に名義預金（遺産）とみなされる可能性が高くなります。

三行要約

★　後で問題にならない暦年贈与をするためには、毎年、新たに贈与契約書を作成する必要がある。

★　名義預金と疑われたくなければ、贈与金は受贈者の生活口座に振り込む。

★　暦年贈与を繰り返しても、相続開始前３年間の贈与は課税相続財産となって相続税がかかる。

相談例25　配偶者税額軽減と小規模宅地の特例

　相談者（75歳女性）から、「夫（87歳）には自宅などの不動産はあるが現預金が少ない。だから、夫が亡くなって多額の相続税がかかることになると払い切れない。配偶者控除や小規模宅地の特例といった方法が使えるのか、教えてもらいたい」と相談された。

対応のポイント

　配偶者税額軽減（配偶者控除）と小規模宅地の特例は、ともに、たいへん効果的な相続税対策です。

　両制度の共通点としては、遺言又は相続税申告期限までの遺産分割成立が条件であること、相続税申告してはじめて適用が受けられること、申告期限までに遺産分割が成立しない場合には未分割申告して、いったん特例の適用を受けない相続税を支払う必要があることなどが挙げられます。

――――――――――　解　説　――――――――――

1　配偶者税額軽減

　「配偶者税額軽減」とは、被相続人の配偶者が遺産分割や遺贈により実際に取得した正味の遺産額のうち、１億6,000万円か、配偶者の法定相続分相当額のいずれか多いほうまでは、配偶者に相続税はかからないという制度です（相続税法19条の2）。ただし、仮装又は隠蔽されていた財産は含まれません。

　配偶者税額軽減は、遺言があるか、又は遺産分割協議が成立していて、申告期限内に相続税申告することによって適用されます。10か月の申告期限内に遺産分割がない場合には、いったん法定相続分どおりに相続したものと仮定して未分割の申告を行い（相続税法55条）、その後３年以内に遺産分割が成立すれば、この制度を利

用することができます（修正申告と更正の請求が必要です）。

　配偶者税額軽減は相続税申告の際の事後的な方法ですが、遺言書を作成する際にも相続税の負担軽減のために検討しますから、相続税対策の一つといえます。

　なお、高齢者夫婦の相続に関していうと、一次相続では配偶者税額軽減を利用できますが、二次相続では（再婚していない限り）利用できません。したがって、一次相続では、「すべての遺産を配偶者に相続させる」といった遺言書を作成して配偶者税額軽減をフル活用したくなるものですが、一次相続で他方配偶者に資産を集中させると二次相続での紛争リスクが高まります（相談例 52 参照）。

2　小規模宅地の特例

　小規模宅地の特例は、事業又は居住の用に供されていた宅地のうち相続人等の生活基盤維持のため欠くことができないものにつき、通常の評価方法による価額を減額する（土地の評価額を最大 8 割下げることができる）制度です（租税特別措置法 69 条の 4）。

　小規模宅地の特例の具体例としては、①特定居住用宅地等（被相続人等の居住の用に供されていた宅地等で 330m² まで 80％減）、②特定事業用宅地等・特定同族会社事業用宅地等（事業用の宅地等で 400m² まで 80％減）、③貸付事業用宅地等（不動産貸付用の宅地等で 200m² まで 50％減）などがあります。

　ここでは、上記①の取得者要件について、少し説明します。

(i)　まず、被相続人が住んでいた土地なら、(a)配偶者がそれを取得した時は無条件、(b)居住していた親族なら相続税申告期限まで居住継続・保有継続の両要件を満たすことが条件で、(c)同居していない親族でも、相続開始前 3 年以内に自己又は配偶者の所有家屋に住んだことがないこと等の条件を満たせば適用されます（家なき子の特例[71]）。

71）旧聞に属しますが、「家なき子」は平成 6 年（1994 年）のテレビドラマで題名で、主演した安達祐実さんの「同情するなら金をくれ」というセリフが流行語大賞となりました（親なき後（相談例 19 参照）と混同しないでください）。

　　それはさておき、小規模宅地の特例は節税効果が大きいので、推定相続人が「家なき子」の特例の適用を受けるために自己所有不動産を譲渡するなどの例が出てきました。そこで、平成 30 年（2018 年）の税制改正で要件が厳しくなり、現在では、①被相続人に配偶者がいないこと、②相続開始直前において被相続人と同居していた相続人がいないこと、③相続開始前 3 年以内に、取得者、配偶者、三親等内の親族又は特別の関係がある法人名義の家に住んだことがないこと、④相続開始時に相続人が住んでいる家を過去においても所有したことがないこと、⑤対象となる土地を相続開始時から申告期限まで所有していること（売却しないこと）などの要件を満たすことが必要です（国税庁ホームページ）。

(ⅱ)　つぎに、被相続人と生計を一にする親族が居住していた場合は、(a)配偶者なら無条件、(b)親族なら継続居住・保有継続要件を満たすことが必要です。

(ⅲ)　そのほか、要介護の親が介護施設に入っている場合でも、入所前の自宅で賃貸していなければ居住用財産になるなどの細かい条件設定があります。

　これらの要件には例外等もありますので、必ず、税務署・税理士への照会や国税庁のホームページで確認していただく必要があります。また、小規模宅地の特例を受けるためには、配偶者税額軽減の場合と同様に、遺言か、相続税申告までの遺産分割によってその不動産の取得者を確定させ、かつ相続税申告を行う必要があります（適用の結果、税額が0円になる場合でも、申告は不可欠です）。

3　相談者への説明

　以上から、相談者に対しては、配偶者税額軽減は利用できるものの、配偶者に遺産を集中させすぎると問題があることを説明し、小規模宅地の特例については、夫が亡くなった場合に誰が自宅等の土地を相続するのかによって変わるので、税理士等に相談するよう勧めます。

　また、配偶者税額軽減や小規模宅地の特例も、遺言か遺産分割の成立が条件なので、すんなりと遺産分割が成立しそうにないなら、認知症が進む前に夫に遺言書を書いてもらうようアドバイスします。

三行要約

★　配偶者税額軽減や小規模宅地の特例は、相続税の節税効果が大きい。

★　配偶者税額軽減も小規模宅地の特例も、遺言があるか、遺産分割後に申告しなければ適用されない。

★　小規模宅地の特例の要件は厳しくなっているので、適用の可否は税理士等に相談することが不可欠。

相談例26　養子縁組

　相談者（57歳男性）から、「先日の検査結果で、入院中の父（88歳）がステージⅢの肺癌だとわかった。父の相続人は自分と次男（54歳）だけだが、相続税対策として私の息子（22歳）を父の養子にしておきたい」と相談された。

対応のポイント

　養子縁組には一定の節税効果はありますが、法定相続分の変更を意味します

から、これによって影響を受ける他の推定相続人の反発が予想されます。養親
の相続開始後には養子縁組無効確認訴訟に発展することもありますので、養子
縁組を甘く見ないよう注意してください。

━━━━━━━━━━━━━━━━ 解　説 ━━━━━━━━━━━━━━━━

1　養子縁組の節税効果

　相談例で父と相談者の子が養子縁組すれば、父の相続開始後には法定相続人が1
人増え、基礎控除額が600万円増えます。また、相続税額の計算においても、いっ
たん共同相続人全員が法定相続分に従って遺産を取得すると仮計算して全体の相続
税額を算出するため、二段階で節税効果があります（ただし、実子がいる場合には1人
まで、実子がいない場合には2人までしか数えられません）。

　具体的には、父の遺産（正味相続財産）が1億円だった場合、相続人が子2人なら
基礎控除は4,200万円で課税相続財産は5,800万円、相続税総額は（5,800万円×
1/2×0.15−50万円）×2＝770万円となりますが、養子が1人増えれば、基礎控除
は4,800万円で課税相続財産は5,200万円、相続税総額は（5,200万円×1/3×0.15−
50万円）×3＝630万円になるため、770万円−630万円＝140万円の節税効果が見
込まれます。

2　縁組を契機とする紛争

　しかし、法定相続分（と遺留分）が減ってしまう推定相続人にとって縁組は心外
でしょう。特に、高齢の被相続人と孫との縁組（成年養子）は、被相続人の判断能
力の減退に乗じて行われたと思われがちですし、縁組の事実をすぐに公表しなかっ
たとか、相続開始後にはじめて養子縁組が判明したといった場合は、なおさら疑問
を招きます。

　したがって、縁組無効確認訴訟（民法802条）を招きかねませんし、遺産分割調停
では縁組の有効性が前提問題となって紛糾することもあります（相談例55参照）。

3　縁組無効確認訴訟での争点

　さて、縁組無効確認訴訟（民法802条）でもっとも争点になりやすいのは縁組の実
質的意思の存否です。

　もちろん養子縁組の動機としては、養親子関係を創設したいという目的のほかに、
相談例のような節税目的や、特定の推定相続人の法定相続分や遺留分を圧縮したい
とか、円滑に事業承継させたいといった目的も考えられます。そうした事例に関し
て、縁組が単にほかの目的を達するための便法として仮託されたものであり、真に

養親子関係の設定を欲する効果意思がなかった場合には無効となるとする判例や（最判昭和23年12月23日民集2巻14号493頁）、他の目的があっても当事者間に真実に養親子関係を成立させる意思がある場合には有効とする判例（最判昭和38年12月20日裁判集民70号425頁）、さらに、相続税の節税の動機と縁組をする意思とは併存し得るから、もっぱら相続税の節税のために養子縁組をする場合であっても、直ちに「当事者間に縁組をする意思がないとき」に当たるとすることはできないとした判例（最判平成29年1月31日民集71巻1号48頁）があります。

　したがって、養親子関係の創設以外の目的があっても、真に養親子関係を構築する意思（実体的意思）を否定できなければ縁組は有効となると考えられ、この点をめぐって、縁組時における当事者の言動、縁組後の養親養子間の関係、相続開始後の養子の行動などが立証活動の焦点となりますので、これらを考えて縁組の是非を検討することになります。

　なお、縁組時の高齢者の意思能力についても問題となり得ますが、縁組は身分行為に関するものなので、財産処分に関する遺言能力に比べれば若干緩やかなもので足りると思います。

4　縁組に関するその他の問題

　配偶者のある者が縁組をするには、配偶者とともに縁組をする場合、又は配偶者がその意思を表示することができない場合を除き、養親になるにも養子になるにも、その配偶者の同意を得なければなりません（民法796条）。

　したがって、仮に父に妻（相談者の母とは限りません）がいればその同意が必要で、相談者の息子（養子）に妻がいればその同意も必要です。ただし、養子縁組という微妙な問題については、それぞれの配偶者の同意が得られない可能性もあります（養子縁組の要件等は忘れがちなので、その都度、確認が必要です）。

　つぎに、家業や家名を継ぐ目的で、早々に未成年の孫を祖父母の養子にすることがありますが、その養子が、両親に捨てられたとか、兄弟と差別されたとの気持ちを抱き、その不満が数十年後の祖父母や両親の相続で噴出することもあります。また、養親としては遺産の受継者として選んでやったつもりでも、養子はそれほど感謝していないこともあります。結局、実子も不満、養子も不満という縁組だと意味がありませんので、縁組は、養親や実親の都合だけでなく、実子や養子となる者の気持ちに十分配慮して検討していただくべきでしょう。

5　相談者に対するアドバイス

　以上から、相談者に対しては、後々養子縁組の有効性が問題になる可能性を指摘

し、できれば事前に次男（弟）にも相談することを勧めます。また、それが叶わず、将来的に縁組無効を争われる可能性があるなら、父と相談者の息子を引き合わせて直接縁組意思を確認させ、その場で縁組届を作成し、それを写真やビデオに収めるなどして証拠化し、縁組成立後も相談者の息子には父の見舞いに行かせるなどして、真の養親子関係を形成するようアドバイスします。

三行要約

★　養子縁組には二段階での相続税節税効果があるが、効果そのものは限定的。

★　養子縁組は法定相続人、法定相続分及び遺留分の変更を伴うので、事前に他の家族の同意を得るべき。

★　縁組無効確認訴訟では養親の意思能力と真に養親子関係を成立させる意思の存否が問題となる。

相談例27　土地活用

　相談者（74歳男性）から、「8年前に亡父から相続した郊外の土地について、馴染みの税理士から『近くに大学もあることだし、相続税対策として学生向けマンションを建てて有効活用してはどうか。必要なら信用金庫を紹介する』と勧められた。土地を遊ばせていても固定資産税がかかるだけなので心が動いているのだが、意見を聞かせてほしい」と相談された。

対応のポイント

　遊休土地を持つ高齢者に対し、相続税対策として、土地活用がよく勧められています。勧誘する側は、メリットを強調する説明に終始しますが、どのような相続税対策にもメリットとデメリットがあります。そこで、弁護士としての立場からは、考えられるリスクを指摘してください。

――― 解　説 ―――

1　土地活用の提案

　主として金融機関、不動産管理業者（サブリース業者）、建設業者、税理士などは、いわゆる土地持ちの富裕な高齢者に対して土地活用を勧めます。金融機関には融資実績が、不動産開発業者にはマンション販売や賃貸管理業務が、建設業者には工事請負契約獲得といった思惑があることはいうまでもありません。

　こうした勧誘者は、遺産のうち土地の占める価格割合が大きいことを指摘し（遺

産に占める価格比では、土地34.4％、建物5.2％、現預金33.7％、有価証券15.2％とする統計があ
ります）、土地の課税価格を下げることがもっとも効果的な相続税対策であると説明
し、利用されていない更地に賃貸用のマンションやアパートを建てることなどを提
案します。

2　節税効果の検証

そこで、どの程度の節税になるのか、簡略化した例で確認してみます。

まず、相談者が所有する郊外の土地は、固定資産税評価額2億円、路線価2億
4,000万円、実勢価格3億円の更地だったとします。このまま相談者の相続が開始
すれば、この土地は、相続税の課税では路線価に従って2億4,000万円と評価され
ます。

つぎに、相談者が信用金庫から建築資金3億円を借り入れ、同土地上に同額で賃
貸マンションを建築して入居者を募り、その5年後に死亡したとしましょう（土地
の評価は変わらないものとします）。

その場合の相続税の計算では、①土地は更地での評価額2億4,000万円から貸家
入居者の借地権割合2割を控除して1億9,200万円になり、②建築した建物の評価
額は3億円から年々評価が逓減して、5年後には2億4,000万円に下がったとする
と、さらに借家権割合5割を控除できるので1億2,000万円となります。そうする
と、課税される資産としては土地1億9,200万円と建物1億2,000万円の合計3億
1,200万円になりますが、他方で、信用金庫からの借入債務が2億6,000万円残っ
ていれば、課税相続財産を5,200万円に圧縮できるという計算です。

そのほか、賃料は現金収入なので（固定資産税等の負担を差し引いても）相続税の原
資を貯めておくことができるとか、その管理もサブリースで引き受けるから安心で
あるとか、敷金返還債務も債務計上できるなどと説明されます。

3　問題点

しかし、この方法には、以下のような問題があります。

(1)　空き室リスク

土地活用の前提は、賃借人によって貸室が満たされていることです。

しかし、街中かつ駅近の立地ならともかく、そうでないなら、計画どおりに学
生マンションが満室になるかどうか、それがいつまで続くかは問題です。学生マ
ンションの需要があるなら、やがて周辺にも学生マンションが林立し、古いマン
ションの賃料は値下げせざるを得なくなります。また、昨今の少子化により大学
は都心のサテライトキャンパスへの移転やダウンサイジングを進めていますので、

学生需要がいつまで続くかもわかりません。したがって、状況変化に耐え得る代替的需要があるかどうかも検討しておかなければなりません。

(2)　サブリース

　大手の不動産管理業者（サブリース業者）との間で建物全体の賃貸借契約（マスターリース契約。通常は管理業務委託契約も併せて締結します）を締結し、サブリース業者が個々の賃借人に転貸（サブリース契約）する方法をとれば、当面、空き室率は考える必要がなく、維持管理の煩わしい作業も不要です。

　しかし、サブリースの手数料で利益率は下がりますし、サブリース業者から一方的に賃料を減額されたり解除されたりするリスクがある一方で、賃貸人からはマスターリース契約を容易に解除することができないと指摘されてきました。さらに、建物を売却処分する際に賃借人に退去を求めることはできず、売買価格が低くなる傾向もあるようです。

　このように、サブリース業者とオーナーの間で問題が生じることが多いため、令和2年（2020年）12月15日、賃貸住宅の管理業務等の適正化に関する法律（サブリース新法）の一部が施行されました。[72] 同法3章（特定賃貸借契約の適正化のための措置等）はサブリース契約に関するもので、誇大広告等の禁止（同法28条）や不当な勧誘等の禁止（同法29条）を定め、国土交通省により、具体的な指針を示す「サブリース事業に係る適正な業務のためのガイドライン」[73] も策定されました。

　したがって、マスターリース（サブリース）契約締結時には、これらの契約条項をチェックする必要がありますし、それには弁護士が適任でしょう。弁護士が来ると聞けば（紛争にもなっていないのにとか、信頼が前提ですよと）強く抵抗されるでしょうが、アドバイザーとして、あるいは契約締結交渉権限をもらって弁護士が関与することが相談者の利益にかなうことは間違いありません。

---

72) 特にサブリースの問題が注目されたのは平成30年（2018年）の「かぼちゃの馬車事件」でした。これは、サブリース事業として女性専用シェアハウス「かぼちゃの馬車」を展開していた株式会社スマートデイズが破産した事件で、スルガ銀行が審査書類を改竄して土地所有者に融資していたことも問題になりました。取り残されたオーナーは建物処分に途方に暮れることになり、サブリースのリスクを示す例とされています。

73) 「家賃保証」などの誤認しやすい文言を用いる場合に、定期的な家賃見直しがあることや、借地借家法に基づき家賃が減額される可能性があることをわかりやすく表示することなどが求められています。

(3)　管理費用の負担

　サブリース契約にも問題があるため、最近、小さな物件では不動産仲介業者だけ利用し、管理は自分でするという賃貸人もおられます（不動産管理会社を作ることもあります）。しかし、管理人を置けば人件費がかかりますし、管理人を置かないなら借家人の細かい苦情にも対応しなければなりません。建物劣化に伴う修繕費の負担やリフォームにも頭を悩ませることになります[74]。

　なお、サブリース業者は提携している下請業者を安く使って賃貸物件の管理で利益を出しますが、個人の賃貸人がそれと同じ手法をとることはできず、かえって管理費用が高くつくようです。

(4)　相続対策

　土地活用のいちばんの問題は相続開始後の処理です。

　たとえば、相談者に3人の子（長男・次男・三男）がいて、賃貸マンションが遺産のかなりの部分を占めているとしましょう。

　公平さを求めるなら、マンションを売却して代金を3等分すればいいのでしょうが（換価分割）、マンションの収益に依存していた相続人がいれば反対しそうです。3人の共有にしても（共有分割）、権利関係が錯綜します。区分所有権に分けて分配しても（現物分割）、共用部分やエレベータの保守点検、修繕、清掃やゴミ出しなど建物1棟全体の管理の問題で日常的にもめることになりかねません。

　そうすると、このマンションは借入金債務とともに相続人の一人（たとえば長男）に相続させ、残りの相続人（次男と三男）には代償金を与える方法（代償分割）がベストのように思えますが、代償金の金額やその履行、借入金債務の承継に関する処理（免責的債務引受に関する債権者の同意）などでもめます（相談例53参照）。遺言で、債務とともに長男にマンションを相続させることも考えられますが、遺留分を侵害していれば遺留分侵害額請求権を行使される可能性があります。なお、マンションの収益が悪化していた場合には債務承継を嫌がってマンションの押し付け合いになるかもしれません。さらに、相談者が不動産管理会社を設立していればその株式の評価、相続開始後の賃料、維持管理費や固定資産税等の清算など多くの問題が予想されます。

　したがって、土地活用（賃貸物件の建築）は、相続開始後に生じる問題に対して、

74）脚注32）参照。また、貸主が高齢になったため、貸家の管理を息子や娘に任せていた場合には、貸主の相続開始後、その寄与分や特別受益が問題になることもあります。

どのように対応するかを事前に検討しておかなければなりません。

4　相談者に対するアドバイス

　以上から、相談者に対しては、土地活用による相続税対策も不動産投資である以上、相続開始前にもリスクがあり、相続開始後にもその処理をめぐって遺産分割が紛糾するリスクがあることを説明します。そして、相談者に不安があるなら、契約締結交渉の代理人として、あるいは期間限定やスポットでのアドバイザリー契約又は顧問契約により弁護士がサポート役となることを提案すべきだと考えます。また、そうして信頼関係ができれば、必然的に相談者の遺言書を作成することになるでしょう。

　もっとも、相談例のように相談者が弁護士に土地活用やサブリースの相談を持ち込むことは、現実的にはほぼありません。というのも、弁護士には法律知識はあっても、ビジネスに関するコンサルティングには不向きだと思われているからです。ただし、高齢者との会話の中で、このような話題が出ることもありますので、準備を調えておくべきでしょう。

三行要約

★　土地活用による賃貸マンションの建築・賃貸には相続税の節税効果がある。

★　土地活用には相続開始前のリスクと相続開始後の紛争リスクがあり、それぞれの予防策が必要である。

★　弁護士も、サブリース契約の締結交渉、賃貸借契約のトラブル対応、遺言書作成などで事業主に協力することができる。

相談例28　事業承継

　中小企業を経営する相談者（76歳男性）から、「同業他社にいる長男（37歳）に会社を継がせたいが、よい返事が返ってこない。どうすればうまくいくだろうか」と相談された。

対応のポイント

　同業他社で就業しているなら、長男も相談者の会社を継ぐ気がないわけではなさそうです。事業承継を円滑に実現したいなら、相談者が長男と腹を割って話し合い、会社の財務内容を開示し、長男に株式と権限を委譲し、連帯保証を引き継がせない方法を検討するべきでしょう。

────────解　説────────

1　親族内承継

　今後数年のうちに中小企業経営者の半分以上が70歳を超え、そのうち半数は後継者が決まらず、利益が出ていても廃業する意向だといわれています。事業承継のためには、親族か従業員から後継者を見つけるかM&Aによるしかありませんが、中小企業ではわが子に事業承継させる親族内承継が一般的です。

　親族内承継のメリットは、後継者が経営内容を熟知していること、子が家業を継ぐことについて周囲の理解を得やすいこと、代表者の資産を相続によって承継できることであり、デメリットとしては、子に事業経営の能力や熱意が足りないこと、代表者の相続紛争のリスクがあること、後継者が個人保証を求められることなどが挙げられます。

2　代表者と後継者との関係

　さて、長男が同業他社に就業しているにもかかわらず、実家の事業承継を逡巡する理由を考えてみるべきでしょう。

　相談者としては、長男を同業他社に武者修行に出したのでしょうが、実際に長男が外から自社を眺めてみると、旧態依然とした経営体制やよくない評判が目についたのかもしれません。そして、現在の会社の仕事にやりがいを見出し、まだ親の跡を継ぐ気になれない可能性があります。

　また、長男は自社の業績や将来性に疑問を持っている可能性があります。自社の問題点が明確であれば、盛り返そうという気持ちにもなれますが、現代表者である相談者が長男に対して情報を開示していなければ、その判断もできません。個人保証が必要ならなおさらです。したがって、相談者が長男に財務諸表を渡し、自社の業績を包み隠さず説明しているのかが気になるところです。

　そして、相談者と長男との親子関係が長男に事業承継を逡巡させる原因になっていることも多いでしょう。つまり、自社に戻っても父親が権勢をふるい、権限移譲も進まず、古参の社員たちも父の言いなりで、しかも経営の先行きも不安だといった事情があるなら、今の生活や立場を捨ててまで事業承継しようとは思いません。実際、社員たちの面前で、創業者の社長が「おまえは使い物にならん。社長には早すぎる」と後継者の息子を痛罵したケースもありました（それ以外に、長男が社内に在籍している親族や配偶者に遠慮している可能性もあります）。

　したがって、相談者としては、まず長男の言い分に耳を傾け、行く末を確認できたら潔く身を引くこととし、その方針を内外に宣言することが必要と思われます。

また、相談者が長男に対して老化による体の不調を訴え、「社員を守るためにおまえが必要だ」という態度を示せば、長男の態度が変わるかもしれません。

3　自社株譲渡の方法

創業者社長は、後継者に対しても、なかなか自社株を譲渡しない傾向があります（死ぬまで自分の会社です）。しかし、いずれは自社株の譲渡（又は生前贈与）が必要ですし、後継者の長男にしても自社株を持ってはじめて自覚が生まれます。

自社株譲渡の方法としては、売買、贈与、相続の3種類がありますので、それらを比較検討することになります。大まかにいえば、売買では代金原資が必要ですから、長男に役員報酬を与えて自社株の代金を支払わせることを検討します。つぎに、贈与は贈与税が課税されますので、自社株の評価が下がるときを狙って贈与し、相続時精算課税制度の適用を受けておきます。また、相続（遺言）によって自社株を取得させる場合は、相続開始時の自社株の評価額が不明であること、相続人間の紛争を招きかねないことに注意が必要です。[75] もちろん、これらの比較検討は顧問税理士や公認会計士の役割ですが、弁護士としても理解しておく必要があります。

なお、自社株の信託を利用した事業承継も研究されていますが、内容が複雑になるため、まだ一般的とはいえません。

4　遺留分侵害

後継者への自社株の贈与は、ほかに十分な財産がないと遺留分侵害の問題を生じることがあります。特に、平成30年改正前の旧民法下で、遺留分減殺請求権が行使された場合には、自社株は後継者と遺留分権利者の準共有となり、事業承継の障害になるケースがありました（民法264条、会社法106条）。

そこで、平成20年（2008年）施行された中小企業における経営の承継の円滑化に関する法律（以下、「経営承継円滑化法」という）では、推定相続人ら全員の合意により、株式の価格を遺留分の基礎財産から除外し（同法4条1項1号、除外合意）、又は固定できる（同項2号、固定合意）とされました。もっとも、その要件は厳しく、同年の統計でも、除外合意や固定合意のために必要とされる家庭裁判所の許可（同法8条）は年間18件しかありませんでした。

しかし、平成30年の相続法改正により、遺留分権利者の権利は遺留分侵害額請

---

75) 長男に株式を相続させる場合、長男は他の相続人に対して代償金を払わなければならない事態が想定されます。そこで、長男を生命保険（死亡保険金）や死亡退職金の受取人に指定する例が多いようです。

求権という名の金銭債権に変わりましたので（民法1046条1項）、遺言や生前贈与によって自社株を処分している場合には、準共有の問題はなくなりました。

5　個人保証の承継問題

　親族内承継が進まない理由の一つは保証債務の承継だといわれており[76]、経済産業省や中小企業庁もその対策に腐心してきました。

　概略のみ指摘しますと、まず、中小企業信用保険法の運用として、令和2年4月1日から事業承継特別保証制度が開始されました[77]。これは、たとえば、所定の条件を満たせば、3年以内に事業承継を予定する法人に対して、事業承継までに必要な事業資金や借換資金を後継者の個人保証なしで実行する（信用保証協会が信用保証する）というものです。

　また、前述の経営承継円滑化法の改正として、令和2年10月1日から経営承継借換関連保証制度（同法13条6項）が利用できることになりました。これも、事業承継特別保証制度とほぼ同様の条件を満たせば、3年以内に事業承継を予定する法人に対して、借換資金の融資を後継者の個人保証なしで実行するというものです。

　これらの制度により、物的担保があればそれぞれ2億8,000万円まで、担保がなければそれぞれ8,000万円まで保証人なしの借換を受けられる可能性がありますが、いずれにせよ、相当程度に健全な経営状態でなければ適用されないでしょう。また、両制度は少しずつ適用の要件が異なりますので、まずは、商工会議所の事業承継・引継ぎ支援センターなどに相談することを勧めます[78]。

三行要約

- ★　親族内承継では、後継者候補と現経営者や親族間の関係に障害があることが多い。
- ★　自社株譲渡の時期や方法は税理士や公認会計士に検討してもらうが、他の相続人への配慮も必要である。
- ★　後継者の個人保証免除については、経営の健全化が前提であり、なおハードルが

---

76) 融資の約9割は経営者の個人保証付で、事業承継にあたっても前経営者の個人保証を免除しないまま後継者にも個人保証を求める（二重徴求）金融機関が多いようです（事業承継時の経営者保証解除に向けた総合的な対策／中小企業庁ホームページ）。

77) 条件として挙げられているのは、資産超過であること、返済緩和中でないこと、EBITDA（税引前利益＋特別損益＋支払利息＋減価償却費）の有利子負債倍率が10倍以内、法人と経営者が分離されていることなどです。

78) 正面から直接金融機関に出向いて保証債務免除の借換を相談するよりは、公的団体の支援窓口で専門家の助言を受けてから金融機関と交渉するほうが望ましいです。

高い。

> **相談例29　生前贈与**

相談者（78 歳女性）から、「同居して世話になっている長女（53 歳）とその夫（55 歳）に各 1,000 万円、その娘たち 2 人（25 歳、23 歳）に各 300 万円を贈与しておきたい。次女（52 歳）には内緒にしておきたい。気をつけておくことはあるか」と相談された。

対応のポイント

　高齢の親は、様々な動機で家族に財産を贈与します。生前贈与には、それが贈与税又は相続税の対象となるという税務に関する問題と、遺産分割の際に特別受益として影響しないか、遺留分侵害額請求権の対象にならないか、又は同請求権の減額要素にならないかといった相続に関する問題があります。

─────── 解　説 ───────

1　贈与税

　相談例の場合で暦年贈与の適用があるとすれば、長女に対する 1,000 万円の贈与に対しては、（1,000 万円－110 万円）×0.3－90 万円＝177 万円の贈与税が、長女の夫に対する 1,000 万円の贈与に対しては（1,000 万円－110 万円）×0.4－125 万円＝231 万円の贈与税がかかります（直系尊属からの贈与とそうでない贈与では税率が変わります）。また、孫 2 人に対する各 300 万円の贈与には、それぞれ（300 万円－110 万円）×0.15－10 万円＝18 万 5,000 円の贈与税が課税されます。つまり、合計 2,600 万円の贈与につき、受贈者側に合計 445 万円の贈与税が課税されるのです。

　そこで、相談者がこの金額の贈与税がかかることを知って贈与するのかを確認します。時折、相談者から「必ず贈与税がかかるのでしょうか（税務署にばれるのでしょうか）」と尋ねられることもありますが、弁護士としては、決められた贈与税を支払っていただくようお願いするしかありません。

　そして、高い贈与税率を避けるためには、暦年贈与（相談例 24 参照）を繰り返すか、相続時精算課税制度（相談例 23 参照）の利用を検討するよう勧めます（具体的な内容になるなら税務相談を勧めます）。なお、贈与から 3 年以内に贈与者が亡くなって相続が開始した場合には、贈与税ではなく相続税が課税され、すでに贈与税を支払っていれば差額の還付を受けられます。

2　特別受益

つぎに、相談者の相続が開始した場合、長女は共同相続人ですから、長女に対する 1,000 万円の生前贈与が特別受益（民法 903 条 1 項）に当たる可能性が高いことを指摘します。これに対して、長女の夫や子らは相談者の相続人ではありませんから、原則として特別受益の問題は生じません[79]。

また、長女への生前贈与が特別受益となった場合の効果として、①その贈与が（何年前のものであっても）相続財産に持戻されること、②その相続財産をもとに各相続人の具体的相続分が計算され、長女は 1,000 万円の先払いを受けたとみなされること、③ただし、特別受益者の遺産分割の具体的相続分が 0 円以下になっても、すでにもらった財産の返還を要しないこと（民法 903 条 1 項、2 項）を説明します。

もっとも、相談者は、世話になっていることの感謝として、あるいは今後も世話になることを期待して長女に生前贈与するのでしょうから、（相続時の清算を前提とする）遺産の前渡しとしての性格はないと思われます。とすれば、黙示的な持戻し免除の意思表示（民法 903 条 3 項）があったとも考えられますが、無用な紛争を避けるため、相談者には持戻し免除の趣旨を書面で残すよう勧めます。

なお、生前贈与の対象が不動産や株式だった場合、特別受益の額は、相続開始時を基準として計算されます（民法 904 条）。ただし、現預金については、最近 30 年間、物価水準はほぼ一定していますので価額の修正は不要となるでしょう。

3　遺留分侵害額請求権

長女も次女も遺留分権利者ですから（民法 1042 条 1 項）、相談者の相続において次女が遺留分を侵害された場合には、遺留分侵害額に相当する金銭の支払いを請求することができ（同法 1046 条 1 項）、生前贈与は遺留分の算定基礎に加えられることがあります。特に問題となるのは特別受益と遺留分侵害額請求権の関係です（相談例 61 参照）。

なお、長女の夫や子に対する贈与は特別受益には当たりませんが、相続開始から 1 年前までの贈与と、それ以前の贈与であっても遺留分権利者に損害を加えることを知って行った贈与については、遺留分の算定基礎となり（民法 1044 条 1 項）、遺留

---

79) 孫への贈与については、孫の親が死亡し、孫が祖父母の代襲相続人となった場合に関して、相続人間の不均衡の調整を理由に特別受益性を肯定した裁判例がありますが（鹿児島家審昭和 44 年 6 月 25 日家月 22 巻 4 号 64 頁）、贈与時においては遺産の前渡しとはいえないので特別受益性を否定する見解もあります（森公任・森元みのり『弁護士のための遺産相続実務のポイント』142 頁（日本加除出版、2019 年））。

分侵害額請求権を行使される可能性があります。

したがって、相談者には、そのことを説明します。

4　生前贈与の告知

さて、相談者の「次女には内緒にしておきたい」という発言は「次女には財産を与えたくない」と聞こえますが、実は、次女にも「長女には内緒よ」と言って生前贈与しているかもしれません（高齢者には秘密めいた言動で子らの気をひく傾向があります）。

しかし、相続開始後に金融機関の取引履歴から多額の出金や送金が明らかになり、その手続への関与者、出金の取得者やその趣旨をめぐって紛争が長期化することはご承知のとおりです（相談例 57 参照）。

したがって、相談者に対しては、相続紛争の原因を少しでも減らしておくために、遺言書やその他の書面で、「長女一家には面倒をみてもらっていたので令和○年○月に総額 2,600 万円を贈与した。ただし長女への贈与 1,000 万円について、持戻しは免除する」、「次女にも自宅購入費として平成○年に 3,000 万円を贈与したが、それも持戻しは免除する」などと残しておくよう勧めます。

─〔三行要約〕─

- ★　高い贈与税を払いたくないなら、暦年贈与や相続時精算課税制度を利用してもらう。
- ★　多額の生前贈与は特別受益や遺留分侵害の問題を生じかねない。
- ★　無用な紛争を避けるため、相続開始後に生前贈与の事実や持戻し免除の意思が明らかになるよう書面を残す。

〔相談例30〕　名義預金

相談者（77 歳女性）から、「これまで夫（85 歳）の給料や退職金などを私名義の預金口座に入れて貯めてきた。その一部は長女（48 歳）とその子ども（孫 17 歳）名義の預金にしているが、次女（44 歳）には知らせていない。夫が亡くなった場合に何か問題になるだろうか」と相談を受けた。

対応のポイント

配偶者や親族の名を借りた名義預金は多用されていますが、相続税対策としてはあまり効果がありません。税務調査が入るような場合には、被相続人から

の生前贈与を主張してもほぼ認められず、課税対象の遺産であることを認めて
修正申告することになるでしょう。また、名義預金は、遺産分割においても遺
産性（前提問題）をめぐって紛争の種になります。

━━━━━━━━━━━ 解　説 ━━━━━━━━━━━

1　名義預金

「名義預金」とは、実質的な所有者と名義上の所有者が異なる預貯金のことです
（名義株も同様ですが、本書では名義預金に絞ります）。相続税回避の手段として、あるい
は生前贈与の準備として、よく使われます。財産評価基本通達では名義預金の評価
方法は決まっていませんが、税務署にとっては最重点の調査対象です。[80]

2　税務調査

さて、不動産を生前贈与した場合、法務局は税務署に対して贈与を原因とする所
有権移転登記があった旨を連絡し、税務署は、贈与税の申告期限（贈与があった年の
翌年の3月15日）までに贈与税申告がなければ、所有権移転登記を受けた受贈者に
対して贈与税の申告を忘れていないかを問い合わせます。

これに対して、預貯金を相続人等に移動した場合には、金融機関から税務署に対
してその旨が報告されるわけではありません。[81]したがって、税務署から、直ちに贈
与税申告に関する問い合わせがあるわけでもありません。

しかし、税務署がこれと目星をつけていた案件で相続が開始し、相続税申告に不
審な点があった場合には、過去に遡って親族の預貯金を含めて取引履歴をチェック
し、無申告の贈与あるいは遺産の可能性がある（名義預金）と判断した場合には税
務調査を行います。そうして、税務署が調査の目的で相続人を来訪した時点では、[82]
親族名義を含めて預貯金の履歴はすべて明らかになっているものと覚悟しなければ
なりません。

80）国税庁のホームページでは「名義にかかわらず、被相続人が取得等のための資金を拠出し
ていたことなどから被相続人の財産と認められるものは相続税の課税対象となります。」と
説明されています。

81）例外的に、生命保険金の受け取りや200万円を超える貴金属（金・プラチナ）の購入は、
法定調書によって税務署に通知されます。

82）税務調査は、相続税申告後2～3年経ってからでも行われます。したがって、名義預金を
除外した相続税申告を行った場合、2～3年後の税務調査で名義預金の申告漏れを指摘され、
修正申告を求められる可能性があります。したがって、名義預金の相談では、税理士の協力
や助言が必要不可欠です。

3　配偶者名義の名義預金

(1)　遺産性

　夫の所得は夫婦共有財産を構成することが多いでしょうが、相談例のように、妻が自分名義の預金として保管しているケースはまま見受けられます（もちろん、逆もあります）。妻としては、自分が財産を握っておきたい、夫の相続が発生しても子に権利を主張されたくない、どうせ年上の夫のほうが先に亡くなるから相続税も減らしたいといった思惑があるのでしょう。

　しかし、妻が専業主婦で数十年間さしたる所得がなく、妻名義の預金が親の相続等によって得た固有資産というわけでもなく、夫から渡された給料等を貯めていたという以外に合理的な説明がつかなければ、配偶者名義の預金の全部又は一部は、亡夫の名義預金とみなされる可能性が高いはずです。

(2)　配偶者税額軽減との関係

　もっとも、配偶者名義の預金が遺産だと認められても、配偶者が配偶者税額軽減の適用を受ければ1億6,000万円までは非課税になりますから（相談例25参照）、税務署も無駄な調査はしない（配偶者名義の預金には興味を持たない）のではないかとも考えられます。

　しかし、税務署の立場からすれば、たとえば申告された亡夫の遺産は1億円だが、妻名義の預金2億円も名義預金（遺産）だとすれば、妻は2億円以上の遺産を取得することになるので、配偶者税額軽減の上限である1億6,000万円（法定相続分相当額は1億5,000万円ですが多いほうが選択されます）を軽く超え、これに応じた相続税を課税できます。さらに、配偶者以外の相続人も相続するなら、課税対象となる遺産全体の増加により、それら相続人が負担する相続税額も増額できます。そして、名義預金のうちもっとも多いのは配偶者名義なのですから、税務署が配偶者名義の名義預金に興味を持たないはずはありません。

(3)　配偶者名義の名義預金の危険性

　さて、夫の相続が開始し、相談者が自分名義の預金は夫の遺産ではないものとして、残りの遺産について子らと遺産分割し、相続税を申告したとしましょう。しかし、2年後に税務調査が入って相談者名義の預金は遺産だと指摘された場合、修正申告が必要になります。これに対して、名義預金は自分のものだと主張しても原資の立証が問題になりますし、仮に夫から贈与を受けたと主張すれば贈与税を課税されるおそれもあります。

　そして、修正申告だけですむならよいのですが、過少申告加算税10％（国税通

133

則法65条1項）や重加算税35％（無申告は40％。同法68条）を課税されるおそれが
あるほか、妻の隠蔽仮装行為（相続税法19条の2第6項[83]）が認定されれば、修正申
告においては、配偶者税額軽減の適用を受けられません（同法19条の2第5項）。

　したがって、相談者に対しては、夫の相続が開始したときには、少なくとも、
原資の説明がつかない相談者名義の預金は亡夫の遺産として相続税を申告するべ
きであると申し上げるしかありません。

　なお、案に相違して相談者が夫より先に死亡した場合は、名義預金がそのまま
相談者の遺産とみなされる可能性が高く、（残された夫は配偶者税額軽減で対応すると
しても）全体の相続税額がぐっと増えてしまうことになりかねません。

　このように配偶者名義の名義預金には大きなリスクがあるので、お勧めできな
いのです。

4　親族名義の名義預金

　親族名義の名義預金も配偶者名義のそれと変わりなく、税務署からは相続税の潜
脱目的ではないかと疑いの目で見られます。孫名義の預金は、子への相続、孫への
相続の二代飛ばし効果がありますから、より厳しく対応されそうです。

　また、配偶者名義の預金は実際に配偶者が管理しているでしょうが、世帯を別に
する長女や孫の名義預金では、通帳やカードの保管状況が問題になります。さらに、
贈与の主張が通っても、それが相続開始前3年以内の贈与であれば相続税の課税相
続財産ですし（相続税法19条）、3年より前で7年以内の贈与であれば、贈与税と無
申告加算税を課されることになりかねません。そもそも相続税よりも贈与税のほう
が税率は圧倒的に高いわけですから、少なくとも税務署に対して、名義預金性を否
認して被相続人からの贈与を主張することには意味がありません。

5　贈与税の時効

　以上に対して、相談者から「贈与は10年以上も前のことですから、贈与税は時
効ですよね」と言われることがあります。

　なるほど贈与税の時効は原則6年ですから[84]、贈与から10年経過すれば時効が完
成していると思いがちです。しかし、贈与行為が認められるには贈与契約書などの
資料が必要ですし、そもそも税務署は7年以前の金銭移動については、名義預金か

83）条文によれば、隠蔽仮装行為とは、「相続又は遺贈により財産を取得した者が行う行為で
　当該財産を取得した者に係る相続税の課税価格の計算の基礎となるべき事実の全部又は一部
　を隠蔽し、又は仮装することをいう」とされています。

貸付金だとみなして贈与行為そのものを認めません。また、それが意図的な脱税行為とされれば重加算税を課税されるリスクもあります。したがって、名義預金が問題となるケースで贈与税の時効を援用しても、（税務訴訟で勝つ見込みがなければ）蟷螂〔とうろう〕の斧である可能性が高いのです。

なお、贈与税の時効の起算点は申告期限の翌日からで、たとえば令和3年（2021年）1月1日に行った贈与の申告期限は令和4年（2022年）3月15日となって、令和4年（2022年）3月16日から時効が進行します。したがって、原則的な時効が完成するのは6年が経過した令和10年（2028年）3月15日となるので、贈与行為そのものから6年以上経てば時効が完成するわけではありません。

以上から、贈与税の時効を期待することは現実的ではなく、相続税を節税したいなら暦年贈与などの方法を利用していただくしかないと思いますが、税務に関する相談ですから、相談者には、直接税務署や税理士に確認するよう念を押してください。

6　名義預金と遺産分割

相続人全員が名義預金の遺産性を認めるなら遺産分割の対象ですが、名義人（相談者）が被相続人から贈与で取得したので固有資産であるなどと主張し、他の相続人（次女）がそれを否認すれば、遺産の範囲に争いを生じます。この場合は、遺産分割の前提問題（又は付随問題）として地方裁判所での遺産確認等の訴訟を先行させることになりますが、確実に相続紛争の長期化を招きます（相談例55参照）。

したがって、相談者に対しては、夫が亡くなった場合には、配偶者（相談者）名義の預金の一部は亡夫の遺産と認め、長女や孫名義の預金についても名義預金として遺産と認めるのか、改めて夫から長女らへの贈与として扱うのかを決め、そのうえで遺産分割して相続税を申告することを勧めます。

なお、遺言書を書く際には、こうした混乱を避けるために、名義預金も遺産として処分することを勧めます。

三行要約

★　配偶者や親族名義の名義預金は、税務署の最重要調査対象として目をつけられている。

84）一般的な税金の時効は申告期限の翌日から5年で（国税通則法72条1項）、5年間申告しなかった場合は義務そのものが消滅しますが、贈与税の時効は原則6年で、さらに故意に申告しなかった場合は1年延長されて7年になります。

★　相続税申告後 2 ～ 3 年経って税務署から名義預金を理由に修正申告を求められた
　ときには、逃げ場がない。

★　遺産分割でも名義預金を遺産と認めたうえで協議したほうがリスクは小さい。

相談例31　相続させたくない相談

　妻を早くに亡くしたという相談者（75 歳男性）から、「私には近くに住む長
女（52 歳）と居所不明の長男（50 歳）がいる。長男にはギャンブル癖があり、
たびたび尻拭いした末に縁を切り、15 年以上会っていない。そういう次第で
長男には相続で財産を与えたくないが、どうすればいいだろう」と相談された。

対応のポイント

　時折、このような相談を受けます。相談者が心から長男を憎んでいる場合と、
むしろ長男が心配でたまらないが、自分が面倒をみてもらっている長女の手前、
けじめをつけておかねばならないと考えている場合があります。結論としては、
長男の借金返済等の事実を確認したうえ、遺言書を残すことになると思われま
すが、相談者の気持ちに配慮した対応が望ましいです。

――――――――――解　説――――――――――

1　勘当

　いきなり「長男と正式に縁を切りたい」、「戸籍から外したい」と切り出される相
談者もおられますので、勘当から説明します。

　江戸時代から明治憲法下にかけては相続権を奪う勘当の制度が存在しましたが、
もちろん日本国憲法下では認められません。類似のものとしては、普通養子縁組の
離縁、嫡出否認の訴、親子関係不存在の訴、認知無効の請求、特別養子縁組などが
ありますが、長男が実子であれば該当しません。

2　相続人の欠格事由

　民法 891 条 1 号から 5 号は相続人の欠格事由を定めますが、相談例の長男はこれ
に該当しません。

3　廃除

　遺留分を有する推定相続人が被相続人に対して虐待をし、重大な侮辱を加え、又
は推定相続人にその他の著しい非行があったときは、相続人の廃除を家庭裁判所に
請求できます（民法 892 条）。

　しかし、廃除は要件がたいへん厳しく、誰が見ても「これはひどい」という虐待
又はそれと同等の事実があることが必要で、子が親の言うことをきかないとか、怒
鳴り合いをしたという程度ではまったく要件を満たしません（どの家庭でも多少の親
子喧嘩はあるはずですし、司法統計でも廃除認容の審判は年間 30 件程度しかありません）。

　相談例の長男には、ギャンブル依存、借入金の肩代わり（生前贈与）、音信不通と
いった事情はあるものの、それだけでは廃除の要件を満たさないでしょう。相談者
がどうしても廃除したいと希望するなら、具体的な事情を伺ったうえ、類似の審判
例と比較してその可能性を検討してください。

　なお、遺言でも廃除の意思表示することができますが（民法 893 条）、もっともよ
く事情を知っている遺言者が他界した後に、遺言執行者が虐待や非行の事実を立証
することはきわめて難しいので、お勧めできません。やはり、遺言者が生前に長男
の廃除の申立てを行うべきでしょう。なお、推定相続人を廃除しても、長男の子は
代襲相続することも説明してください（民法 887 条 2 項）。

4　遺留分の放棄など

　長男と連絡が取れ、長男も相続を望まないとのことでしたら、裁判所の許可を得
て遺留分を放棄してもらう方法があります（民法 1049 条 1 項）。もっとも、遺留分を
放棄しても相続権を失うわけではなく、別途、遺言で全遺産の処分を決める必要が
ありますし、遺留分の放棄は事情によって撤回が可能なので、法律関係が不安定に
なります。なお、遺留分の放棄の効果は、廃除と異なって、代襲者にも及びます。

　また、相続分の譲渡（民法 905 条 1 項）や相続分の放棄は、相続開始後に相続分が
生じてはじめて認められるので、相続開始前にこれらの合意を取り付けても無効で
す。

5　遺言と遺留分侵害額請求権

　結局、相談者には、遺言で全財産を長女に相続させ、長男には何も与えないとし
ていただくべきでしょう。そうすると、長男から長女に対して遺留分侵害額請求権
を行使される可能性があります（相談者の推定相続人は 2 人の子だけとします）。

　たとえば、相談者が長男に対して 15 年前に 3,000 万円の援助をし、現時点での
遺言者の遺産は 4,000 万円だったとします。この場合、遺留分算定の基礎財産に算
入される相続人に対する贈与は相続開始前 10 年間に限られるので（民法 1044 条 1 項、
3 項）、長男が援助してもらった 3,000 万円は基礎財産に算入されず、長男の遺留分
は 4,000 万円 × 1/2 × 1/2 = 1,000 万円となります。

　しかし、遺留分侵害額請求権の算定においては、遺留分権利者がすでに受けた特

別受益たる生前贈与（3,000万円）は、それがいつ行われたかにかかわりなく、請求額から控除されます（民法1046条2項1号）。そうすると、長男はすでに3,000万円をもらっているために、1,000万円の遺留分について侵害額請求権を行使できません（相談例61参照）。

　したがって、相談者としては、長男から、「15年前に借金返済のために少なくとも1,000万以上の生前贈与を受けました」という確認書を差し入れさせ、このことを理由として、遺産のすべてを長女に相続させる遺言を作成しておけば、長男から長女に対する遺留分侵害額請求権の行使を防ぐことができます。

　また、長男からそのような確認書を徴求できない場合なら、長男に金を渡した日付や金額などを特定し、その繰越済みの通帳、振込伝票、領収証、借用書などを残しておくよう勧めます。そして、公正証書遺言の付言事項で長男に対する生前贈与を具体的に記載し、弁護士を遺言執行者に指定すれば、長男も遺留分侵害額請求権の行使を思いとどまらざるを得ないと思われます。

三行要約

★　相続廃除は要件が厳しく立証も難しいので、必ず生前に行ってもらう。

★　相続から排除するために、欠格事由、遺留分の放棄、相続分の譲渡・放棄などは役に立たない。

★　遺言で全ての遺産の処分を決めるとともに、特別受益を立証できる証拠を残しておく。

相談例32　終末期医療に関する相談

　相談者（73歳女性）から「10年前に義母を見送ったが、意識がないまま延命されてかわいそうだった。自分のときには家族に迷惑をかけたくないが、どうしておけばいいか」との相談を受けた。

対応のポイント

　終末期にどのような治療を望むか望まないかはその人の自己決定によるべきですが、終末期には意識を消失していることが多く、意思を伝えることができません。そこで、最近では、延命治療等についてのリビング・ウィル（生きている間の意思）を公正証書で残しておく方法が勧められています。

━━━━━ 解　説 ━━━━━

1　延命治療

「延命治療」とは病気の根治ではなく、延命を目的とする治療です。今日では医療技術の発達により、患者の意識がなくなっても気管切開、人工呼吸器、胃瘻、輸血、輸液などによって延命を図ることができるようになりました。

たとえば、胃瘻は、嚥下障害などで栄養等の経口摂取が困難な患者に対し、人為的に胃に瘻孔を作ってチューブを留置し、食物や水分や医薬品を投与する医療処置です（人工的水分・栄養補給法＝AHN、artificial hydration and nutrition とも呼ばれます）。ちなみに、約10年前までは、終末期の認知症や寝たきりの患者にも積極的に胃瘻が造設されていました。

しかし、それは患者が望んでいないことではないか、かえって患者を苦しめているのではないか、家族にも迷惑をかける、いったん延命治療を始めると（生命維持装置を外すなどして）中止することができなくなるといった批判がありました。

こうして、高齢者ケアの意思決定プロセスに関するガイドライン（一般社団法人日本老年医学会／平成24年6月27日）では、経口摂取の可能性を適切に評価し、AHN導入の必要性を確認し、本人の人生にとって何が最善かを追求するといった方針が提言され、この頃から、胃瘻、気管切開、人工呼吸器などの延命措置は徐々に減っています。

2　安楽死と尊厳死

一般に、「安楽死」とは、終末期の苦痛から患者を開放するために死期を早めることで、致死性の薬物投与などにより積極的によって死期を早める方法（積極的安楽死）[85]と、治療を開始せず、又は治療を中止して死期を早める方法（消極的安楽死）に分類できるとされています。

一方、「尊厳死」とは、末期癌患者など治癒の見込みのない人々が、QOL（クオリティ・オブ・ライフ）と尊厳を保ちつつ最期のときを迎えることをいい、治療は麻薬などによる疼痛管理などに限られるともいわれますが、消極的安楽死との違いははっきりしていません。

85）名古屋高判昭和37年12月22日判タ144号175頁と横浜地判平成7年3月28日判タ877号148頁が有名ですが、後者は、積極的安楽死として許容されるための要件として、①患者が耐えがたい激しい肉体的苦痛に苦しんでいること、②患者は死が避けられず、その死期が迫っていること、③患者の肉体的苦痛を除去・緩和するために方法を尽くしほかに代替手段がないこと、④生命の短縮を承諾する患者の明示の意思表示があることを挙げました。

3　リビング・ウィル

　終末期になれば、いずれ延命治療をするか否かの選択を迫られます。

　しかし、医療機関からすれば、本人や家族の同意のないまま延命治療を見送り、あるいは治療を中止した場合には、後日、遺族から糾弾される可能性があります。また、稀ですが、家族の複数（たとえば、子のいない夫婦など）が同時期に終末期を迎えた場合は、死亡の先後によって法定相続人や相続分ががらりと変わりますから、延命治療合戦になることもありえます。

　そこで、そうした混乱を避けるために、事前に、自分の意思（リビング・ウィル）で、どちらを選択するのかをはっきり決めておくべきだといえるのです。もっとも、延命治療の選択は財産管理契約・任意後見契約・見守り契約などの対象ではありませんし、そもそも相続開始前のことですから、遺言の対象でもありません。そこで、尊厳死宣言公正証書の作成が勧められています。[86]

　なお、遺言公正証書は、遺言者の生前でも手元の正本や謄本で内容を確認できますから、公正証書遺言の中に尊厳死の条項を加えてもよいように思えます。しかし、そうすると生前に相続人に遺言内容を知られることになるので、公正証書遺言とは別に尊厳死宣言の公正証書を作成するべきでしょう。

三行要約

- ★　最近では、本人や家族が延命治療を望まないことが多い。
- ★　延命治療の要否は本人の自己決定によるべきで、リビング・ウィルを書面化することを勧める。
- ★　公正証書遺言を作成する際に、併せて尊厳死宣言の公正証書を作成することが望ましい。

相談例33　葬儀・法事に関する相談

　相談者（50歳男性）から、「入院中の母（82歳）の容態が思わしくない。もしものとき、葬儀や法事の手順をどのようにすればいいのかわからない」と相談を受けた。

86）日本公証人連合会の調査では、平成30年（2018年）1月〜7月の7か月間で、尊厳死宣言を含む公正証書が978通作成されたそうです（同年9月30日付日本経済新聞記事）。なお、同期間の公正証書遺言作成件数は約6万件ですから、約60回に1通の割合で、尊厳死宣言公正証書も作成されていることになります。

対応のポイント

　遺言や相続に関する相談の中では葬儀や法事に関する話題が出ることもあり
ますし、ときには、それが喫緊の問題であることもあります。相談者の信頼を
得るためにも、死亡届、葬儀、法事などの手順をひと通り説明できるよう用意
してください。

───────── 解　説 ─────────

1　死亡届

　死亡届は、届出義務者（同居の親族、その他の同居者、家主、地主、家屋若しくは土地の
管理人）が死亡診断書や死体検案書を添えて、死亡を知った日から7日以内に届け
出なければなりません（戸籍法86条、87条1項）。また、同居の親族以外の親族、後
見人、保佐人、補助人、任意後見人及び任意後見受任者も死亡の届出をすることが
できます（戸籍法87条2項）。

2　火葬許可証・埋葬許可証

　墓地・埋葬等に関する法律（以下、「墓埋法」といいます）8条により、ご遺体を火
葬するには火葬許可証が必要です（死亡届とともに火葬許可申請書を市町村に提出して火葬
許可証を取得します）。また、火葬終了後、焼骨の埋葬のためには、斎場からもらう
埋葬許可証（火葬証明書）が必要になります。

3　葬儀

(1)　葬儀

　葬儀は、道教の教えとも曹洞宗のしきたりともいわれるが判然としません。葬
儀の方法には仏式、神式などがありますが、最近では費用を節約するため直葬[87]を
選択されるケースもあるようです。また、故人の希望によって（あるいは費用を節
約するために）、自然葬、樹木葬や生前葬を行う場合もあります。

(2)　葬儀費用の額

　葬儀等関係費は、交通事故損害賠償算定基準によれば約150万円とされており、
統計でもその程度とされているようです。しかし、超高齢社会で死亡者が超高齢
化し、通夜や葬儀に参列される方が少なくなったこと、相続人の人数も減ってい

87）直葬とは、通夜・告別式を行わず納棺後すぐに火葬する葬儀のことで、最近は5〜20％
　が直葬と言われています。直葬の場合、僧侶も来ず、読経も戒名もなし、あるのは祭壇と蠟
　燭だけということになりますが、参列者が2、3人なら、それでいいのかもしれません。

ること、10 万円から 20 万円程度の格安葬儀を謳い文句に新規業者が参入し、直葬や家族葬も増えていることから、葬儀費用の単価は確実に下がっています。

　このような傾向に対して、葬祭業者は、「葬儀費用で家族に迷惑をかけないように、元気なうちに積み立てをしましょう」というキャッチコピーを用いて高齢者の囲い込みを図っています。遺族としては、故人がすでに葬儀費用を積み立てているのなら、その葬儀社に頼めばよいと考えがちですが、その場になってみると様々なオプションを勧められ、思いのほか高額になる例が多いようです。

⑶　死亡直前の預金引き出し

　預貯金の名義人が死亡したとわかれば銀行取引は停止されます。そこで、最期が近づくと、家族があわてて金融機関を回り、預貯金を引き出して、それを葬儀費用等に充てていました。

　そこで、平成 30 年の相続法改正では、各共同相続人は、単独で遺産に属する預貯金債権のうち金融機関ごとに債権額の 3 分の 1 に法定相続分を乗じた額（1 金融機関当たり 150 万円まで）の払戻しを請求できることになりました（遺産分割前の預貯金債権の行使。民法 909 条の 2）。

　これに対して、この制度を利用するとしても除籍謄本等を用意しなければならないので、当日現金払いを求める葬祭業者や僧侶への支払いには間に合いません。したがって、現在でも、死亡直前に家族が預金を引き出すケースは減っていないのです。後日、この出金の使途をめぐって問題になることがあるので、領収証等を残しておくよう勧めてください。

⑷　葬儀費用の負担者

　相続税法上、葬儀費用は債務控除の対象ですが（相続税法 13 条）、相続債務ではありません。民法上も遺産から支払われるべきものか、喪主が負担すべきものかについて決まっていません。

　一般的には、喪主が取引先等を呼んで盛大に葬儀を執り行う場合や喪主が香典を受け取る場合には喪主が葬儀費用を負担するべきで、逆にそのような事情がなければ相続財産から出してもよいと思いますが、いずれにしても相続人間で決めていただく問題でしょう。

　ただし、実際に葬儀費用の負担をめぐって紛争になることもあるので、それを避けるためには、遺言や死後事務委任契約において、相続財産から葬儀費用を支弁すると決めておくべきだと思います（葬儀費用は遺言事項ではありませんが、遺言で定めておけば、平均的な葬儀費用である限り、相続人から文句が出ることはないと思います）。

(5)　遺品の保管

　臨終、通夜、葬儀の間、親族は混乱を極めますが、その間に、被相続人の遺品（貴金属や通帳等）がなくなり、斎場に赴かず自宅で留守番をしていた親族が疑われるといったこともあります。したがって、家族の誰が何を保管するか等をあらかじめ決めておくようアドバイスします。

4　法要・法事

　初七日、四十九日（中陰と呼ばれ、死亡日を含めて50日目（満中陰）が忌明けとなる）といった法事は、七日ごとに地獄で審判を受けるという仏教及び道教の十王信仰に由来するそうです。四十九日の後は年忌法要として、祥月命日（ショウツキメイニチ・毎年の命日）に、一周忌、三回忌、七回忌、十三回忌、三十三回忌などが行われ、そのいずれかの機会に遺骨を墓地に埋葬しますが、最近では三回忌あたりで法事を終え、機を見て永代供養に移すことが多いようです。

　これに対して、神道では、死者は神になるのでめでたいこととされ、法事ではなく式年祭と呼び、一年祭、三年祭、五年祭などが行われます。[88]

5　永代供養

　「永代供養」とは、遺骨を共同墓地に合葬（合祀）することで、寺院によってはそのための永代供養塔などを設置しています。永代供養は安価ですので（10万円程度が相場です）、最近では、最初から墓地・墓石を購入せず、永代供養で祀ることが多くなりました。

　超高齢社会においては、親の祭祀を行うべき子の世代でも、すでに60台、70台ということが多くなりました。そして、祭祀を引き継ぐ孫の世代は30台、40台となりますが、少子化のため孫の人数も少なく、その多くは近くにいません。そうすると、祥月命日や月命日に墓参りして菩提を弔うということも難しいので、早めに、あるいは最初から、永代供養が選ばれる傾向があります。

6　祭祀承継

　系譜、祭具、墳墓の所有権は祭祀主宰者が承継するとされ（民法897条）、遺骨は祭祀主宰者に帰属するとされています。

　最近は火葬後、仏壇に骨壺を安置したまま墓地に埋葬しないケースも散見されま

88）ただし、神道でも死穢（しにえ）を嫌うことから、葬儀は神社では行われず、死者の自宅などの場に神職が赴いて執り行われ、この葬儀が行われる場所のことを斎場と呼びました。現在では、斎場とは、神道に限らず、火葬場、葬儀会場などのことを広く意味しています。

す。これは、いつまでも故人と離れたくないという相続人の心情や、埋葬費用がかかることが原因ではないかと思いますが、いざ埋葬しようとすると埋葬許可証が見当たらず難儀することがあります。

　まだ埋葬していない場合には、火葬許可証、埋葬許可証を確認し、代々の墓地がないなら墓地・墓石を購入するか、縁のある寺に永代供養するなどの方法を勧めます（相談例34参照）。

三行要約

- ★　相続開始後・遺産分割前の預貯金債権の行使は、葬儀費用等の支払いには間に合わない。
- ★　死亡直前に預金を引き出した場合は、使途を疑われないよう領収証等を残して記録を管理する。
- ★　遺言や死後事務委任契約で、葬儀費用は遺産から支出すると決めておくのが合理的。

相談例34　埋葬に関する相談

　相談者（79歳女性）から、「終活セミナーで、子どもたちに迷惑をかけないために墓地を購入しておくべきだと勧められた。郷里には両親の墓があるが、他界したら家族に会いに来てほしいので、近くに墓を買ったほうがいいだろうか」と相談を受けた。

対応のポイント

　これも法律相談ではありませんが、終活や遺言の相談の最後のほうで、こうした話が出ることもあります。埋葬の慣習や葬祭業者・霊園業者の実態について、知識を蓄えておいてください。

=== 解　説 ===

1　墓地・納骨堂

　墓埋法は、国民の宗教的感情や公衆衛生の観点から、墓地、納骨堂又は火葬場を[89]

---

[89]「墓地」とは墳墓を設けるために墓地として都道府県知事の許可を受けた区域、「納骨堂」とは他人の委託を受けて焼骨を収蔵するために納骨堂として都道府県知事の許可を受けた施設、「火葬場」とは火葬を行うために火葬場として都道府県知事の許可を受けた施設をいいます（墓埋法2条5項乃至7項）。

経営しようとする者は、都道府県知事の許可を受けなければならないとし（同法1条、10条1項）、大半の都道府県（政令指定都市を含む）では、この経営許可の対象は宗教法人と地方公共団体に限られています（入会地の村落共同墓地なども認められています）。

　一般に、都会になるほど地方公共団体が経営する墓地（公営墓地）よりも宗教法人が経営する墓地や納骨堂のほうが多く、寺院の境内にある墓地は寺院境内墓地、大規模な墓地は霊園と呼ばれます。

2　墓地の永代使用権

　よく「墓を買う」と表現されますが、その実体は、墓地の経営者（宗教法人等。ここでは便宜上、「霊園業者」といいます）と墓地購入希望者との間で、整地・区画された一区画の使用権を有償で設定する契約です。この使用権は「永代使用権」と呼ばれますが、実際に永遠に使用できる権利ではなく、祭祀承継者からの連絡が途絶えたり、一定期間が過ぎれば消滅します。そして、その場合に、霊園業者は、その墓を更地にして新たな永代使用権を販売するのです。

　なお、墓地の値段については、おおむね90cm（3尺）四方の正方形が「1聖地」と呼ばれ、1聖地ごとに、たとえば30万円というように値段が決められています。ちなみに、6尺四方の正方形（4聖地）が1坪の広さとなります。

3　墓石

　墓地の永代使用権を得ても、実際に埋葬するには墓石が必要ですから、石材店に墓石を注文して安置してもらいます（生前に墓石を購入するケースも多いです）。なお、霊園業者と石材店の関係は切っても切れないものがあり、提携している石材店による墓石以外は認めない霊園もあります。

　墓石の種類としては、御影石（花崗岩）、安山岩などが人気で、瀬戸内海の諸島で産出される庵治石、青木石、北木石、伊予大島石などのブランドもののほか、最近では中国産の墓石が多くなりました。平均的な墓石の値段は100万円から200万円程度ですが、相談者のように新たに墓を建立するとなれば墓地の永代使用権と合わせて300万円以上かかります。

4　墓地・納骨堂の現状

　日本の死亡者数は増加中ですが、少子化・過疎化や、地方には古くからの村落共同墓地が多くあることなどから、地方での墓地には余裕があります。

　これに対して、都会近郊の墓地は、相談例のように家族に会いに来てほしいという理由で需要が増えています。土地には限りがありますから、駅近を売り文句にす

るマンション型の納骨堂（相場は 100 万円程度）や、樹木葬（樹木を墓標とする）を前提とするガーデニング霊園（相場は 70 万円程度）などの新商品も開発されています。

　さて、霊園業者からすれば永代使用権を設定しただけで最初に多額の売上が見込めますが、その後の管理費等の売上は微々たるものです。そして、放漫経営によって資金が底をつけば、墓地経営が頓挫することにもなりかねません。したがって、勧誘の言葉に飛びつくのではなく、その霊園業者が信用できる経営主体かどうかを慎重に見極めるようアドバイスしてください。

5　墓じまい、改葬

　「墓じまい」とは、墓石を撤去して霊園業者に墓地使用権を返還することをいいます。墓がなくなるので、先祖のご遺骨は永代供養（合祀）するのが一般的です。ただし、墓石の撤去費として霊園業者から数十万円を請求され、トラブルになることがあります。

　また、「改葬」とは、霊園業者に墓地の永代使用権を返還するとともに、別のお墓にお骨を移すことをいいます（墓埋法 2 条 3 項）。この場合は、墓石の撤去費のほか、双方の墓地経営者の許可が必要になることが多く、相応の費用がかかります。

　したがって、相談者が近くの霊園で永代使用権を購入し、墓石を購入し、田舎のお墓を墓じまいして、改葬まで希望されているのだとすれば、かなりの出費になりそうですから、まずは費用を確認することから始めなければなりません。

三行要約

- ★　墓地の永代使用権は、永代供養ではなく永遠の使用権でもない。
- ★　墓地や墓石の事前購入は多額の先行投資になるから、慎重に判断すること。
- ★　先祖代々の墓地を整理するなら、まずは費用の確認から。

第 3 編　遺言に関する相談

> **相談例35** 遺言の要否

　相談者（78歳男性）から、「もし私が死んだら、相続人は、妻（60歳）と、離婚した前妻との間にできた長男（50歳）の2人になる。2人は仲もよいし、大した財産もないので大丈夫だと思うが、それでも遺言書を作っておくべきなのか」と相談を受けた。

対応のポイント

　たしかに、遺言を残すべきケースと残さなくてもよいケースがあります。後妻と前妻の子が共同相続人になる場合は、遺言が必要となる代表例です。両者が表面的にうまくいっているように見える場合でも、遺言書を作成するようお勧めします。

=== 解　説 ===

1　後妻と前妻の子

　後妻（及びその子）と前妻の子が相続人の場合（なさぬ仲[90]）の遺産分割は高確率でもめます。というのも、多くの場合両者は没交渉で、とても話し合いができるような関係にないからです。

　とりわけ後妻が前妻との離婚原因に関与していた場合（不倫、略奪婚など）や、被相続人が高齢になってから後妻と再婚した場合（財産目当てと思われる場合）には、前妻の子は、後妻に対して、きわめて厳しい感情を抱きます。そこで、現在の妻とどのようにして結婚に至ったのか、その結婚について長男の同意を得ていたのかといった事情を相談者に質問します。

　また、後妻と前妻の子の間に波風が立ったことがなくても、たとえば相談者がワンマンの会社経営者だったりすれば、2人とも相談者の機嫌を損ねたくないため、表面上は仲良くやっているのかもしれません。しかし、そうであれば、相談者がいなくなれば不仲が表面化するでしょう。

90）大正元年（1912年）大阪毎日新聞に連載された柳川春葉の小説「生さぬ仲」が語源。血のつながりのない親子のこと。

したがって、後妻と前妻の子の関係は、それ自体がリスク因子ですから、（共同相続人のためにも）遺言を勧めます。

2　大した財産がない

　法律相談で遺言を勧めたときに、「私には大した財産はないから」といわれることがあります。

　相談者が謙遜されている可能性もありますが、多くは、はじめての経験に対する警戒や逡巡があるからではないかと思います（大した財産はないといいながら数千万円の財産があることがほとんどです）。それに、遺産が数十万円、数百万円でも相続紛争になることはありますし、そもそも紛争になるかどうかは、遺産の額ではなく、むしろ共同相続人の感情や生活状態によるところが大きいので、遺産が少なければ紛争にならないという公式はありません。

　尻込みしている相談者を理屈で折伏しようとしても、納得してもらえなければ意味はありません。ああ、この相談者は迷っておられるのだな、と考えて、財産の額の話は追及しないほうがよいと思います（資産の多寡に関する評価や受け止め方は、個人でかなり異なります）。

3　遺言が必要な類型

　後妻と前妻の子というパターン以外にも、特に遺言をお勧めする類型があります。

　第一に、子のいない夫婦の場合、一方配偶者（被相続人）が死亡すると他方配偶者のほかに兄弟姉妹（又は甥・姪）が相続人として舞台に登場します。しかし、他方配偶者と被相続人の兄弟姉妹や甥・姪は、もともと疎遠であることが珍しくありません。ときには面識すらない疎遠な者同士で遺産分割協議するは甚だやりにくいものですから、遺言を残すべきです。

　第二に、内縁の夫婦の場合、ほかに一人でも相続人がいれば、内縁の配偶者には何も残りません。したがって、相続開始後の内縁配偶者の生活を守りたいというなら、そしてそのために生前贈与も選択しないなら、遺言は必要不可欠です（配偶者居住権等（相談例44参照）も内縁の配偶者には適用されません）。

　第三に、婚外子や半血の兄弟姉妹がいる場合には、相続人の間に信頼関係がないことが多いと思われます。そうすると感情的なもつれが生じやすいので、遺言が必要です。

　第四に、養子縁組をしている場合、実子と養子の間でもめることが少なくありません。特に、被相続人が養子縁組したことを実子に知らせていないケースでは、「なぜ君がここに座っているのか」というところから話が始まります（相談例26参

照）。

　第五に、共同相続人の中に、高齢で意思能力に問題があったり、海外在住していたり、音信不通（行方不明）の方がいる場合は、すぐに遺産分割協議を行うことができません。したがって、円滑に相続手続を行うためには遺言書が不可欠ですし、あわせて遺言執行者も指定しておくべきでしょう。

　第六に、すでに相続人同士が反目している場合や、相続人間で不公平が生じやすい場合には、遺言が必要です。たとえば、相続人のうち一人だけが被相続人を介護している場合（寄与分）、相続税対策によってすでに推定相続人間に不均衡が生じている場合（特別受益）、遺産の評価が問題になったり、遺産を分配しにくい場合（自宅不動産や自社株式など）、賃貸不動産の承継、負債の承継などが絡む場合などは、迅速かつ円満な遺産分割を期待できませんから、遺言が必要でしょう。

4　遺言が不要なケース

　これに対して、親一人・子一人の家族構成なら、親の財産はそのまま一人の子に相続されるので、基本的に遺言は不要です。両親と子一人の家族構成の場合も、やがては一人っ子が両親の財産を承継するので、格別の事情がない限り、遺言は不要です。これに対して、子が複数の場合は、紛争の要素はないと言い切れる場合は別ですが、原則として遺言をお勧めします。

　なお、私見ですが、あまり若くして遺言を作成されると、相続開始までに様々な状況変化が生じ、場合によって有害になるかもしれません（相談例 36 参照）。

5　相談者に対するアドバイス

　さて、相談例では家庭の内情は不明ですし、遺言書作成について必ずしも積極的ではありません。ただし、後妻と前妻の子のケースは遺言書を書いていただくべき典型的類型ですから、相談者のご家庭の事情をよく伺い、これから先に起こるであろうことを一緒に想像し、遺言で何ができるかを説明してください。

　相談者は今のままで何不自由ないかもしれませんが、遺言を残すことは、妻のためにも子のためにもなることを理解してもらえればと思います。また、後妻と前妻の子の直接対立を避けるための緩衝材としても、遺言執行者の指定を勧めるべきでしょう。

三行要約

　★　後妻と前妻の子が相続人になるケース（なさぬ仲）は紛争リスクが高い典型例。

　★　「大した財産はない」といわれたら、その問題には深入りしない。

★　遺言は自分のためだけではなく、残される共同相続人のためであることを理解していただく。

相談例36　遺言の時期

相談者（61歳女性）から、「先日、親しくしていた友人（63歳）が脳出血で亡くなり、ショックを受けた。私も万一に備えて、長男（33歳）、次男（27歳）、三男（25歳）に遺産分けする遺言書を作成しておきたい」と相談された。

対応のポイント

高齢になってからの遺言では、遺言能力を疑われ、遺言無効のトラブルを招くこともあります。ですから「遺言書は早めに書いておくべきだ」といわれますが、若ければ若いほどよいというわけでもありません。というのも、遺言書作成後相続開始までの期間が長すぎると、その間の状況変化に対応するため複雑な条件をつけた予備的遺言が必要になるからです。

═══════════ 解　説 ═══════════

1　早すぎる遺言

相談者（61歳女性）の平均余命は28.25年です。そこで、28年後、相談者が89歳で亡くなると仮定すると、そのとき長男は61歳、次男は55歳、三男は53歳になっているはずです。

しかし、その28年の間に、3人の子は、就職・転職、事業の成功・失敗、結婚・離婚、出産・育児、自宅の購入などのイベントを経験していることでしょう。ひょっとしたら誰かが不慮の事故で早世しているかもしれませんし、相談者も大病を患い、介護が必要になり、遺産が目減りしているかもしれません。本書を読んでおられる方も、10年前、20年前を振り返れば、いかに大きな変化があったか理解できるはずです。

一方、女性の健康寿命は75歳で、認知症も60歳台ではほとんど認められません。したがって、相談例の場合は、大病の前兆があるなどの事情がない限り、遺言を急ぐ必要はないと説明してよいでしょう。

ただし、相談者は不安を抱えられている様子ですので、遺言書を作成することによってそれを取り除けるなら、遺言書の作成をためらう必要はありません。もっとも、遺言書作成後相続開始までの間に相当期間が経過するでしょうから、特に相続

人や遺産の変化については条件分けが必要になります（予備的遺言）。

2　遺言書作成後のフォロー

このように、比較的若い方が遺言書を作成された場合には、その後の状況の変化を見守る必要があります。そこで、必要に応じて定期的に（配偶者の命日や遺言者の誕生日などに）、遺言者の自宅に伺って近況を尋ね、遺言の見直しの要否を確認するべきでしょう。ただし、遺言書の書き換えを繰り返すと前後の遺言の関係が問題になりますので（民法1023条1項）、遺言書の条項の変更ではなく、毎回、以前の遺言書を取り消して新しい遺言書を作成すべきです。

なお、アフターフォローをする場合には、いつでも不安があれば相談にのることを約束し、見守り契約やホームロイヤー契約を締結しておくことも有益と思われます。

3　急ぐべき遺言

一方、高齢者の場合には、遺言を急ぐ必要があります。

見たところお元気そうでも、遺言書の作成をためらったり、内容にこだわっているうちに相談者が他界し、「あのとき遺言書を作成しておけば」と臍を噛むことがあります。また、一命をとりとめたとしても、突然の事故、心疾患（心筋梗塞など）や脳血管疾患（脳動脈瘤破裂によるくも膜下出血など）の後遺症で、遺言能力を失うこともあります。

したがって、高齢者からの遺言の相談では、さりげなく相談者の健康状態を伺ってその危険を判断すべきですし、あまり時間がない可能性があると思われる場合には、財産の特定や条件分けの検討に時間をかけることなく、遺言書を作成すべきでしょう。この場合には、完璧な遺言書に固執する必要はありませんし、公証人との打ち合わせが待てない場合には、とりあえず自筆証書遺言を書いていただくことを勧めます（後でゆっくりと正確な遺言書を作成すれば足ります）。

なお、遺言者が病床にあり、かつ、切迫している場合で、自筆証書遺言の要件を充足できないなら危急時遺言を検討します。危急時遺言では、3名以上の証人の立会いや遺言の日から20日以内に家庭裁判所による確認が必要になるなどの要件があります（民法976条）。

三行要約

★　早すぎる遺言でも、遺言書作成によって遺言者の気持ちが楽になるなら拒まない。

★　早すぎる遺言では予備的遺言に気を遣うほか、遺言書の書き換えに備えたフォ

ローが必要になる。

★　遺言書作成の依頼を放置していると、取り返しがつかなくなることがある。

相談例37　遺言能力

　相談者（55歳女性）から、「母（83歳）は物忘れがあって認知症の診断を受け、昨年から要介護2で施設に入所している。母の相続で弟（50歳）ともめたくないので遺言書を書いてほしいが、認知症だと遺言書は書けないのだろうか」と相談された。

対応のポイント

　認知症といっても様々な程度があり、直ちに遺言能力を失うわけではありません。したがって、相談者の母の状況を詳しく聞いて遺言が可能かどうか考えます。確定的なことはいえませんし、相続開始後に遺言の効力を争われることもありますから、争われない遺言書を作成するための工夫も必要です。

――――― 解　説 ―――――

1　遺言能力

　「遺言能力」とは、一般に、事物に対する一応の判断力（誰に何を相続させるのか理解していること）を持っている状態で、遺言をするには遺言能力が必要です。言動がしっかりしている場合は遺言能力を意識することはありませんし、意思表示がきわめて困難なら遺言書の作成は無理だと指摘します。しかし、遺言者が認知症でその中間にある場合は、遺言能力がなかったとして遺言無効を争われる可能性があると考えておくべきです。

　遺言の有効性が問題になったときは、認知症の程度、遺言書作成時の状況、遺言書作成に至る過程などを総合的に勘案して遺言能力の有無が判断されますし、その判断はいつも事後的です。そして、目の前にいない遺言者の遺言能力を弁護士が判断することはできません。

　そこで、相談者に対しては、認知症の診断を受けている母が遺言書を書く際には、何に注意すべきかを説明することになります。

2　遺言書作成の準備

　まず、日常生活では、遺言者の生活や介護の状況をビデオ撮影したり、介護日記などに記録するよう勧めます。ちなみに、他の相続人から、「母がこんな遺言を書

くはずがない」などと指摘されることがありますが、ビデオや録音などで遺言者が
普段から繰り返して同じ趣旨のことをいっていたことが明らかなら、そうしたトラ
ブルを招くこともありません。

　かかりつけ医に対しては、遺言者の様子や言動をカルテに記載してもらうよう頼
みます。また、長谷川式簡易知能評価スケールや MMSE 等の検査を実施しても
らってください。そして、かかりつけ医から「遺言は書けると思います」といった
言葉がもらえるなら、その旨を記載した診断書を作成してもらうべきでしょう。医
師がその診断書を書いても遺言能力があると確定できるわけではないのですが、重
要な証拠となります。

　なお、認知症の判断基準は後述しますが（272 頁参照）、長谷川式簡易知能評価ス
ケールは 30 点満点中 20 点以下で認知症の可能性が高いといわれ、10 点以下では
高度認知症の可能性が高いといわれています。また、MMSE も 30 点満点で、認知
症の判断基準は長谷川式簡易知能評価スケールとほぼ同じです。なお、アルツハイ
マー型認知症でも遺言書作成時にはしっかりしている方もおられ、例外的ですが、
長谷川式簡易知能評価スケールで 10 点以下（4 点）でも看護師との会話などの状況
から遺言能力があるとされた裁判例もあります。[91]

3　遺言書の作成

　実際に遺言書を作成する場合について、遺言書の種類としては公正証書遺言を勧
めます。公正証書遺言は証人 2 人の同席の下で公証人が作成するため、後日、遺言
の有効性を争われる可能性が低くなりますし、形式的有効性も担保できます。なお、
要介護 2 であれば公証役場に出かけることはできそうですし、公証役場に行けば、
遺言者も気が張って、しっかり受け答えができると思います（もちろん施設に出張し
てもらってもかまいません）。

　つぎに、遺言の内容については、認知症がある遺言者でも無理なく理解できる程
度の簡単なもの（そして、できる限り全相続人に公平なもの）にとどめておくべきでしょ
う。その意味で、複雑な内容を含む予備的遺言は推奨できません。

　そして、公証役場に出発するときの状況や公証役場での様子は、ビデオで撮影す
ることを勧めます（スマホで十分です）。[92]

　さらに、遺言書作成の手続は弁護士に任せていただくべきでしょう。なお、相談

91）京都地判平成 13 年 10 月 10 日（裁判所ウェブサイト）、東京地判平成 17 年 3 月 29 日
　（ウェストロー・ジャパン）など。

例では、介護認定の際の認定調査票や主治医意見書も資料となりますが、これらの資料は遺言能力の判断を目的にしたものではないので、それだけで決定的な意味を持つわけではありません。

三行要約

★　認知症でもその程度や具体的状況によっては遺言能力があり、遺言書を作成できる。

★　遺言能力の判断は事後的なので、日頃の生活を記録化し、作成時のビデオを残しておく。

★　遺言能力が疑われる場合には、遺言はできるだけ簡潔な内容とする。

相談例38　遺言書を書かせたい相談

　相談者（55歳男性）から、「弟（53歳）と仲が悪いので、将来、相続でもめることは避けられない。今のうちに父（80歳）に遺言書を書かせたいのだが、なかなか書いてくれない。頑固な父に何とか遺言書を書かせる方法はないか」と相談された。

対応のポイント

　父親に無理やり遺言書を書かせるわけにはいきませんから、どうすれば父がその気になってくれるかです。このような場合には、父親の立場に立って、何が不安で、なぜ遺言書を書こうとしないのか、その理由を考えていただくしかありません。「弁護士から父を説得してくれ」と頼まれるケースもありますが、安請け合いはできません。

＝＝＝＝＝　解　説　＝＝＝＝＝

1　高齢者の立場

　父親が遺言を書いてくれないというケースでも、いくつかの原因が考えられます。

　第一は、父親が認知症等で事理弁識能力がなく、相談者が頼んでいる内容を理解できない場合です。これは遺言能力の問題で、もともと遺言書の作成は無理です。

92）遺言能力の有無の判断資料としては、客観的資料としての看護記録や診断書等のほか、日記、録音、ビデオなどがありますが、日記は内容の信用性に問題があり、録音は一部だけを切り取ったものと疑われる危険があります。その点、長回しのビデオはその時の周囲の状況までそのまま可視化されますので、もっとも有効な手段になります。

　第二は、父親に判断能力が残っており、相談者が遺言書を書いてくれと頼んでいることはわかっているものの、相談者の言いなりに遺言書を作成したのでは次男（弟）に申し訳ないと思って言を左右にしている場合です。この場合は、遺言の内容次第で、あるいは兄弟が一緒になって頼めば、父親が遺言書を書いてくれるかもしれません。

　第三は、父親には判断能力が残っており、相談者が遺言書を書いてくれと頼んでいることは理解しているものの、いったん遺言書を書いてしまうと子らが言うことをきかなくなり、施設に放り込まれるのではないか、蔑ろにされるのではないかと不安なので遺言書作成を拒んでいる場合です。高齢者からすれば、財産の処分は自分に残された最後のカードであり、それを奪われたくないという気持ちがあるのは当然です。

2　説得の方法

　さて、父親の内心まではわかりませんが、上記の第三のケースが多いように感じます。では、そうした場合に高齢者に遺言書を書いてもらうためには、どうすればいいのでしょうか。

　まず、相談者からストレートに「相続紛争のリスクが高いから遺言書を書いてくれ」という頼み方が考えられます。しかし、それは、あくまで相続人の都合であって父親にメリットはありません。

　つぎに、「相続紛争になれば多額の相続税を払うことになる」という理屈も、そのときにはこの世にいない父親の心には響きません。「早く書かないと呆けて書けなくなるから」というのも逆効果です。

　さらに、弟の非をあげつらい、相談者の希望する内容の遺言書を書くように頼んでも、おそらく父親は「考えておく」としかいってくれないでしょう。

　そうであれば、できるだけ父親の話し相手になって、父親に感謝の気持ちを表し、父親の不安を一つずつ払拭するしかないと思います（北風と太陽のようなものです）。たとえば、老後の資金は十分だし、いざとなれば自分が助けるとか、介護が必要になった場合はどのように対応するとかいった具体的な生活設計を説明し、対価を求めずに入通院の付き添いや買物などの面倒をみていれば、父親も少しずつ心を開いてくれるかもしれません。

　なお、昭和生まれの高齢者は横並び意識が強いので、統計が助けになるかもしれません[93]。平成 30 年の公正証書遺言作成件数は 110,471 件で（日本公証人連合会ホームページ）、平成 31 年（令和元年）度の遺言書検認審判事件の新受件数は 18,625 件でし

た（令和元年度司法統計家事事件編第2表）。二者を単純に合計することはできませんが、最近では年間約15万人以上が遺言書を作成しているはずです。

3　周囲を翻弄する高齢者

　一方、遺言書を書くといって推定相続人の子どもたちを呼び集め、御託を並べるものの、結局、遺言書を書かないという高齢者もおられます。

　本人はいたって真面目に、「誰に何を相続させるのか、大所高所から真剣に考えている。みんなの意見を聞きたい」とおっしゃられるのですが、傍から見ると、高齢者特有のパフォーマンスにしか思えません。つまり、子どもたちの忠誠心を試し、「最後まで自分を大切にした者を優遇してやるぞ」という行動に見えるのです。このような高齢者は、むしろ遺言の内容を確定させたくないのですから、劇的な変化がなければ、どこまでいっても遺言の内容が確定しません。

　これも相続紛争の遠因となりますから、弁護士がその高齢者から相談を受けた場合には、婉曲にたしなめます。もっとも、相続人の立場では踏み込むことができませんので、原則どおり、父親が自発的に遺言書を書こうと思うような行動をとるしかありません。

三行要約

★　高齢者にとって遺言書を書くことに直接の利益はなく、むしろ書きたくない人が多い。

★　結局、親の立場に立って、遺言書を書こうと思ってもらえるような行動をとるしかない。

★　高齢者の中には、遺言書を書く素振りをして子の気をひこうとする方もいる。

相談例39　自筆証書遺言

　相談者（77歳男性）から、便箋に鉛筆で書いた自筆証書遺言の案を見せられ、「市販の指南書を手掛かりに、このとおり遺言書を書いてみた。これでよければ清書するが、問題があれば教えてほしい」と相談された。

---

93) 統計に関しては、マーク・トウェイン（『トム・ソーヤーの冒険』の著者）が紹介したとされる「世の中の嘘には3種類ある。嘘、まっかな嘘、そして統計だ」が有名です。裏を返せば、統計には説得力があるということです。

対応のポイント

　このパターンの相談もよく持ち込まれます。相談者の中には自信満々の方もいらっしゃって、どこから指摘するか迷いますが、遺言の方法に関しては、自筆証書遺言の短所を説明して公正証書遺言を勧め、自筆証書遺言に固執されるなら自筆証書遺言書保管制度を利用するよう勧めます。短時間ですべてを説明することは難しいので、遺言内容は要点のみを指摘し、失礼にならないよう再考を促します。

━━━━━━━━━━━ 解　説 ━━━━━━━━━━━

1　自筆証書遺言の形式的要件の確認

　民法 968 条による自筆証書遺言の形式的要件（全文自書・日付・署名・捺印。民法 968 条 1 項）や相続財産目録の添付方法や加除等の変更（同条 2 項、3 項）について説明し、持参された遺言書案が無効にならないかを確認します。なお、指南書を手掛かりに遺言書を書くほどの方なら、遺言能力には問題ないでしょう。

2　自筆証書遺言の短所の説明

　自筆証書遺言の短所については、以下の点を説明します（パッケージで覚えておきます）。

①　自分一人で作成するため、形式的要件を誤解したり、書き損じると、遺言が無効になってしまう。

②　内容についてもチェックしてくれる人がいないので、必要なことを書き漏らしたり、矛盾する内容だったり、意味が明確でない遺言書となったりすると、思いどおりの効果が得られない。

③　いったん書いた遺言書を誰かに偽造、変造、隠匿される可能性がある。

④　その可能性を避けようと思えば、隠して保管する必要があるが、そうすると相続開始後に発見されない（あるいは発見が遅れる）可能性がある。

⑤　検認手続に 1 ～ 2 か月の時間を要する。特に、封印した遺言書は検認まで内容を知ることができないので（民法 1004 条 3 項）、相続手続の初動が遅れる（準確定申告は相続開始後 4 か月以内です）。

3　自筆証書遺言が好まれる理由

　後期高齢者（75 歳以上）を対象にした平成 29 年度の法務省調査によれば、「遺言書を作成したことがある」と答えた方（11.4%）のうち自筆証書遺言は 6.4%、公正証書遺言は 5.0% でした。また、同じ調査で、「作成したい」と回答した方（38%）

のうち自筆証書遺言を選ぶ方が25.3％、公正証書遺言を選ぶ方が12.7％でした。つまり、現実には、公正証書遺言より自筆証書遺言を選択したいと考えている方が多いわけで、この事情を踏まえて自筆証書遺言書保管制度が創設されました。

自筆証書遺言に根強い人気があるのは、自分だけで手軽に作成できる、費用がかからない、きわめて私的なことなので誰かにとやかくいわれたくない、家族にも知られずに作成できるといったことが理由と思われます。最近は遺言の指南書が多く出版されていることも一役買っているでしょう。

したがって、「自分で書いてみた」という遺言書案を持ち込まれる方に対しては、無理に公正証書遺言を勧めるより、自筆証書遺言書保管制度（相談例41参照）を紹介したほうが喜ばれます。

4　遺言の指南書

一般の方向けの遺言の指南書としては、遺言書キットやエンディングノートがあります。エンディングノートについては先述（相談例21）しましたので、ここでは遺言書キットについて説明します。

遺言書キットは、自筆証書遺言の書き方を指南した虎の巻と、遺言用便箋、封筒、台紙をセットにしたもので（書籍と文具の双方の性格を持つようです）、今では、多くの会社から類似の商品が売り出されています。

指南の内容は典型的な数例を挙げているだけですので、一般の方が、これを参考にして、個別の事案にカスタマイズすることは容易でありません。また、小さな子が2人いる若い夫婦にも遺言書の作成を推奨するなど、違和感を覚える部分もあります。[96]

以上からすると、これらの指南書を利用して「書いてみた」という遺言書案については、相談者の意図や思いが正確に反映されていない可能性があります。

94）「我が国における自筆証書による遺言に係る遺言書の作成・保管等に関するニーズ調査・分析業務報告書」。自筆証書遺言保管制度のニーズを探るための調査でした。

95）この調査によれば自筆証書遺言作成件数のほうが公正証書遺言より多いわけですが、前述（相談例38）のように遺言書検認審判事件の新受件数は年間2万件未満です。これは、作成されたはずの自筆証書遺言の相当数が見つからず、紛失され、隠匿されている可能性があることを示唆します。

96）若い夫婦に遺言を勧める理由として、どちらかが死亡した場合の遺産分割協議では子の特別代理人（家事事件手続法19条）を選任しなければならないので面倒だという点が挙げられていますが、あまりに早すぎる遺言には疑問があります。

5　内容に関するチェックポイント

　相談者が持参された遺言書案については、形式的要件のほか、以下の点を確認します。

① 　遺言者の意思は明確になっているか（遺言者の意思解釈が問題にならないか）。

② 　「相続させる」、「遺贈する」、「取得させる」等の用い方は適切か。

③ 　特定財産承継遺言（民法1014条2項）なら、その財産は特定されているか。

④ 　相続分の指定になっていないか。なっていれば遺産分割協議を容認する趣旨か。

⑤ 　一部遺言（相談例42参照）ではないか。包括条項が記載されているか。

⑥ 　将来の変化に対応した予備的遺言（条件付遺言）は必要ないか（77歳男性なら平均余命は14年以上だが、その間に起こり得る変化を考えているか）。

⑦ 　遺言執行者の指定と権限の内容。

⑧ 　相続債務や葬儀費用等について配慮されているか。

⑨ 　遺留分権利者の遺留分を侵害する可能性はあるか。

⑩ 　相続人の気持ちを逆なでする記載がないか。

　もっとも、法律相談で問題を発見してもそのすべてを正確に説明する時間はないでしょうし、相談者のほうも、短時間での指摘を咀嚼して理解することは困難です。弁護士としては、「ここが違う」、「あそこが違う」と粗探ししたくなる場面ですが、相談者の気持ちを損ねないよう配慮しながら、的確に問題点を指摘するにとどめ、それでも迷うようなら事務所に来ていただくよう勧めるべきです。

6　自筆証書遺言の日付に関して

　余談ですが、形式的要件に関して、遺言の全文と日付を自書した9日後に、弁護士の立会いの下で遺言書に押印した自筆証書遺言のケース（遺言無効確認請求訴訟）で、最高裁は、「自筆証書遺言の日付は真実遺言が成立した日の日付を記載しなければならず（最判昭和52年4月19日裁判集民120号531頁参照）、本件では押印されて遺言が完成した日付を記載すべきだったが、民法968条1項が全文、日付並びに押印を要するとした趣旨は、遺言者の真意を確保すること等にあり、必要以上に遺言の方式を厳格に解するときは、かえって遺言者の真意の実現を阻害するおそれがあるとし、本件の事実関係の下では、真実遺言が成立した日と相違する日の日付が記載されているからといって直ちに遺言が無効にはならない」と判決しました（最判令和3年1月18日裁時1760号2頁）。ただし、この判例は、押印だけが先延ばしされた特殊な事例ですので、一般化することはできません。

┌─**三行要約**─────────────────────────────

★　指南書を頼りに書いた自筆証書遺言の文案を持ち込む相談者が少なくない。

★　自筆証書遺言の形式的要件、問題点、自筆証書遺言書保管制度については定型的な説明を準備する。

★　通例、相談者が考えた自筆証書遺言案には多くの問題があるが、相談者に、自分だけで考えるのには限界があると悟っていただければ十分である。

┌─**相談例40**　公正証書遺言────────────────────

　遺言をしたいという相談者（75歳女性）に公正証書遺言の方法を勧めたところ、「じゃあ公証役場に行って相談すればいいんですね」といわれた。

対応のポイント

　公正証書遺言をお勧めすると、まっすぐ公証役場に行けばいいんだと勘違いされる方が一定数おられます。もちろん公証役場でも簡単な相談には応じるでしょうが、認証機関ですから手取り足取りというわけにはいきません。相談者が希望を明らかにし、弁護士が様々な要因を検討して遺言書の案文を作成し、公証人が確認するという三段階で遺言書を作成すべきことをうまく説明してください。

═══════════════ 解　説 ═══════════════

1　遺言の重要性

　世間では遺言書は簡単に作成できると考えられています。自筆証書遺言が認められているのですから、あながち間違いではありません。しかし、遺言書は数千万円から数億円にも及ぶ遺産の最終処分を決める文書ですし、長期間経過後にはじめて発効し、その処分に対して大きな利害関係を持つ複数の相続人がいて、遺言書に不備や不都合があった場合には、血で血を洗う親族間の紛争が始まります。

　したがって、「遺言書は簡単に作れるが、よい遺言書を作ることは難しい」ことを、相談者に理解していただきたいと思います。

2　公証役場の性格

　公証役場は、公正証書の作成、私文書の認証、確定日付の付与等を行う役場（認証機関）であり、全国約300か所に設置されています。公証人は独立採算制で、公証人法によって任命され、証明や認証の業務に当たります。もっとも、公証人には

刑事畑の元裁判官や元検察官が多く、必ずしも、家庭裁判所で相続関連の事件を扱っていたという経験があるわけではありません。

　これに対して、弁護士は、日常的に遺言・相続に関する紛争の相談を受け、その処理に奔走して経験を積んでいます。ですから、相談者の意思の確実な実現とリスクヘッジを両立させる内容の遺言書を作成するためにはもっとも適しているはずです。

　したがって、遺言者の希望を実現するための遺言書の文案を考えるのはもっぱら弁護士の役目で、公正証書遺言はあくまで遺言の方式ですと説明するべきでしょう。

3　弁護士に遺言書作成を依頼する意味

　公正証書遺言は公証役場に相談して作ってもらえれば足りるはずだという相談者の考えは、遺言書は自分でも作成できるのだから大して難しい作業ではない、公証役場の公証人が遺言書案を考えてくれるのなら手間も省ける、公証人（お上）が作るので安全だという感覚によるものと思われます。

　しかし、公正証書遺言を作成する場合でも、公証人が遺言能力を確認するわけではないので遺言無効となる場合がありますし、[97]公証人は特別受益等の事情も確認しませんので、相続開始後に遺留分侵害額請求を受けるといったリスクは考慮されません。

　したがって、漠然と公正証書遺言なら安全だと考えるのは早計ですし、公証人自身が遺言書案を起案する立場でもないことを説明して、弁護士に遺言書作成を任せるよう勧めます。

4　遺言書作成費用

　弁護士を経由せずに公証役場に相談しようという相談者には、弁護士費用は高いはずだし、払いたくないという気持ちが隠れています。したがって、弁護士費用についての説明が必要です。

　(旧) 日本弁護士連合会報酬等基準（以下、「日弁連基準」という）によれば、弁護士の遺言書作成手数料は、定型のもので 10 万円から 20 万円の範囲内の額、非定型のものは経済的利益の額が 300 万円以下なら 20 万円、300 万円を超え 3,000 万円以下の場合は 1 ％＋17 万円、3,000 万円を超え 3 億円以下の場合は 0.3％＋38 万円、3

97）公証人に遺言能力を判断させる制度を創設すべきだとの意見もありますが、遺言能力の判断は難しく、公証人に拒否された者は遺言できないのかという問題があります。ただし、遺言能力や遺言者の意思を確認するため、弁護士や証人に席を外させて本人の意思確認を行うといった工夫をされている公証人もおられます。

億円を超える場合は 0.1％＋98 万円とされており、公正証書にする場合はこれに 3 万円を加算するとされています。具体的にいえば、4,000 万円の遺産に関する遺言書を弁護士に依頼して公正証書で作成する場合の弁護士手数料は、定型なら 13 万円から 23 万円、非定型なら 53 万円となります。

これに対して、同じ場合の公証人の手数料は、証書作成料 2 万 9,000 円に遺言手数料 1 万 1,000 円が加算され、4 万円が基準となり、相続人数、予備的遺言、遺贈などの要素によって若干加算されます。

そうすると、一般的には 30 万円から 60 万円程度の費用がかかりますから、相談者がその大半を占める弁護士手数料を倹約したいと思うのも理解できますが、10 年、20 年先のことを予測して間違いのない遺言を作成するために必要な費用であることを説明してください。

5　公正証書遺言作成の方法

公正証書遺言作成の手順は、以下のとおりです。

① 遺言者から相続関係者の構成、遺産の内容、遺言者の希望を聞き取って遺言書案を作成します。この時点で遺言者及び関係者の戸籍・住民票、不動産登記資料・固定資産評価証明書などを取り寄せ、預金通帳等によってその時点での遺産を確認します（現地を確認することもあります）。

② 遺言書案が固まれば、戸籍、不動産の全部事項証明書、固定資産評価証明書などとともに公証人に送って意見を求めます。登記手続に不安があれば司法書士にも照会します。

③ 公証人と日程調整をして、遺言者や証人とともに公証役場に出頭する日時を決めます（病院や施設に出張いただくこともあります）。公証人から意見が返ってくれば内容を検討し、遺言書案を練り直します。なお、遺産の額は公証人手数料の算定基礎となりますので、事前に公証人に知らせます。

④ 約束の日時に、遺言者、証人とともに公証役場に出頭します（印鑑証明書等の本人確認書類が必要です）。公証役場では公証人が本人確認のうえ、あらかじめ用意した公正証書遺言を読み聞かせ（口授）、間違いがないことを確認します。

⑤ 間違いがなければ、公正証書遺言の原本に遺言者と証人が署名捺印し、公証人から正本と謄本を受領します（民法 969 条）。そして、その場で公証人手数料を現金で支払わねばなりません。

なお、公正証書遺言の作成方法の詳細は、公証役場のホームページなどで確認してください。

三行要約

★　公証役場は相談を受けて遺言書案を作るところではなく、認証機関であることを理解してもらう。

★　公正証書遺言による場合でも、遺言書の作成には弁護士の知見が不可欠と理解していただく。

★　公正証書遺言の作成手順や作成費用は、淀みなく説明できるよう準備する。

相談例41　自筆証書遺言書保管制度

相談者（81歳男性）から、「自筆証書遺言を役所で保管してもらえる制度ができたと聞いたので利用してみたいが、どのようなメリット・デメリットがあるのか」と相談された。

対応のポイント

自筆証書遺言書保管制度は、令和2年（2020年）7月10日からスタートした制度で、自筆証書遺言の原本を法務局（遺言書保管所）で預かる方法です。費用が安価で、公証役場との打ち合わせや検認手続がいらないなどのメリットがありますが、公正証書遺言を選択したほうがよい場合もあります。

―――――――――――――――　解　説　―――――――――――――――

1　遺言書保管制度の概要

遺言書保管制度は、法務局における遺言書の保管等に関する法律によって創設されました。[98] 詳細な手続の説明は法務省や法務局のホームページに譲りますが、大まかにいえば、作成した自筆証書遺言を封入しないまま遺言書保管所（法務局）に持参し、本人に違いないことを証明し、手数料3,900円を払って、これを預ける制度です。

遺言者が亡くなった場合には、相続人らは法務局に対して遺言書の有無を照会し、その結果については遺言書保管事実証明書の交付を受け、さらに、遺言書が保管されていた場合には、その内容を確認できる遺言書情報証明書の交付を受けます。遺言による不動産の相続登記や預貯金の解約手続は、この遺言書情報証明書で行うこ

98）令和3年（2021年）6月5日付日本経済新聞夕刊によれば、令和2年7月から令和3年3月までの9か月間で16,655件の利用があったとされます。

とができます。

2　他の遺言方法との比較

遺言書保管制度を利用しない自筆証書遺言、利用した自筆証書遺言、そして公正証書遺言を比較すると、以下のとおりです。

	保管制度を利用しない自筆証書遺言	保管制度を利用した自筆証書遺言	公正証書遺言
遺言書作成者	遺言者のみ（自筆）	遺言者のみ（自筆）	公証人
証人の要否	不要	不要	2人必要
形式・内容の確認手続	なし	形式の確認はあり	形式・内容とも確認
遺言書作成費用 （弁護士費用を除く）	無料	手数料3,900円	公証人手数料（数万円）
遺言書の保管方法	遺言者が保管する	法務局（遺言書保管所）	公証役場
紛失・隠匿・偽造のリスク	ある	ない	ない
遺言書の発見	発見できない可能性がある	検索可能	検索可能
検認手続	必要	不要	不要
相続人・受遺者への通知	なし（検認の場合は別）	あり	なし

さて、保管所保管の自筆証書遺言と公正証書遺言を比べると、前者のほうが作成は簡単で費用も安くすみますが、遺言書保管所（の保管官）は自筆証書遺言の形式要件を確認するだけで、その内容の適否には立ち入りません。したがって、遺言の内容が複雑な場合や、相続人間に厳しい対立があり遺言無効などが予想されるような場合には公正証書遺言をお勧めします。

3　相続人等への通知

なお、特定財産承継遺言（民法1014条2項）によって相続登記の名義変更手続を行う場合、保管制度を利用しない自筆証書遺言では検認手続が必要で、相続人全員に検認の審判期日を知らせる通知が送られます。

また、保管制度を利用した自筆証書遺言でも、相続人、遺言書に記載されている受遺者、遺言執行者等（これらを合わせて「関係相続人等」といいます）に対する関係遺言書保管通知や、あらかじめ指定された関係相続人等の1名に対する死亡時の通知によって、相続人全員に遺言があることが明らかになります。

　これに対して、公正証書遺言で特定財産承継遺言を行い、かつ、遺言執行者を指定しなかった場合は、遺言執行者から相続人に対する遺言内容の通知（民法 1007 条 2 項）や財産目録の交付（民法 1011 条 1 項）の手続がないので、他の相続人が被相続人の死亡や遺言の存在を知らないうちに、受贈者たる相続人によって相続手続（不動産や預貯金の名義変更）が行われることがあります。

三行要約

★　自筆証書遺言書保管制度は、安価かつ簡便なので、それなりに利用価値がある。

★　ただし、遺言無効などの紛争が予想されるケースでは、やはり公正証書遺言のほうが無難。

★　今後、相続事案においては、公正証書遺言だけでなく、保管所で保管されている自筆証書遺言の検索まで必要になる。

相談例42　遺言書の内容

　相談者（80 歳女性）から、「夫（享年 84 歳）が急逝して 1 年経つので遺言書を書きたい。まず世話になった私の妹（75 歳）に 2,000 万円を遺贈し、長女（55 歳）には自宅を取得させ、次女（53 歳）と三女（50 歳）には残りの財産を半分ずつ相続させたい。ほかにも長男（48 歳）がいるが、長男は夫の相続のときに十分もらっているので何も相続させたくない。遺言書にはどう書けばいいのか」と相談された。

対応のポイント

　相談者の意向ははっきりしていますが、そのまま遺言書に反映させると問題が起きる可能性も高いので、アドバイスが必要です。遺言書の内容を考える際に注意すべき点は、①遺言の内容が一義的で内容を確定できること（確定性）、②相続人たちにとってそれなりに公平であること（公平性）、③その遺言の履行が担保されていること（履行の確保）の 3 点だと思います。以下のとおり、内容を整理しますが、短時間で相談者にすべてを説明することは不可能なので、工夫が必要になるでしょう。

━━━━━━━━解　説━━━━━━━━

1　遺言の確定性

(1)　明確性

　遺言書の記載内容が一義的でない場合には遺言者の意思を解釈する必要が生じますが、それ自体が紛争の種になるので、解釈の余地がないようはっきりと記載するべきです。自筆証書遺言では、なおさら注意が必要です。

　たとえば、「相続させる」は相続人に対する処分ですから、これを相続人以外の者に対して用いた場合には「遺贈する」と解釈すべきです。これに対して、相続人に対して「遺贈する」を用いた場合には、遺贈としての効果を期待する意図が見受けられなければ「相続させる」と解してよいでしょう。また、遺贈に関しては、それが包括遺贈なのか特定遺贈なのか判然としない場合もあります（相談例43参照）。さらに、遺言の各条項の関係が抵触・矛盾していたり、複数の読み方ができることがあるので、注意してください。

(2)　相続分の指定

　「相続分の指定」とは、遺言で共同相続人の相続分を指定することです（民法902条）。相談例では、「次女と三女に半分ずつ」というのがこれに当たります。

　しかし、相続分の指定は、どの遺産を誰に与えるかを決めていないので、相続財産は共有状態となり（民法898条）、改めて遺産分割が必要になります。したがって、相続人間ですんなり遺産分割が成立しない可能性があるなら相続分の指定はお勧めできません。この問題を回避するためには、後述の特定財産承継遺言か清算型遺言を用いることを勧めます。

　なお、割合的包括遺贈は、遺言で遺産の一部の割合を遺贈することですが（民法964条）、誰がどの遺産を取得するかが確定しないので、相続分の指定と同様の問題を生じます。

(3)　特定財産承継遺言

　「特定財産承継遺言」とは、遺産の分割の方法の指定として、遺産に属する特定の財産を共同相続人の一人又は数人に承継させる旨の遺言です（民法1014条2項。財産を特定した「相続させる遺言」と同じです）。相談例では、「長女に自宅を相続させる」というのがこれに当たります。この方法では、対象財産がその相続人に帰属することが確定するので、紛争を避けるために合理的です。

　もっとも、この場合でも、法定相続分を超える部分の取得を第三者に対抗するためには登記、登録その他の対抗要件を具備することが必要です（民法899条の2

第1項)。そして、遺言執行者がいる場合には、遺言執行者は、対抗要件を備えるために必要な行為をすることができます（民法1044条2項）。

(4) 清算型遺言

「清算型遺言」とは、遺産を売却換価して現金化し、それを分配する内容を含む遺言です。[99] 相談例のように「次女と三女に半分ずつ相続させる」としたのではなお遺産分割協議が必要ですが、現金化してその割合を分けるのなら問題は起きません。したがって、紛争を予防するために清算型遺言が多用されます。

ただし、清算型遺言を用いる場合には、誰が売却換価等の手続を行うのかという問題があり、その手続を確実なものにするため、第三者の遺言執行者を指定しておくべきです。また、譲渡所得に対する課税についても気をつける必要があります。

(5) 一部遺言

「一部遺言」とは、遺産の一部の処分のみを定めた遺言のことです。包括条項（その余の遺産は長女が取得するとか、本書に定めていない遺産が判明した場合には長女に相続させるといった条項）が欠けている遺言も、一部遺言になってしまう可能性があります。

自筆証書遺言では一部遺言が多く、遺言で処分を決めていない遺産については、改めて遺産分割協議が必要になります。全遺産を網羅した遺産目録を作成し、誰がどれを取得するのか決めればいいように思えますが、遺産を網羅するのは現実的ではありません。したがって、重要な遺産については特定財産承継遺言で確定させ、残りの遺産は包括条項で処分方法を決めておくべきです。

(6) 予備的遺言

「予備的遺言」とは、将来、遺言の前提条件が変化した場合（多くは受遺者の先死亡）[100] の遺産の処分方法を決めておく遺言のことです（公証人により、補充遺言と記載

---

99) 講学上、「清算型遺贈」という言葉がよく用いられますが、遺言者が「A不動産を売却処分してその代金から経費を控除した残額を次女と三女に半分ずつ相続させる」といった内容を含む遺言を作成することはよくありますので、本書では、受遺者が相続人であるかどうかを問わず、このような内容を含む遺言を「清算型遺言」と呼ばせていただきます。

100)「受遺者」とは、遺言によって遺産を受け取る者のことです。したがって、遺贈を受ける者（民法986条）のほか、特定財産承継遺言により財産を承継又は相続分の指定を受けた相続人を含みます（民法1046条1項）。これに対して「受贈者」とは、生前贈与、死因贈与によって贈与を受けた者のことです（民法552条、554条）。混同しやすいので注意してください。

されることもあります）。

　仮に、特定財産承継遺言を利用しても、受遺者が遺言者より先に死亡した場合には、その遺産は宙に浮き（遺贈に関して民法 994 条 1 項）、原則に戻って遺産分割協議が必要になります（このような場合を「逆転相続」と呼んでいます）。したがって、受遺者が先死亡した場合に、その遺産をどのように処分するかを決めておく必要があります。

　ちなみに、相談例では、相談者（80 歳）の平均余命は 12.01 年、妹（75 歳）の平均余命は 15.97 年、長女（55 歳）が 33.79 年、次女（53 歳）が 35.66 年、三女（50歳）が 38.49 年、長男（44 歳）が 34.74 歳です。そうすると、妹が遺言者より先死亡する確率は無視できませんし、そうでなくても、妹が遠慮して遺贈を放棄すれば（民法 986 条）、遺贈対象の 2,000 万円については、改めて遺産分割協議が必要になります。したがって、少なくとも、妹への遺贈については「妹の先死亡又は遺贈放棄の場合」の処分を予備的に決めておくべきです。また、長女、次女、三女に対する相続についても、それらの子が先死亡していた場合の遺産の処分を決めておいたほうがよいでしょう。

(7)　条件付遺言

　遺産の処分に停止条件又は解除条件をつけた遺言もあります。予備的遺言とほぼ同じですが、公正証書遺言では予備的遺言との表題をつけないようなので、ここでは区別して、「条件付遺言」と呼んでおきます。

　たとえば、「受贈者の結婚を条件として不動産を遺贈する」といった条項です。このような条件があると、相続開始時（遺言発効時、民法 985 条 1 項）までに条件が成就していれば無条件となりますが、相続開始時に成就・不成就が確定しなければ、混乱の原因になります。というのも相続開始後にその条件が成就する場合も、その条項が有効になるからです（同条 2 項）。したがって、「相続開始時において結婚していれば」とか、「相続開始後 1 年以内に結婚すれば」というように、条件を明確にするべきです（遺言の明確性）。

　なお、「弟の面倒をみるのなら不動産を遺贈する」という内容だったとすると、条件なのか負担付遺贈（民法 1002 条）なのか遺言の解釈が問題となります。

(8)　相続債務の承継

　さて、相続債務は法定相続分に応じて相続人が承継しますが、遺言者は、遺言により、特定の相続人にその債務を承継させることができます（相続分の指定）。不動産売買の借入金債務や賃貸物件の敷金返還債務などはその不動産と密接に関[101]

連しますから、それを相続する者に承継させるべきですし、遺言にはそれを必ず記載しておくべきです。

　これに対して、相続債権者は、各共同相続人に対して、相続分の指定にかかわらず、法定相続分に応じて権利を行使することができますが、他方で、共同相続人の一人に対して相続分の指定（指定相続分）を承認したときは、指定相続分に従った権利しか行使できません（民法902条の2、平成30年改正）。したがって、この承認があれば、他の共同相続人は、免責的債務引受と同じ効果を受けられます。

　なお、被相続人の医療費・施設利用料・介護費用等といった相続債務は、少額かもしれませんが、遺言で相続財産から負担すると確定したほうがよいでしょう。なお、葬儀費用も、厳密には相続債務ではありませんが、遺言で相続財産から支出すると定めておくことを勧めます。

2　遺言の公平性

(1)　遺留分への配慮

　まず、相談者から推定相続人その他の者に対する生前贈与の内容を確認し、将来、遺留分侵害額請求権を行使される可能性を検討します。ここで、注意しておきたいのは次の3点です。

　第一に、相談者は、すでに生前贈与した財産には関心がなく、積極的に生前贈与の事実を告げてくれるわけではありません。そこで、こちらから積極的に生前贈与を確認してください。なお、特別受益でも父からの贈与と母からの贈与があり、どちらからの贈与になるのかの確認は不可欠です。

　第二に、相談者から生前贈与の事実を確認したら、それを現有の相続財産にあてはめて、遺留分侵害額請求権行使の可能性を確認してください。

　第三に、しかし、それは現時点での試算にすぎません。相続開始までに相続財産は変動するはずですから、相続開始時点における遺産も予想して計算してみてください。

(2)　一次相続の修正

　相談例では、1年前に亡くなった夫の遺産分割の内容が不明です。仮に亡夫の

---

101) 建物賃貸借契約において、当該建物の所有権移転に伴い賃貸人たる地位に承継があった場合には、旧賃貸人に差し入れられた敷金は、未払賃料債務があればこれに当然充当され、残額についてその権利義務が新賃貸人に承継されるというのが判例ですが（最判昭和44年7月17日民集23巻8号1610頁）、相続人同士では分割債務になる可能性がありますので、疑問を払拭しておく必要があります。

遺産分割の結果に問題があれば、相談者の相続（二次相続）では子らの利害が先鋭に対立しますので、一次相続の結果も加味して、遺言の内容を決めるべきです。

　ちなみに、相談者は、長男は一次相続で十分にもらっているので、二次相続では何も相続させないとの意向ですが、二次相続で長男の遺留分侵害額請求が否定される理由にはなりません。

(3)　寄与分への配慮

　相談例では不明ですが、相談者も子らの誰かに介護してもらうことになるかもしれませんし、その場合には寄与分が問題になることもあります。

　寄与分とは、「共同相続人中に、被相続人の事業に関する労務の提供又は財産上の給付、被相続人の療養看護その他の方法により被相続人の財産の維持又は増加について特別の寄与をした者」がいる場合において、遺産からその者の寄与分を差し引いたものを遺産分割の対象とし、寄与者には寄与分を加えてその者の相続分とする制度ですが（民法904条の21項）、「特別の寄与」や「財産の維持又は増加」の要件が厳しく、特に親族には扶助義務がありますので（民法730条）、主張しても1割程度しか認められないと覚悟しなければなりません。

　しかし、たとえば在宅介護を選択した場合には、自ら無給のホームヘルパーとして24時間、入浴、排せつ、食事、洗濯、買物、ゴミ出し等の世話をしなければならず（デイサービス、デイケア、ショートステイ等を活用しても介護者が完全に解放されるわけではありません）、かえって介護者のほうが疲弊することは先述のとおりです。

　もし、こうした介護者がいるなら、遺言でそれなりの傾斜をつけるのは当然だと思います。

(4)　付言事項

　インターネットや講演会では、「相続紛争を回避するため、公正証書遺言の付言事項で遺言者の心情を綴り、残された家族に感謝の気持ちを伝えましょう」と勧められているようです。しかし、たとえば付言事項で長女にだけ感謝すれば次女が旋毛を曲げます。次女に感謝すれば三女が僻むかもしれません。

　成長につれて様々な事情があったにせよ、子が親の愛情を求めるのは本能です。その親が最後の言葉で自分を非難し、あるいは他の子に対してだけ感謝の言葉を残せば、感謝されなかった子の気持ちには出口がなくなります。そして、文句を言いたい親は鬼界ですから、現世にいる兄弟姉妹に恨みをぶつけるしかありません。

したがって、付言事項に書くなら「生まれてきてくれてありがとう」くらいにとどめておくべきでしょう。

3　履行の確保

遺言の内容を確実に履行させるには、第三者の遺言執行者を指定するべきです。なお、相談例では妹への遺贈がありますが、4人の子が協力するとは期待できませんので、遺言執行者は不可欠でしょう。また、清算型遺言にする場合も同様です。

4　相談者への対応

主に遺言の確定性について整理しましたが、あまりに説明することが多く、「どう書けばいいか」と相談されても30分程度の相談時間で処方箋を差し上げることは不可能です。したがって、法律相談では問題の指摘にとどめ、事務所に来ていただいて説明する（遺言書作成として引き受ける）しかありません。

実はそれこそがいちばん難しいのですが、理路整然と要点を説明しながら、笑顔を絶やさず、信頼関係を築くしかないでしょう。

三行要約

★　遺言の内容に関しては、確定性、公平性、履行の担保の観点からチェックする。

★　特定財産承継遺言、清算型遺言、予備的遺言、相続債務などについて、特に注意を要する。

★　短時間で遺言内容を検討するのは不可能なので、信頼関係を作って継続相談を勧める。

相談例43　遺贈に関する相談

相談者（85歳女性）から、「私には一人息子（56歳）がいるが、嫁の言いなりで私の言うことをきかない。私が亡くなったときには自宅だけは息子に継がせるとしても、それ以外の財産は、世話になった姪（62歳）に残したい。どのような遺言書を作ればいいだろうか」と相談された。

対応のポイント

息子は相談者の相続人ですが、姪は相続人ではありません。したがって、姪に対する遺産の承継は遺贈によりますが、遺贈の方法については多くの問題があります。遺贈に関する知識を整理しながら、相談者の意向にかなう遺言の案を考えてください。

――――――――――――――――――= 解　説 =

1　包括遺贈と特定遺贈の効果の違い

遺贈とは、遺言で相続人又は第三者に遺産の全部又は一部を処分することで（民法964条）、遺産全体の全部（全部包括遺贈）又は一定の割合（割合的包括遺贈）を遺贈する包括遺贈と、特定の財産を遺贈する特定遺贈があります。

そして、包括遺贈の受遺者（包括受遺者）は相続人と同一の権利義務を有しますが（民法990条）、特定遺贈の受遺者（特定受遺者）はそうではありません。そこで、包括遺贈か特定遺贈かにより、大きな違いが生じます。

第一に、特定遺贈では受遺者は特定の遺産を取得するだけで原則として相続債務を承継しませんが、[102]包括遺贈では受遺者は相続人と同じ立場に立つので相続債務を承継します。したがって、包括受遺者は、遺贈を受ける財産と承継する債務を比較したうえで、遺贈を受けるのか否かを判断しなければなりません。

第二に、特定遺贈と包括遺贈では、放棄の方法が異なります。すなわち、民法986条1項は「受遺者は、遺言者の死亡後、いつでも、遺贈の放棄をすることができる」としていますので、特定受遺者の遺贈の放棄はこの規定によりますが、包括受遺者は相続人と同視されるため、通常の相続放棄と同じく（包括遺贈があったことを知った日から）3か月の期間内に家庭裁判所に放棄の申述をしなければならず（民法990条、915条1項）、民法986条1項の規定は適用されません。さらに、包括受遺者が相続人でもある場合には、遺贈の放棄と相続の放棄の両方を行わなければ相続債務から完全に逃れることができません。

第三に、特定遺贈では、相続開始と同時に、その遺産が受遺者に帰属することになりますが、割合的包括遺贈では、相続分の指定を受けた場合と同じく、どの遺産を取得するかは決まっていませんので、他の共同相続人との間で遺産分割協議することになります。

2　遺言の工夫

こうしてみると、遺贈を受ける側（受遺者）の立場としては、包括遺贈より特定遺贈してもらったほうが面倒は少なく、ありがたいことになります。したがって、

---

[102]　相続人に対して特定遺贈し、その相続人が相続開始後に相続放棄すれば、その相続人は、債務を引き継がずに特定財産を取得できそうにみえますが、債務超過の場合は相続債務の弁済を優先すべきですので（限定承認に関する民法931条、相続人不存在に関する民法957条2項）、否認、取消、信義則によって効果を否定されたり、損害賠償請求される可能性があります。

遺言を考えるについても、できるだけ、特定遺贈の方法を選択するべきでしょう。ところが、遺言の書き方によっては、それが割合的包括遺贈か特定遺贈か明らかでない場合があります。

　たとえば相談例で、「自宅は息子に相続させ、その余の財産すべてを姪に遺贈する」との遺言を作成すれば、具体的事情によりますが、特定財産を除いた財産の全部又は一部を遺贈する包括遺贈になる可能性があります。[103] また、「自宅は息子に相続させ、その余の財産はすべて換価のうえ債務と必要経費を控除した残額を姪に遺贈する」（清算型遺贈）といった遺言も同様です。

　したがって、相談者が包括遺贈の効果を望まず、特定遺贈の意向なのであれば、大雑把な条項を避け、遺贈する財産（不動産・預貯金等）をひとつひとつ特定して列挙するべきです。

3　その他の注意

(1)　遺言執行者の指定

　遺贈では相続人たる遺贈義務者から受贈者に対する権利移転行為が必要になりますが、相続人の協力を得られない可能性があるため、遺言執行者を指定するべきだとされます。

　なるほど特定遺贈の場合はそのとおりですし、全部包括遺贈の場合も遺言執行者の指定は有益ですが、割合的包括遺贈では遺産分割を経ないと具体的な遺贈の内容が定まらないので、遺言執行者を指定しても、直ちに問題が解決できるわけではありません。その意味でも、遺言書作成においては、遺言執行者指定を併用した特定遺贈が合理的だと思います。

(2)　予備的遺言

　受遺者が遺言者の相続開始前に先死亡した場合には、遺贈の効力はなくなります（民法994条1項）。したがって、相談者が、その場合には姪の相続人や別の受遺者に遺贈したいというのであれば、その旨、予備的遺言として残す必要があります。

　なお、受遺者が遺贈を放棄した場合、受遺者が受けるべきであったものは相続人に帰属しますので（民法995条本文）、これに備えて別段の意思表示（予備的遺言）

103）東京地判平成10年6月26日判時1668号49頁（課税処分取消請求事件）。結局は遺言解釈の問題と思われますが、この判決は、消極財産を包括して承継させる趣旨の遺言であると判断しました。

をしておくべきかもしれません（同条但書）。

(3)　遺留分の侵害

　遺贈が遺留分を侵害していれば、包括受遺者・特定受遺者ともに遺留分侵害額請求を受ける可能性があります（民法1046条1項）。

　したがって、受遺者に遺留分侵害額請求される面倒をかけたくないなら、遺言は、遺留分権利者の遺留分を侵害しない内容にとどめるべきですし、もしもの場合の遺留分侵害額請求にすみやかに対応できるよう、遺産を処分して金銭で遺贈する内容の清算型遺贈にしておくことが望ましいでしょう。

(4)　弁護士の関与

　相談例のように、たとえ遺言者の意思が明らかでも、遺言の書き方次第で包括遺贈になったり、特定遺贈になったりして、受遺者に思いもかけない迷惑をかけることがあります（だからこそ、自筆証書遺言には警戒が必要なのですが）。したがって、相談者が遺贈を希望される場合には、弁護士に遺言書の作成を任せていただくべきでしょう。

三行要約

★　包括遺贈は相続債務を引き継ぐうえ放棄手続も煩瑣なので、受遺者のためにならない。

★　割合的包括遺贈だと遺産分割が必要になり、受遺者を紛争に巻き込むことがある。

★　遺贈なら特定遺贈とし、遺言執行者を指定し、問題を先送りしない遺言書案を作成する。

相談例44　特定財産承継遺言と配偶者の居住権

　相談者（82歳男性）から、「10年前に再婚した妻（74歳）と自宅で暮らしている。自宅は先祖代々受け継いできたので、やがては前妻との間にできた長男（50歳）に受け継がせたい。ただ、妻も、ほかに行くあてがない。どうすればいいだろうか」と相談を受けた。

対応のポイント

　相続人が後妻と前妻の子というのは、相続紛争のリスクの高い組み合わせです（相談例35参照）。この例では、先祖代々の自宅をどちらに承継させるのかの問題です。相談者は、板挟みになっていますので、選択肢を提供して判断を

促してください。

═════════════════ 解　説 ═════════════════

1　特定財産承継遺言

　自宅の所有権を長男に相続させると決断しているのなら、相続開始時にもめない
よう「長男に自宅を相続させる」という内容の遺言書を作成するよう勧めます（特
定財産承継遺言）。

　「特定財産承継遺言」とは、遺産の分割の方法の指定として、遺産に属する特定
の財産を共同相続人の一人又は数人に承継させる旨の遺言のことで、これまでの
「相続させる遺言」に相当するものです（民法 1014 条 2 項）。

　平成 30 年改正前は、相続させる遺言の効果として相続開始時にその財産の所有
権が移転するとされていましたが、改正後の特定財産承継遺言では、法定相続分を
超える部分については対抗問題となり、登記が必要です。したがって、所有権移転
登記を確実に行うために遺言執行者を指定するよう勧めます。

　しかし、長男に自宅を相続させると、妻は自宅に住み続けることができなくなる
かもしれません。そこで、次のような方法を検討します。

2　配偶者居住権

　平成 30 年の相続法改正により、相続開始時に配偶者が被相続人の所有建物に居
住していた場合、遺産分割・遺贈・審判によって終身又は一定期間、配偶者にその
建物の無償での使用収益権を認めることができることになりました（配偶者居住権、
民法 1028 条乃至 1036 条）。

　そこで、相談者の死後も妻を自宅に住まわせたい場合には、「長男に自宅を相続
させる」という特定承継遺言とともに、遺言に「妻に対し、その終身の間、自宅の
居住権を遺贈する」という条項を設け、配偶者居住権を設定するよう勧めます（民
法 1028 条 1 項 2 号）。なお、この場合の注意点は以下のとおりです。

　まず、配偶者居住権は「遺贈」による必要があり、「配偶者居住権を相続させる」
と記載すると無効となります。遺贈に限られたのは、配偶者が望まない場合がある
と考えられたからです[104]。また、配偶者居住権の終期についても記載する必要があり

---

[104]　一般に、特定財産承継遺言によって配偶者居住権を取得することはできないと解されてい
　　ますが、それは、配偶者が配偶者居住権の取得を望まない場合に相続放棄するしかないとい
　　う効果の発生を否定する趣旨にすぎませんので、片方で長男に特定承継遺言で不動産を与え、
　　一方で、遺贈によって、同一不動産の配偶者居住権を遺贈することは可能です。

ます。

　配偶者居住権が遺贈されると、自宅の所有権は長男に帰属するので長男が固定資産税等を負担しますが、配偶者居住権は無償で行使できます。ただし、配偶者居住権が設定された「土地・建物」の相続税は、配偶者居住権の存続期間などを勘案して長男と妻が分担することになります（詳しくは税務署又は税理士に確認してください）。

　以上と同じことは負担付遺贈（民法1002条、1027条）でも可能ですが、負担付遺贈は受贈者の義務であるのに対し、配偶者居住権は配偶者の権利として構成される点に違いがあります。

3　配偶者短期居住権

　また、平成30年の相続法改正により、相続開始時に被相続人所有建物に無償で居住していた配偶者は、遺産分割により建物の帰属が確定するまでの間又は相続開始時から6か月の遅いほうまで無償で建物を使用できることになりました（配偶者短期居住権、民法1037条乃至1041条）。

　したがって、遺言がない等の事情で遺産分割が必要になっても、妻は、相続開始から6か月間又は遺産分割成立までの長いほうの期間は無償で居住できることになり、上述のように、遺産分割や審判で配偶者居住権を設定できる可能性もあります。

4　後継ぎ遺贈型受益者連続信託

　一方、自宅を妻に相続させて妻が死亡すると、長男は（縁組をしていなければ）妻の相続人になりませんから、自宅は妻の相続人の手に渡ります。そこで、妻が死亡した場合に自動的に長男が自宅を取得する方法として、後継ぎ遺贈型受益者連続信託の利用が考えられます（相談例19参照）。

　その場合には、たとえば、相談者を委託者兼受益者、長男を受託者として信託契約を行い、相談者が死亡した場合には受益者を妻に変更し、次いで妻が亡くなれば信託を終了させるといった構成になりそうですが、講学上は、信託銀行が金融資産の受託者になる場合についてのみ論じられており、不動産を対象とする場合については明確な文献がありません。また、後継ぎ遺贈型受益者連続信託の期限は30年であること（信託法91条）、相続税は変わらないこと、遺留分侵害に注意することなどの短所も説かれていますが、難解であることに違いありません。そうすると、相談例の場合には、後継ぎ遺贈型受益者連続信託を考えるよりも、配偶者居住権の遺贈を選択するほうが合理的でしょう。

　もっとも、配偶者居住権は相続開始時に配偶者が被相続人の所有建物に居住していた場合に限られます。そうすると、たとえば、相談者が、自分の死後は遺産とな

る賃貸アパートの収益を配偶者に与えたいが、配偶者の死亡後はそれを長男に取得させたいと考えた場合には使えません。したがって、後継ぎ遺贈型受益者連続信託はこのような場合に利用される可能性があると思います。

─**三行要約**─

★　特定財産承継遺言では法定相続分を超える部分は対抗要件を備える必要がある。

★　相続開始後も配偶者を自宅に住まわせるためには、配偶者居住権を遺贈するのが第一選択となる。

★　後継ぎ遺贈型受益者連続信託は、自宅以外の収益物件等に適している。

【参考】平成 30 年相続法等改正の要点
　　平成 30 年相続法等の改正についての要点は、以下のとおりです。

平成 30 年相続法等改正の要点

1　配偶者の居住権を保護するための方策について
　　配偶者の居住権保護のための方策は、遺産分割が終了するまでの間といった比較的短期間に限りこれを保護する方策（配偶者短期居住権）と配偶者がある程度長期間その居住建物を使用することができるようにするための方策（配偶者居住権）とに分かれています。

（1）配偶者短期居住権〔令和 2 年（2020 年）4 月 1 日施行〕
　　ア　居住建物について配偶者を含む共同相続人間で遺産の分割をすべき場合
　　　　配偶者は、相続開始の時に被相続人所有の建物に無償で居住していた場合には、遺産分割によりその建物の帰属が確定するまでの間又は相続開始の時から 6 か月を経過する日のいずれか遅い日までの間、引き続き無償でその建物を使用することができる（民法 1037 条 1 項 1 号）。
　　イ　遺贈などにより配偶者以外の第三者が居住建物の所有権を取得した場合や配偶者が相続放棄をした場合などア以外の場合
　　　　配偶者が相続開始の時に被相続人所有の建物に無償で居住していた場合には、居住建物の所有権を取得した者は、いつでも配偶者に対し配偶者短期居住権の消滅の申入れをすることができるが、配偶者はその申入

れを受けた日から6か月を経過するまでの間、引き続き無償でその建物を使用することができる（民法1037条1項2号）。

(2) 配偶者居住権〔令和2年（2020年）4月1日施行〕

　配偶者が相続開始時に居住していた被相続人の所有建物を対象として、終身又は一定期間、配偶者にその使用又は収益を認めることを内容とする法定の権利を新設し、遺産分割における選択肢の一つとして、配偶者に配偶者居住権を取得させることができることとするほか、被相続人が遺贈等によって配偶者に配偶者居住権を取得させることができる（民法1028条）。

2　遺産分割に関する見直し等

(1) 配偶者のための持戻し免除の意思表示の推定〔令和元年（2019年）7月1日施行〕

　婚姻期間が20年以上である夫婦の一方配偶者が、他方配偶者に対し、その居住用建物又はその敷地（居住用不動産）を遺贈又は贈与した場合については、持戻しの免除の意思表示があったものと推定し（民法903条4項）、遺産分割においては、原則として当該居住用不動産の持戻し計算を不要とする（当該居住用不動産の価額を特別受益として扱わずに計算をすることができる）。

(2) 遺産分割前の払戻し制度の創設等〔令和元年（2019年）7月1日施行〕

　ア　家庭裁判所の判断を経ない預貯金の払戻し

　　各共同相続人は、遺産に属する預貯金債権のうち、口座ごとに以下の計算式で求められる額（ただし、同一の金融機関に対する権利行使は法務省令で定める額（150万円）を限度とする）までについて、他の共同相続人の同意がなくても単独で払戻しをすることができる（民法909条の2）。

　　（計算式）単独で払戻しをすることができる額

　　　＝（相続開始時の預貯金債権の額）×1/3×（払戻しを求める共同相続人の法定相続分）

　イ　家事事件手続法の保全処分の要件緩和

　　預貯金債権の仮分割の仮処分については、家事事件手続法200条2項の要件（事件の関係人に急迫の危険防止の必要があること）を緩和し、家庭裁判所は、遺産の分割の審判又は調停の申立てがあった場合において、相続財産に属する債務の弁済、相続人の生活費の支弁その他の事情により遺産に属する預貯金債権を行使する必要があると認めるときは、他の共同相続人の利益を害しない限り、申立てにより、遺産に属する特定の預

貯金債権の全部又は一部を仮に取得させることができるとした（家事事件手続法200条3項）。

(3)　遺産の分割前に遺産に属する財産が処分された場合の遺産の範囲〔令和元年（2019年）7月1日施行〕

遺産の分割前に遺産に属する財産が処分された場合でも、共同相続人全員の同意により、当該処分された財産を遺産分割の対象に含めることができる。なお、共同相続人の一人又は数人が遺産の分割前に遺産に属する財産の処分をした場合には、その共同相続人については同意を得ることを要しない（民法906条の2第1項、2項）。

3　遺言制度に関する見直し

(1)　自筆証書遺言の方式緩和〔平成31年（2019年）1月13日施行〕

全文自書を要求する現行の自筆証書遺言の方式を緩和し、自筆証書遺言に添付する財産目録については自書を要しないとした。ただし、財産目録の各頁に署名押印することを要する（民法968条2項）。

(2)　遺言執行者の権限の明確化等〔令和元年（2019年）7月1日施行〕

ア　遺言執行者の一般的な権限として、遺言執行者がその権限内において遺言執行者であることを示してした行為は相続人に対し直接にその効力を生ずるとした（民法1015条）。また、相続人の代理人とみなすとの旧1015条は削除された。

イ　特定遺贈又は特定財産承継遺言の場合における遺言執行者の権限等を明確化した（民法1014条2項、3項）。

4　遺留分制度に関する見直し〔令和元年（2019年）7月1日施行〕

遺留分減殺請求権の行使によって当然に物権的な効果が生じるとされていた旧法を見直し、遺留分に関する権利の行使によって遺留分侵害額に相当する金銭債権（遺留分侵害額請求権）を認めた（民法1046条）。なお、遺留分権利者から金銭請求を受けた受遺者又は受贈者が金銭を直ちに準備できない場合、受遺者等は、裁判所に対し、金銭債務の全部又は一部の支払いにつき期限の許与を求めることができる（民法1047条5項）。

5　相続の効力等に関する見直し〔令和元年（2019年）7月1日施行〕

特定財産承継遺言等により承継された財産については、登記等の対抗要件なくして第三者に対抗することができるとされていた旧法の規律を見直し、法定相続分を超える部分の承継については登記等の対抗要件を備えなければ

第三者に対抗することができないとされた（民法899条の2）。

6　相続人以外の者の貢献を考慮するための方策〔令和元年（2019年）7月1日施行〕

相続人以外の被相続人の親族が無償で被相続人の療養看護等を行った場合、一定の条件を満たせば、相続人に対する特別寄与料の請求権を認めた（民法1050条）。

7　自筆証書遺言書保管制度〔令和2年（2020年）7月10日施行〕

自筆証書遺言書保管所で、自筆証書遺言を預かり、検認手続を不要とする制度（法務局における遺言書の保管等に関する法律11条）。

相談例45　遺言信託

相談者（66歳男性）から、「付き合いのある都市銀行から遺言信託とやらを勧められている。今ひとつ理解できないのだが、どのような点に気をつければいいか」と相談を受けた。どう回答すべきか。

対応のポイント

「遺言信託」とは、遺言・相続に関するコンサルティング、遺言書の作成と保管、相続財産の調査や名義変更を内容とする遺言執行を組み合わせた信託銀行や銀行のサービス（商品）の名称です。信用のある金融機関に後事を託すという意味で安心感がありますが、法律上の信託ではありませんし、金融機関でなければできないサービスでもありません。

──────── 解　説 ────────

1　遺言信託の背景

平成6年（1994年）頃から、信託銀行は、遺言・相続に関するコンサルティング、遺言書の作成と保管、相続財産の調査や遺言執行などの業務に参入し、これを「遺言信託[105]」と称して大々的に宣伝し始めました。もともとは遺言を契機に富裕層高齢者にアプローチして信託商品を販売する狙いだったと思われますが、今では都市銀

105）当時、「遺言信託」という法令上の用語はなく、遺言信託とは遺言と信託銀行の親和性を強調するための造語でした。その後、信託法改正によって「遺言信託」（信託法3条2号）が定められましたが、これは信託の方法の一つなので、ここでいう遺言信託とは似て非なるものです。

行、地方銀行なども遺言信託と称して同様の商品を提供しています。委託者・受託者・受益者は遺言信託の要素ではなく、信託行為も存在しませんから、法律上の信託ではありません。

　なお、金融機関は、遺言信託の内容のうち遺言がない場合の相続関連業務を「遺産整理」と呼んでいますが、これについては後述します（相談例54）。

2　遺言信託の内容

　遺言信託業務の内容は、おおむね以下のとおりです。

　まず、金融機関は、特に富裕層高齢者の生活や資産の状況を聴取して、相続紛争予防、相続税対策、事業承継、融資、資産活用など遺言・相続に関するあらゆるコンサルティングをしています。遺言信託を始めてすでに20年以上が経過していますから、特に大手の金融機関は、このコンサルティングについては膨大なノウハウを蓄積しているはずです。

　つぎに、金融機関は遺言書作成についても多くの経験を持っています。また、遺言書の保管も遺言信託の内容であり、信託を取り扱う金融機関によって構成される一般社団法人信託協会（以下、「信託協会」という）の統計によれば、令和3年（2021年）3月末で159,719通の遺言を保管しているそうです。もっとも、公正証書遺言は全国約300か所の公証役場で検索できますし、自筆証書遺言も遺言書保管制度を利用すれば紛失や偽造のおそれはありませんから、今日では、銀行の大金庫で遺言書を保管していただく必要はありません。

　さらに、金融機関が遺言書を作成するときには遺言執行者の指名を受け、相続開始後には遺言執行者として活動します。相続開始後の処理については、相続人は自分で法定相続人や遺産を調査できますし、不動産・預貯金・株式・投資信託等の名義変更や換価手続についても同様です。

3　遺言信託の問題点

　ここで、遺言信託の問題点を指摘しておきます。

　第一に、平成6年（1994年）3月、信託協会と日本弁護士連合会は、紛争性のある相続事案に関しては金融機関が遺言執行者にならない旨の合意が成立しました。したがって、金融機関は、遺言信託として遺言書を作成しても、相続開始後に一部相続人から遺言無効を主張されたり、不満があるなどの申告を受ければ、直ちに遺言執行者を辞退又は辞任します。その場合、相続人や受贈者は、改めて家庭裁判所に遺言執行者の選任を申し立てることになりますから、紛争が予想される案件に遺言信託は不向きです。

　第二に、金融機関は、遺言信託と抱き合わせで、資産に応じた投資信託などを勧誘するはずですが、それが不要なら、はっきりお断りするべきでしょう。ちなみに、弁護士が遺言書を作成する場合なら、特に問題にならない限り、現有資産の詳細を伺わないこともあります。[106]

　第三に、金融機関が作成する遺言書の内容はそつのないものになりますが、逆にいえば、金融機関にとって安全確実な内容にとどまる傾向が強いと感じます。たとえば、処理に困難を伴う海外資産や農地・山林などは遺言執行者の義務から外している例もありましたが、それでは相続人が困ることになりかねません。

　第四に、金融機関は合併を繰り返し（30年前に13行あった都市銀行は4行に減りました）、有人店舗（支店）も半減し、支店窓口で相談しようとすればインターネット予約しなければならない時代ですから、相続開始後のサービスの点についての疑問が残ります。[107]また、戸籍謄本等の収集作業は相続人任せですし、相続人間に多少の誤解や感情のもつれがあっても、一切介入しません。これが弁護士であれば職務上請求で戸籍等を収集できますし、遺言者の家族とも顔なじみであれば、多少のフォローやきめ細かな対応ができるはずです。

4　弁護士が遺言書を作成する場合との比較

　以上からすると、特殊なノウハウを要する事業承継や資産活用などは別として、それ以外の遺言信託の業務は弁護士でも十分担当することができ、特に内容の複雑な遺言を作成するときや、将来的に紛争が予想される案件には、弁護士が適しています。かつて年配の弁護士から「遺言は銀行業務でしょ」といわれてあきれたことがありましたが、相談者と真摯に向き合い、準備と工夫を凝らせば、遺言は弁護士業務として難しいものではありません。ただし、以下の点に注意してください。

　まず、大組織の金融機関と個人事業者の弁護士を比較すれば、情報量に圧倒的な彼我の差があります。したがって、弁護士も、常に遺言・相続に関する知識をアッ

---

106)　金融機関は金融商品販売の目的で遺言者の財産すべてを掌握したがりますが、弁護士が気にするのは遺留分侵害の有無ですから、相続開始時の遺産には興味があるものの、遺言書作成時点での財産にはさほど興味がありません。したがって、遺言者の意向に沿って融通無碍な対応をします。なお、公正証書遺言作成においては、公証人手数料を決めるため公証人に遺言者の財産を伝える必要がありますが、概算でも特に問題はありません。

107)　平成元年（1989年）から平成30年（2018年）の間に都市銀行の有人店舗数は3,412から1,772に半減しました。信託銀行の店舗数が少ないのはいうまでもありません（「平成の30年間における銀行業の国内店舗数の変遷」杉山敏啓）。

プデートしておくべきであり、日常的な準備は欠かせません。

つぎに、弁護士の多くは個人事業者なので、かつては、「弁護士に遺言を頼んでも、弁護士が執務できなくなったり死亡したりすれば相続が暗礁に乗り上げますよ」と揶揄されていました。そこで、遺言執行者の指定を受ける際には、予備的な遺言執行者を指定することで対応すべきです。

また、相続が開始すると、金融機関は、相続人による預金解約等の手続によって、居ながらにして相続開始の事実を知ることができますが、弁護士の場合はそうはいきません。したがって、弁護士が遺言書を作成した場合も、相談者やその家族と密に連絡を取って万一の場合にはすぐに駆けつけられるようにしておく必要があるでしょう。

最後に、これが本書の目的でもありますが、法律知識のみならず、相続税や介護など周辺知識も仕入れて、裾野を広げておく必要があります。そうでなければ、相談者の信頼を得ることはできません。

そうして、相談者に対しては、その事情に応じて遺言信託を利用されるか、弁護士に遺言書作成を頼むかを決めていただくことになると思います。

三行要約

★　遺言信託は信託銀行等金融機関の商品名で、法律上の信託ではない。

★　金融機関は、紛争性のある案件には、遺言信託として関与できない。

★　事業承継や資産活用など特殊なケース以外では、金融機関より弁護士のほうが遺言書作成に適している。

相談例46　遺言執行者

相談者（76歳男性）から、「遺言書を書くつもりだが、長男（38歳）は、遺言執行者は費用がかかるだけなので不要だといっている。それでも遺言執行者を置く意味があるのだろうか」と相談された。

対応のポイント

遺言者は遺言執行の費用（遺言執行者報酬）について、あまり気にしません。ある意味、どうせ自分の死後のことだからです。しかし、遺言執行者報酬によって取得財産が減る推定相続人は、「本当に遺言執行者が必要なのか」と気にされることがあります。したがって、相談例の質問は想定の範囲内です。

―――――――――――――　解　説　――――――――――――――

1　遺言執行者

遺言執行者は、遺言の内容を実現するため、相続財産の管理その他遺言の執行に必要な一切の行為をする権利義務を有します（民法 1012 条 1 項）。また、遺言執行者がある場合には、相続人は、相続財産の処分その他遺言の執行を妨げるべき行為をすることができず、これに反した相続人の行為は無効です（民法 1013 条 1 項、2 項本文）。この無効は善意の第三者には対抗できません（同条 2 項但書）。

また、遺言による子の認知（民法 781 条 2 項）や相続人の廃除（民法 893 条）については、遺言執行者の執行行為が必要不可欠です。これに対して、相続分の指定（民法 902 条 1 項）や遺産分割の禁止（民法 908 条）では、遺言の執行行為が存在しないため、遺言執行者は不要です。

2　遺言執行者の必要性

遺言で遺言執行者を指定するメリット（必要性）については、以下のように整理できます。

(1)　遺贈がある場合

遺言が遺贈を含む場合、遺贈義務者となる共同相続人全員が手続に協力してくれるなら遺言執行者がいなくても遺贈を実現できますが、共同相続人のうち一人でも協力してくれなければ遺贈を実現できません。そして、共同相続人が遺贈に反感を持つこともあるでしょうし、全員の協力を得るには手間もかかります（相談例 43 参照）。

そこで、遺言執行者を指定しておけば、共同相続人の意向に関係なく、遺言執行者による遺贈の履行を期待できます。なお、遺言執行者がある場合には、遺贈の履行は遺言執行者のみが行うことができるとされました（平成 30 年改正、民法 1012 条 2 項）。

(2)　特定財産承継遺言がある場合

遺産分割の方法の指定（民法 908 条）として遺産に属する特定の財産を共同相続人の一人又は数人に相続人に承継させる旨の遺言（特定財産承継遺言）の場合、相続開始と同時にその相続人にその財産の権利が移転しますから、その相続人は単独で名義変更等の手続をすることができます。

しかし、平成 30 年の相続法改正で、相続による権利の承継は、登記、登録その他の対抗要件を備えなければ法定相続分を超える部分の取得を第三者に対抗できないとされましたので（民法 899 条の 2 第 1 項）、その代わりに、遺言執行者が対

抗要件を備える行為を当然に行えることになりました（民法1014条2項）。

　そして、特定財産承継遺言によって財産を取得した相続人が対抗要件の具備を放置する可能性もありますので、遺言執行者を指定して、その遺言を確実に履行させるべきです。

⑶　清算型遺言がある場合

　遺言者が、遺産分割方法の指定として、「遺産たる不動産Ａを売却してその代金を相続人甲と相続人乙が2分の1ずつ取得する」といった条項を含む遺言をした場合（清算型遺言）、これを実現するためには、共同相続人全員の協力を得て不動産を売却しなければなりません（売却するのが株式・投資信託などの場合も同じです）。

　しかし、遺贈と同じく、共同相続人全員が快く協力してくれる保証はありません（売却代金の配分に不満を持つ相続人がいる場合はなおさらです）。そこで、遺言者は、遺言で遺言執行者を指定し、不動産Ａの売却と代金分配の権限を与えておくことによって、清算型遺言の実行を確実なものにすることができます。

⑷　預貯金の処分がある場合

　遺言者が「○○銀行の預金は解約して相続人甲及び乙に半分ずつ相続させる」といった内容を含む遺言を残した場合も、清算型遺言の場合と同じく、遺言執行者を指定する意味があります。

　つぎに、遺言者が「○○銀行の預金は相続人甲に与える」と遺言した場合は、特定財産承継遺言ですから、相続人甲が単独で預金の名義変更又は解約払戻しができるはずです。しかし、金融機関は、自筆証書遺言の検認調書や検認済証明書又は公正証書遺言を確認できても、それらの遺言より後に作成された（優先する）遺言が存在しないことまでは確認できません。そこで、金融機関は、その遺言に頼ることなく、相続人甲に対して、その預金の処分に関する法定相続人全員の同意を明らかにする書面（通常は「相続人代表者指定届」と呼ばれ、法定相続人全員の自署と実印での捺印、印鑑証明書の添付が必要です）を徴求し、そのような場合には、権利者（甲）以外の相続人の協力が必要になる可能性があります。

　これに対して、平成30年改正では、遺言執行者は「その預金又は貯金の払戻しの請求及びその預金又は貯金に係る契約の解約の申入れをすることができる」と明文化されましたので（民法1014条3項）、少なくとも、遺言執行者から払戻し等の請求を受けた金融機関は、これを拒むことができなくなりました。したがって、（金融機関の対応によりますが）預貯金の解約等に関しても、遺言執行者を指定

する意味があります。

(5)　遺言で遺言執行者を指定しなかった場合

　　なお、遺言執行者がないとき、又はなくなったときは、家庭裁判所は、利害関係人の請求によって遺言執行者を選任することができますが（民法1010条）、そのために相続手続がストップし、その間に、共同相続人が遺産を処分するといったリスクもあります。したがって、遺言で、確実に就任を承諾してくれる人を遺言執行者に指名するべきでしょう。

3　遺言執行者の適格性

　相談例のように、長男が遺言執行者の報酬を気にしているのなら、その長男を遺言執行者に指名することも考えられます。

　ただし、遺言執行者は、相当期間を定めた就任承諾の催告を受けて確答なければ承諾とみなされ（民法1008条）、就任後遅滞なく相続財産目録を作成して相続人に交付し[108]（民法1011条1項）、遺言内容に疑問がある場合は遺言者の意思を合理的に解釈して遺言執行しなければならず、遺言執行者が任務を怠ったときその他正当理由がある場合には解任請求されることもありますから（民法1019条1項）、財産管理などの経験のない相続人には荷が重いでしょう。また、他の相続人は、特定の相続人が遺言執行者になることを不快に思うかもしれません。

　これに対して、第三者の専門職を遺言執行者に指名すれば、事実上、共同相続人や受贈者の緩衝材としての役割を期待できます。それが熟練の弁護士であれば、遺言執行手続に精通しているうえ、相続人や受遺者の疑問やクレームにも適宜対応できますから、円滑な遺言執行に適しているはずです。

4　遺言執行者の報酬

(1)　遺言執行の費用

　　「遺言の執行に関する費用は、相続財産の負担とする」とされ（民法1021条本文）、遺言執行者の報酬（民法1018条1項）、検認手続（同法1004条）や相続財産目録作成（同法1011条）の費用、相続財産の管理や遺言執行に必要な一切の行為をするための費用（同法1012条1項、3項、650条1項）がこれに当たりますが、もっとも高額になるのは遺言執行者の報酬でしょう。そして、相談者の長男も、遺言執行者報酬が問題だと思っておられるので、この点の説明が必要です。

---

[108]　相続財産目録の内容は、遺言執行者の管理に付される相続財産（執行対象財産）の状態を端的に明らかにすればよく、個々の財産の価額を調査する義務はありません。

(2)　遺言執行者報酬の額

　遺言執行者を指名する場合、遺言執行者の報酬も遺言で定めることができます（民法 1018 条 1 項但書）。そして、弁護士の場合は、「遺言執行者報酬は（旧）日弁連基準による」と定めるケースが多いと思われますので、その金額を具体的に説明します[109]。なお、金融機関による遺言信託としての遺言執行者報酬の額と対比して説明すればわかりやすいと思います。

　ちなみに、金融機関は遺言時の契約で遺言執行者報酬について詳細に定めており、そのすべてを確認したわけではありませんが、ある大手信託銀行の場合だと 100 万円等の最低額を設け、1 億円以下の部分につき 1.8％、1 億円超 3 億円以下の部分につき 0.9％、3 億円超 10 億円以下の部分につき 0.5％、10 億円超の部分につき 0.3％の料率と定めていました。

　そこで、遺言執行対象の財産の額が 1,000 万円、3,000 万円、1 億円、2 億円、3 億円、5 億円だった場合につき、日弁連基準とその信託銀行の遺言執行者報酬の額を比較してみました。

執行対象財産の額	日弁連基準による報酬（税抜）	信託銀行基準による報酬（税抜）
1,000 万円	1,000 万円 ×0.02 ＋ 24 万円 ＝ 44 万円	最低額保証により 100 万円
3,000 万円	3,000 万円 ×0.02 ＋ 24 万円 ＝ 84 万円	最低額保証により 100 万円
1 億円	1 億円 ×0.01 ＋ 54 万円 ＝ 154 万円	1 億円 ×0.018 ＝ 180 万円
2 億円	2 億円 ×0.01 ＋ 54 万円 ＝ 254 万円	1 億円 ×0.018 ＋ 1 億円 ×0.09 ＝ 270 万円
3 億円	3 億円 ×0.01 ＋ 54 万円 ＝ 354 万円	1 億円 ×0.018 ＋ 2 億円 ×0.09 ＝ 360 万円
5 億円	5 億円 ×0.005 ＋ 204 万円 ＝ 454 万円	1 億円 ×0.018 ＋ 2 億円 ×0.09 ＋ 2 億円 ×0.05 ＝ 460 万円

---

109)　（旧）日本弁護士連合会報酬等基準は、平成 16 年 3 月末、小泉純一郎内閣での規制緩和政策によって、税理士や司法書士の報酬基準と同時に撤廃されましたが、現在でも多くの弁護士が利用しています。日弁連基準での遺言執行者の報酬は、経済的利益の額が 300 万円以下の場合は 30 万円、300 万円を超え 3,000 万円以下の場合は 2％＋24 万円、3,000 万円を超え 3 億円以下の場合は 1％＋54 万円、3 億円を超える場合は 0.5％＋204 万円とされ、特に複雑又は特殊な事情がある場合には弁護士と受遺者との協議により定める額とされています。

　このように、執行対象の財産が2億円以下だと、遺言信託のほうが日弁連基準よりも割高です。裏を返せば、日弁連基準の料率が低すぎるともいえます。なお、金融機関は、自社又はグループ会社の預金や投資信託は遺言信託の割引対象とし、遺言信託の手数料が安くなると勧誘しますが、もともと遺言信託は金融商品を売り込むためのツールですし、投資信託等の取引で手数料を得るわけですから、いささか疑問です。

　また、遺言執行者報酬の算定基礎にも注意が必要です。たとえば、遺言信託では、算定基礎となる財産の額を財産評価基本通達に基づく相続税評価額（土地では路線価）としつつ、「小規模宅地の特例については特例適用前の価額とする」とか「消極財産は含みません」といった定めを置く例があります。しかし、相続税評価額は個々の遺産の評価方法にすぎず、どの財産が算定基礎に含まれるのか判然としません。[110] また、消極財産が算定基礎から控除されないなら、かなりの相続債務がある場合でも、遺言執行者報酬は高額になります。

　したがって、相談者が遺言信託を利用されるなら、遺言執行者の報酬について具体的な説明を受けるよう勧めますし、弁護士が遺言書を作成し遺言執行者になる場合も、遺言執行者の報酬をわかりやすく丁寧に説明するべきです。なお、必ずしも日弁連基準を利用する必要はありませんので、具体的な事案に応じて報酬算定方法を工夫していただければと考えます。

(3)　遺言執行費用の負担者

　遺言では、誰が遺言執行の費用や遺言執行者の報酬を負担するのかも決めておくべきです。

　たとえば、「遺言執行者がすべての遺産を売却換価し、そのうち2/3を甲に、その1/3を乙に相続させる」という内容の遺言だった場合、遺言執行者の報酬等を先に控除するのか、取得分に応じて負担するのか、折半なのかという疑問を招きかねません。したがって、「遺言執行者がすべての遺産を売却換価し、遺言執行者の報酬その他遺言執行の費用を支払った後、残額の2/3を甲に、1/3を乙に相続させる」といった内容にしておくべきではないでしょうか。もともと遺言執行費用は相続財産の負担ですし、こうしておけば無用の混乱を避けられます。

---

110) 課税相続財産と相続税評価額とは異なる概念です。本書では、課税相続財産という用語を、債務、税金、葬儀費用、基礎控除額を控除した後の課税遺産総額（相続税の申告書第2表の③）の意味で用いています。

三行要約

★　遺贈、特定財産承継遺言、清算型遺言などでは、特に遺言執行者を指定する必要性がある。

★　相続人、弁護士、金融機関のうち誰が遺言執行者として適切なのかを考えてもらう。

★　遺言執行者の報酬に関しては、遺言執行後も誤解を招かないよう工夫して遺言書に記載する。

第 4 編　相続に関する相談

相談例47　遺言の調査

　相談者（61歳女性）から、「郷里の母（84歳）が息を引き取って半年経ったが、郷里に住む弟（57歳）から連絡がなく、気をもんでいる。そういえば、母は2年前に「遺言書を書きたい」といっていたので、遺言書があるかもしれない。それを確認するにはどうすればいいだろうか」と相談を受けた。

対応のポイント

　相続開始後半年経っているなら、相続税の申告納税期限が迫っていますから、すぐに遺言の有無を確認したいところです。遺言には、公正証書遺言、法務局における遺言書の保管等に関する法律に基づき遺言書保管所に保管された自筆証書遺言、法務局に保管されていない自筆証書遺言、危急時遺言など特別の方式による遺言（民法976条以下）の4通りがありますので、それらに応じた確認の方法を説明します。

＝＝＝＝＝＝＝＝＝＝　解　説　＝＝＝＝＝＝＝＝＝＝

1　公正証書遺言の確認

　公正証書遺言の存否を確認するには、母の除籍謄本、相談者本人の戸籍謄本（母が死亡し、相談者が相続人であることを証明できるもの）及び本人確認の書類（運転免許証・健康保険証等）をもって、近くの公証役場を訪問し、母が作成した公正証書遺言を検索してもらいます。そして、その結果、該当する公正証書遺言があるとわかれば、それを作成した公証役場に謄本を請求します。

　なお、弁護士が相続人から遺言書調査を引き受ける場合は、上記の書類に加えて、相談者からの委任状や弁護士の身分を証明する書類が必要になります。したがって、相談者ご自身で確認いただくよう勧めるべきかもしれません。ただし、公正証書遺言を作成しているのは高齢者の10人に1人程度でしょうから、公正証書遺言が見つかるとは限りません。

2　遺言書保管所保管の自筆証書遺言の確認

　令和2年7月1日以降に受け付けられた遺言書保管所保管の自筆証書遺言についても、地元の法務局に戸籍等と身分を証明するものを持参して、自筆証書遺言が保

管されているかどうかを確認し（遺言書保管事実証明書の交付請求。法務局における遺言書の保管等に関する法律 10 条。手数料は 800 円です）。その結果、遺言書が保管されているとわかれば、遺言書情報証明書の交付を請求します（同法 9 条 1 項。手数料は 1,400 円です）。この証明書は、遺言者が保管を届け出た法務局（遺言書保管所）に請求しなくても、地元の法務局に請求して交付してもらうことができますし（同条 2 項）、これ以外に遺言書の内容を閲覧することもできます（同条 3 項）。

　ただし、遺言書保管官が相談者に遺言書情報証明書を行使し、又は閲覧させた場合には、遺言書を保管している旨を、他の相続人、受遺者や遺言執行者に通知されます（同条 5 項）。相談例の場合でいえば、弟が遺言書保管所保管の遺言書を利用しようとすれば、相談者にも通知されるシステムになっています（相談例 41 参照）。

　なお、相談者の話によれば、母は 2 年前に自筆証書遺言を書いていた可能性がありますが、法務局における遺言書の保管等に関する法律の施行前に作成された自筆証書遺言書も保管の対象になります。したがって、今後、弁護士が相談者から遺産分割などの相続案件を受任した場合には、公証役場と法務局で遺言の有無を確認すべきことになります[111]。

3　遺言書保管所で保管されていない自筆証書遺言の確認

　遺言書保管所が保管していない自筆証書遺言の有無を確認するためには、亡母の近くにいた弟に尋ねるほかありません（亡母が遺言書を託すほど親しくしていた親族がいるなら問い合わせてみるべきでしょう）。

　亡母が弟に不利な遺言を残していたとすれば、弟が、見て見ぬ振りをしている可能性を捨て切れません。しかし、「相続に関する被相続人の遺言書を偽造し、変造し、破棄し、又は隠匿した者」は相続人の欠格事由に当たります（民法 891 条 5 号）。そこで、弟に対して、書面で「遺言書はなかったのですか」と問い合わせることを勧めます（弁護士からの書面のほうが効果はあるかもしれません）。

　また、相談者のような立場だと、亡母が弟に有利な遺言を残していて、弟がその遺言に基づいて、相談者の知らないうちに相続手続をしているのではないかと疑い

111）筆者は、遺産分割や相続財産管理人の業務では、ほぼ必ず公証役場で遺言がないことを確認しており、遺言があったケースは 0 件でした。しかし、もしも遺言があればすべてに優先しますから、背筋が凍ります。相続人の話等から遺言書はないと合理的に判断できる場合を除き遺言書の調査は不可欠だというべきでしょう。また、懸念があるなら、遺産分割の際には、後日遺言書が見つかったとしてもその内容にかかわらずこの遺産分割協議を成立させる旨を付記すべきだと考えます。

がちです。しかし、弟が自筆証書遺言に基づく権利を行使するなら検認手続を経る必要がありますし（民法1004条1項）、検認の申立てがあれば、家庭裁判所はすべての相続人及び受遺者に検認期日の呼出状を送ります。したがって、相続開始後半年間、遺言書保管所からの連絡も家庭裁判所からの検認の呼出状も届いていないのなら、（弟に有利な）自筆証書遺言はない可能性が高いということができます。

4　特別の方式による遺言の確認

　公正証書遺言と遺言書保管所が保管する自筆証書遺言以外の遺言は、検認が必要です（民法1004条、法務局における遺言書の保管等に関する法律11条）。したがって、検認の呼出状が届かないのであれば、特別の方式による遺言も存在しない可能性が高いです。

　なお、遺言があることを知ったうえでの遺産分割は可能ですが、遺産分割後に遺言の存在が明らかになれば、その遺言が優先しますので、遺言の存否は最優先で確認すべき課題であることに違いありません。

三行要約

★　相続案件では遺言書の有無の確認が不可欠だが、その手続は相続人に任せてもよい。

★　公正証書遺言の有無は公証役場で、遺言書保管所保管の自筆証書遺言は法務局で確認する。

★　相続人が自筆証書遺言を隠している可能性があるときは、書面で遺言書の有無を照会する。

相談例48　自筆証書遺言がある場合の手続

　相談者（62歳女性）から、「3か月前に母（92歳）が亡くなったが、母の手書きの遺言書（封筒に入っていたが封入も封印もないもの）を預かっている。ただ、弟も母に何か書かせていたらしい。どうしたらいいだろうか」と相談された。

対応のポイント

　時折、複数の子に請われるまま、高齢の親が複数の自筆証書遺言を書くケースがあり、後日、紛争の原因となります。他の兄弟の出方をうかがっても意味はありませんので、相談者には淡々と自筆証書遺言の検認を行うよう勧めます。なお、封印のない遺言書で、弁護士も遺言内容を確認できるなら、問題となり

そうな点を指摘します。

══════════════ 解　説 ══════════════

1　検認手続

　遺言書の保管者は、相続開始を知った後、遅滞なく検認を請求しなければなりません（民法 1004 条 1 項）。封印のある場合は家庭裁判所での検認期日まで開封することができません（民法 1004 条 3 項）。なお、公正証書遺言と遺言書保管所保管の遺言は例外で、検認は不要です。

　家庭裁判所に遺言書検認の申立てをすると、裁判所は検認の審判期日を定め、遺言者の相続人全員に対して呼出状を発します。相談者には、この手順を説明し、早めに検認を申し立てるよう勧めます。

　相談例では弟も自筆証書遺言を保管している可能性があるので、弟に対して、相談者が遺言書を持っていることと検認を請求することを知らせ、もし弟も遺言書を持っているなら、同じ家庭裁判所に検認を請求するよう促します。この点に関しては、直接、弟からその書面を見せてもらうことも考えられますが、検認を求めるほうが堅実です。

　なお、検認手続が終われば、申立人は検認済証明書を付した遺言書を返してもらい、その他の相続人には、その遺言書を内容とする検認調書の交付を求めることになります。

2　遺言の有効性

　相談者が保管している遺言書は封入も封印もない場合なので、封筒の中の遺言書[112)]を見ることができます。そこで、相談者が遺言書を持ってきているなら、中身を拝見して遺言の有効性を確認します。

　この場合は自筆証書遺言ですので、全文自書・署名捺印・日付等の形式要件と筆跡・印影を確認し、形式的有効性を確認するとともに、検認期日に訊かれることになる作成の状況（日時・場所・同席者・経緯など）や保管の経緯も確認しておきます。

───────────────────────────────

112)「封入」とは封筒に書類を入れて封をして綴じた場合を指し「封緘」も同じです。さらに、封筒開口部を閉じた蓋（舌）の部分に押された印影を「封印」又は「封緘印」といいます。したがって、遺言書が入っている封筒の蓋が閉じられている場合でも、「封印」「封緘印」がない場合には中の遺言書を取り出してもよいことになりますが、念のため、家庭裁判所に問い合わせたうえで遺言書を取り出します（封印があるものの糊がはがれて中身が見えるものも同様です）。

つぎに、遺言者の年齢から遺言能力が気になるので、遺言書作成当時に被相続人がどのような状態だったかを確認します。

3　遺言を見て確認するポイント

自筆証書遺言では、形式的要件以外に遺言の内容に問題がある可能性があります。そこで、遺言書を拝見できるなら、以下の点をチェックします（相談例42とほぼ同じです）。

第一に、遺言の確定性の点から、相続分の指定か、特定財産の処分が記載されているのか（特定財産承継遺言）、処分文言はどうなっているか（相続させる遺言か遺贈か、あるいは取得させる、承継させる、任せるなど）、遺贈なら特定遺贈か包括遺贈か割合的包括遺贈か、一部遺言でないか、予備的遺言や条件付遺言ではないか、などを確認します。

第二に、履行の確保の観点から、遺言執行者を指定しているかどうか等を確認します。

第三に、その遺言が共同相続人に公平なものか、また、遺留分侵害していないかを考えます。

そのほか、自筆証書遺言では、遺言書の文言が曖昧で、遺言者の意思が確定できないときがあります。そのような場合には、相談者に質問しながら、遺言の解釈によって遺言内容を確定できる可能性があるかを考えてみます。

4　複数の遺言

複数の遺言がある場合には後の遺言が優先します（民法1023条1項）。

ただし、弟が母に書かせたらしいという書面が何か、相談時点で明らかになっていません。そもそも認知症が進むなどして判断能力が低下している高齢者は、以前に遺言書を書いたことを忘れたり、目の前にいる人の言いなりになって遺言書を書いたりします。また、日記やチラシの裏に遺言めいたことを書くこともあります。したがって、検認によって、弟が持っている書面の形式と内容を確認する必要があります。

なお、家庭裁判所は、遺言らしい書面であれば検認しますから、検認を受けたからといって、その書面が遺言であるということにはなりません。また、弟が保管している書面が有効な遺言だったとしても、双方の遺言の内容が重複、抵触しない場合もあり、その場合には前の遺言も、その全部又は一部が有効になる可能性があります。

したがって、これらを判断できる弁護士が、相談者から検認手続を受任するべき

です。

5　遺言と遺産分割協議

　遺言があっても、その内容を知ったうえで、相続人と受遺者の全員が遺産分割に合意した場合には、その遺産分割協議が有効になると解されます。ですから、遺言の内容が当事者全員にとって不合理なものであれば、改めて遺産分割協議をすることも可能です。

　相談例の場合、姉（相談者）と弟の関係が不明ですが、お互いに遺言書を持っているような場合には、警戒あるいは忖度して処理が遅れがちになります。そして、それが紛争の遠因になる可能性もありますから、早めに検認手続を勧めます。

三行要約

　★　遺言書が封入され、封印されている遺言書は、検認があるまで遺言書を取り出して確認することができない。
　★　遺言の検認手続は遺言の有効性を確認するものではない。
　★　自筆証書遺言を持っている場合には、直ちに検認手続を経る。

相談例49　遺産の調査

　相談者（61歳女性）から「1か月前に施設に入っていた母（89歳）が他界した。施設に入る前に母と同居していた弟（58歳）からは何の報告もない。弟に知られずに母の遺産を知る方法はないだろうか」と相談された。

対応のポイント

　相続が開始した場合、被相続人と同居していなかった相続人から「同居していた相続人が明らかにしてくれない遺産を調査したい」と相談されることはよくあります。相談者自身でできる遺産調査の方法を説明しますが、できれば、同居の相続人から任意に開示してもらうよう勧めます。

=== 解　説 ===

1　不動産の調査

　被相続人名義の不動産については、相談者も存在を把握している可能性が高いでしょう。その場合には、その不動産の全部事項証明書や固定資産評価証明書を入手し、さらに、非課税の不動産を含めて漏れがないよう非課税込みで名寄帳を取り寄せるよう勧めます。被相続人から他の相続人に対して自宅購入資金を提供した可能

195

性がある場合（特別受益）には、被相続人がその不動産の共有持分を持っている可能性がありますので、その不動産の全部事項証明書も入手します。

なお、土地の評価については、固定資産税の評価額のほかに、国税庁の路線価図・評価倍率表で路線価を確認します。固定資産税評価額は実勢価格の7割、路線価は実勢価格の8割とされますので、固定資産税評価額を 0.7 で、路線価を 0.8 で割り戻せば、おおよその実勢価格が把握できます。遺産分割では不動産の評価が問題になるので（相談例53参照）、固定資産税評価額、路線価、おおよその実勢価格を早めに把握することには意味があります。

2　預貯金等の調査

預貯金・株式・投資信託等については、思い当たる金融機関に出向き、除籍謄本や戸籍謄本によって相続人であることを証明し、相続開始時の残高証明書と現在までの取引履歴（通常は過去 10 年間の履歴、解約済み口座を含む）を取得します（株式等については、株式会社証券保管振替機構に対して必要書類を郵送して照会します）。金融機関への照会の際には、名寄せや全店検索も要請します。これらの作業は相続人本人に行っていただくほうが簡便ですが、二度手間にならないように、弁護士が代理人として調査した方がよいかもしれません。

さて、開示された銀行口座の取引履歴に、電気・ガス・水道・電話・NHK・保険料・介護施設利用料・固定資産税・住民税等の引き落としや年金の受給履歴がない場合は、ほかに口座がある可能性が高いので、被相続人の生活圏にある別の金融機関に調査の範囲を広げます。特に、高齢者は郵便貯金や農協を利用していることが多いので、ゆうちょ銀行と JA バンクへの照会は必須です。ただし、ネット銀行・ネット証券・暗号資産（仮想通貨）等の遺産は、被相続人のスマートフォンやパソコンを調べないと判明しないことがあります。

こうして得られた取引履歴の中で、母が矍鑠としていた頃に多額の出金があった

---

113)「固定資産評価証明書」は、市区町村が作成する固定資産課税台帳に記載した事項を証明するもので、そこに記載される課税標準額がその不動産の課税における評価を意味します。相続人であれば各市区町村の窓口で入手できますが、自治体によって異なる場合があるので問い合わせてください。

114)「名寄帳」とは、市区町村が固定資産税を課税するために作成している土地と家屋の固定資産課税台帳を所有者別にまとめたもので、市区町村の窓口で入手できます。これによって、課税されない不動産（道路・水路・農地など）や共有持分のある不動産が判明することがあります（その市区町村内のものに限られます）。

場合には、他の相続人への生前贈与（特別受益）の可能性があります。また、母が自分の財産を管理できなくなってから以降にATMで数度に分けて不自然な出金があれば、不正出金（使途不明金）の可能性があります（相談例57参照）。なお、相続開始直前の出金も、それが葬儀費用等として通常予想される額を超えていれば、同様に、遺産性が問題になることがあります。

3　名義預金・現金・動産等の調査

現金（預金口座から出金されたもの）、動産（貴金属・時計や高価な服飾品など）、名義預金（被相続人が管理していた親族名義の預貯金口座）は、通例、弁護士による調査でも判明しません。ただし、自宅の金庫や貸金庫に、現金、インゴット、証券、預金証書、親族名義の通帳などが保管されていることがありますので、それらの開扉の際には必ず立ち会うべきです。

なお、弁護士に依頼したり、遺産分割調停を申し立てれば（家庭裁判所に頼めば）、隠された遺産が明らかになるはずだと期待される方がおられますが、その可能性はほぼありませんので、調査には限界があることを説明します。

4　相続債務の調査

被相続人が負担している相続債務については、残されたクレジットカードや請求書から判明しますが、非同居の相続人にはわかりません。そこで、不動産に抵当権等が設定されていないかを確認し、信用情報の開示請求を行って債務を確認します。[115]

5　任意開示

それでも、遺産のすべてを把握するのは困難ですから、被相続人と同居し、手元に預金通帳等の資料があると思われる相続人に任意に遺産を開示してもらうのがもっとも効率的です。相談例では、まだ相続開始後1か月であり、弟は遺産を調査中なのかもしれません。そうだとすれば、いきなり「遺産を開示しろ」といったのでは話がこじれます。

そこで、同居の相続人に対しては「介護費・治療費や葬儀費用は払えたのか。一部負担したほうがいいのではないか」、「準確定申告の期限（相続開始後4か月以内）が迫っているが大丈夫か」、「相続税の支払い（相続開始後10か月以内）は大丈夫だろうか」、「負債が多いなら相続放棄（相続開始後3か月以内）を検討したほうがいいの

115）信用情報開示請求は、銀行に対する債務については全国銀行個人信用情報センター、消費者金融への債務については株式会社日本信用情報機構（JICC）、クレジット会社への債務については株式会社シー・アイ・シー（CIC）に問い合わせます。

ではないか」といったことを婉曲に伝え、同居の相続人が自然に遺産を開示するような流れを作ることを勧めます。その反応や結果を見てから遺産の調査にかかっても遅くはありません。

6　その他の方法

相続人全員が同一の税理士に相続税申告を依頼した場合、その税理士からの報告によって遺産の内容が判明することがあります。厳密には遺産ではありませんが、相続開始前3年間の生前贈与や生命保険金などは相続税の課税対象ですから（相続税法19条）、それが明らかになることもあります。

遺言によって指名された遺言執行者からの相続財産目録の交付（民法1011条1項）によって遺産の内容を把握できることもあります。ただし、遺言執行者による相続財産目録は遺言執行の対象財産に限られますので、過度に期待することはできません。

さて、弁護士に遺産調査を依頼すれば、弁護士は相続人に代わって上記の手続を行えますし、不動産や遺留分等の評価もできます。相談者に調査を任せても、遺漏があって再調査が必要になることもありますので、最初から弁護士が調査を引き受けたほうがよい場合も多いでしょう。また、弁護士法23条の2による弁護士会照会制度を活用して、多数の金融機関に預貯金の有無を照会したり、被相続人名義の預貯金の解約払戻し伝票に記載された筆跡や本人確認資料を入手することもできます。ただし、弁護士も基本的に相続人の権限以上のことはできませんので、弁護士による調査でも全容が解明できない可能性があることは断っておくべきです。

三行要約

★　資料を持つ相続人に慎重に話を持ちかけて、任意に遺産を開示してもらうのが早い。

★　遺産の調査は相続人に行ってもらうのが簡便だが、事案によっては弁護士が受任する。

★　現金、名義預金や貴金属などの遺産は弁護士が受任しても明らかにならない。

相談例50　同居の子からの遺産分割協議の相談

相談者（50歳男性）から、「2週間前に同居していた母（75歳）が突然の脳出血で亡くなり、葬儀を終えた。相続人は自分と弟（48歳）だが、葬儀後、弟とは連絡を取っていない。弟とはもめたくないのだが、どのように相続の話を切

り出せばよいか」と相談された。

対応のポイント

　最初に確認したいのは遺言の有無ですが、ここでは遺言がなかったものとして説明します。被相続人と同居していた相続人は、早めに遺産目録（相続財産目録）を作成し、その他の相続人に提示して遺産分割協議を呼びかけるべきでしょう。完全な遺産目録が作れなかったとしても、遺産分割に積極的な姿勢を示すことで円満な遺産分割協議を期待できます。

=== 解　説 ===

1　同居の子の立場

　同居の子である相談者が、かいがいしく母の面倒をみていた事情があるなら、相談者としては「長男としてするべきことはした」との思いがあるはずです。また、高度の認知症や長患いにより、配偶者ともども介護に苦労していたのなら、「弟には感謝してもらいたい」と思うかもしれません。

　しかし、前述したように、事情をよく知らない非同居の子からは、親の財産を取り込んでいるのではないかと疑われているかもしれません。そして、相続開始後、適切な時期に同居の子が遺産の開示や遺産分割協議の働きかけをしなければ、非同居の子は、遺産について明らかにできない事情があるのではないかと勘繰りますし、一度その疑いが生じれば、膨らむことはあっても萎むことがありません。したがって、同居の子である相談者は、あらぬ疑いを避けるためにも、迅速に遺産目録を作成して非同居の子（弟）に報告するべきです。

　なお、自分の財産をしっかりと抱え込み、同居の子に対してさえ内容を教えないまま亡くなられる方もおられますが、その場合には前述（相談例49）の方法を参考にして遺産を調査します。

2　遺産目録の作成

　相談者が、あらかじめ亡母から財産の詳細を知らされていたのなら、早速、遺産目録を作成します。

　遺産目録を作成する場合には遺産を特定するだけでなく、その経済的価値がわかる資料も添えられれば、なおよいでしょう。そうすれば、相談者が隠し事をしていないことが伝わりますし、取り分の期待値も早めに明らかになって、紛糾する可能性が下がるからです。

　たとえば、不動産については、全部事項証明書や固定資産税等の請求書兼納付書

（又は固定資産評価証明書）の写しを添付します。預貯金については、死亡日前後まで記帳された通帳の写しや死亡日現在の残高証明書を添付します。財布の中の現金は概算で足りますが、0円というのはいただけません。そして、株式・投資信託等については金融機関から届いている取引明細書を添付しておけば足りるでしょう。また、動産（自動車、貴金属など）については、どの程度の値段で換価できるか不明ですから、評価額を記載しなくてもかまいません。

　もっとも、遺産目録は迅速に交付すべきで、完璧を期す必要はありません。さらに調査中の遺産があり、修正する予定があるならその旨を付記するよう勧めてください。

3　税理士の関与

　もちろん、相続税の申告を税理士に依頼するなら、税理士が作成してくれる税額計算書（案）を遺産目録に代えてもかまいません。ただし、それを入手するのには時間がかかりますので、あらかじめ、他の相続人に、税理士に依頼していることを伝えておくべきです。

　また、被相続人が生前に申告を頼んでいた旧知の税理士であれば、遺産の内容を把握しているでしょうし、税理士にとっても相続人全員から相続税申告業務の代理を受けたほうが合理的です。また、税理士が故人を偲びながら相続人同士の緩衝材としての役割を果たしてくれることも期待できます。

　なお、遺産の調査で生前贈与や名義預金の問題が出てきたときには、税理士への相談が不可欠です。

4　遺産分割協議の申出

　相談者としては、四十九日の法要から相続開始後3か月くらいの時期までには、遺産目録とともに遺産分割の案を示して協議を申し出るべきでしょう。というのも、通夜や葬儀の席で相続の話を切り出すのはいささか非常識ですし、かといって相続人を待たせるわけにはいかないからです。

5　遺産分割事件の受任

　さて、相談者が遺産目録を作成して遺産分割案を示しても、弟が納得しなければ、適宜の時期に弁護士に依頼していただくべきでしょう。

　なお、相談者の「もめたくない」という言葉を額面どおりに受け取るのは危険です。というのも、自分たち夫婦は最後まで母の在宅介護に追われていたのだから多めにもらって当然だが「もめたくもない」という場合や、すでに十分な生前贈与を受けているので「もめたくない」という場合もあるからです（ことに生前贈与は隠さ

れる傾向があります）。

　そのような場合は、むしろ「もめて当然」ですから早い段階で相談者の相続に関する希望を伺い、最初から弁護士に依頼してもらったほうがよいでしょう。

三行要約

- ★　同居の子は遺産を隠していると疑われやすいことを自覚してもらう。
- ★　もめたくないなら、不完全でもいいから、早めに遺産目録を作成して他の相続人に交付する。
- ★　「もめたくない」という相談者の言葉は、額面どおりに受け取れないときがある。

相談例51　非同居の子からの遺産分割協議の相談

　相談者（64歳女性）から、「郷里の父（91歳）と母（90歳）は2年前に別々の施設に入ったが、8か月前に父が肺炎で亡くなった。ずっと両親と同居していた兄（66歳）が『後のことは俺がする』というので任せていたが、最近、兄から『母も同意している。すぐに遺産分割協議書に署名捺印して印鑑証明書と一緒に送り返してくれ』という手紙が届いた。どうすればいいか」と相談された。

対応のポイント

　相談例50とは逆パターンの非同居の子からの相談です（やはり遺言はなかったものとします）。兄が求めている遺産分割協議書の案が納得できるなら兄の言うとおりにすればいいでしょうが、遺産の内容がはっきりしていなかったり、内容が不合理なら遺産分割を急ぐ必要はありません。

━━━━━ 解　説 ━━━━━

1　非同居の子の立場

　本書では、親と同居している子は、非同居の子から「親に寄生している」と疑われがちだと説明してきました。しかし、非同居の子が常にそう考えるわけではありません。

　たとえば、この相談例で、相談者が進学を機に18歳で郷里を出たのに対し、兄は地元で就職して両親と同居し、その妻とともに、20年近く両親の面倒をみてきたといった事情があったとしたら、相談者は、「親の面倒をみてもらって申し訳ない」と感じているかもしれません。また、相談者も義理の両親の介護をしていれば、兄夫婦のたいへんさはよく理解できるでしょう。そうすると、母に余計な心配をか

けさせたくないし、兄が全部やってくれているなら兄に従おうという気持ちになっていたとしても不思議はありません。つまり、遺産分割協議書とはどういうものかわからないので、質問しに来ただけという可能性もあります。

　したがって、弁護士としては、相談者の率直な気持ちを伺うべきですし、相談者が気乗りしない様子なら、遺産分割事件の依頼を勧めるのは控えるべきでしょう。

2　提案内容の検討

　さて、相談者が兄が作成した遺産分割協議書等を持参していれば、その内容を拝見します。父の遺産はすべて母が取得するとか、自宅不動産は兄が相続し、預貯金は母と兄と相談者が法定相続分どおりに分けるといった内容であれば、それなりに合理的です。

　逆に、兄が父の遺産のほぼすべてを相続するという内容で、預貯金額なども含めて遺産の評価が一切わからないという場合は問題です。仮に、相談者が自分は相続しなくていいと考えていたとしても、「どのくらい譲ったのかは知っておきたい」と思うのが人情でしょう。

　もちろん、相談者が兄による財産の費消を疑っている場合なら、積極的に遺産の内容や評価について説明を求めるべきですし、相談者にとってそれが困難であれば、弁護士への委任が適応となります。

3　署名押印を急がされる場合

　つぎに、相談例のように、相続開始後10か月の相続税申告・納付の期限が迫ってから、いきなり遺産分割協議書等への署名捺印と印鑑証明書の交付を求められ、「すぐに遺産分割しなければ（配偶者税額軽減や小規模宅地の特例の適用を受けられず）、莫大な相続税がかかることになる」と迫られることがあります。

　しかし、相続税の申告納付期限までに遺産分割が成立しなければ、未分割の申告をすれば足ります。たしかに未分割の申告では、相続人は、配偶者税額軽減や小規模宅地の特例の適用がないことを前提に計算された相続税をいったん納付しなければなりませんが、本来の申告期限から3年以内に遺産分割協議が成立すれば、更正の請求をして、それら特例の適用を受けることができます。[116] ですから、当面の納税資金を用意できる限り、あわてる必要はありません。

---

[116]　未分割の申告をする際には「申告期限後3年以内の分割見込書」を添付します。相続税の申告期限から3年以内に分割された場合には、分割が行われた日の翌日から4か月以内に更正の請求を行うことによって特例の適用を受けられます。

　また、同居の子から、「節税のため、とりあえず遺産分割協議書に署名捺印してくれ。後で遺産分割協議をやり直せばいいから」と頼まれることもあります。しかし、遺産分割協議のやり直しができる保証はないので、この申出に従うべきではありません。時折、節税目的と称して強要された遺産分割協議は無効だという訴訟を目にしますが、印鑑証明書をつけて遺産分割協議書に自署している限り、その効果を覆すのはきわめて困難です。なお、遺産分割協議をやり直した場合には、税務署から2回目の遺産分割協議による財産取得を贈与と認定され、贈与税が課税されるおそれもあります。

　さらに、同居の子から、「母の相続ではおまえの言い分を聞くから、父の相続は俺に任せてくれ」といわれることもありますが、父の相続（一次相続）で譲った分を母の相続（二次相続）で取り返せるわけではありません。

4　弁護士への委任

　以上のように、相談者が兄の要請に納得いかないなら、遺産を調査して兄と交渉すべきですし、弁護士が事件として受任するほうがよいでしょう。ただし、施設入所中の 90 歳の母の意思能力が十分でない場合には問題が複雑になります。

　相談者と兄が同意し、母も積極的に反対の意思表示をしないなら、亡父の相続人3人による遺産分割が成立するでしょう。母の推定相続人である兄も相談者も母の意思能力の欠缺を争わないため、結果的にそれが問題にならないからです。

　しかし、弁護士が代理人として関与し、意思能力がない当事者がいることを知りながら遺産分割を成立させることは勧められませんので、原則として、母の後見開始の申立てを先行させることになると思います。

─┤三行要約├─

★　同居の子に親の面倒を任せていることを心苦しく思っている非同居の子もいる。

★　相続税の申告・納付期限間近になって遺産分割協議書への署名捺印を急がされても、焦る必要はない。

★　意思能力を疑われる相続人がいる場合は、後見開始の申立てを先行させるのが原則。

─────────────────────

相談例52　一次相続と二次相続

　相談者（52歳男性）から、「父親（84歳）が死亡し、遺言はなかったが、母（83歳）がすべての遺産を相続するといっている。子は、兄（長男54歳）と私

（次男）の2人だけだが、兄はすでに母の意見に賛成した。ここは私も譲って、母の言うとおりにしたほうがいいだろうか」と相談を受けた。

対応のポイント

　夫婦の片方が亡くなった場合（一次相続）、他方配偶者が全財産を相続するケースが多く見受けられます。しかし、複数の子がいる場合に、他方配偶者も死亡した場合（二次相続）のことを考えると、諸手を挙げて賛成できるわけではありません。今後、どのような問題が生じるかを想像して、一次相続でもそれなりの遺産分割を行うことを勧めます。

―――解　説―――

1　配偶者の不安

　高齢でも夫婦がそろっていれば、愚痴や不満を口にしながらも自然と助け合って生活しているものですが、片方が亡くなると、残された配偶者は一気に不安になります。そして、「お父さんの財産は、2人で築き上げてきたものだから私がもらう」といった理由で遺産の単独取得にこだわりがちです。なお、一人っ子の場合には、残された配偶者と子の関係がよほど悪くなければ親子2人だけで話し合えることなので、大きな問題になることは稀です。

2　子らの思惑

　しかし、高齢の親世代と子世代の間には経済的格差が生じており、40代から60代にかけての子世代は、教育資金で財産が減り、年金の受給年齢も気になるところです。資産を増やす方法といっても、退職金を除けば、株式投資や暗号資産（仮想通貨）などリスク性向の高いものか宝くじ以外に見当たりません。ですから、子らも、一次相続の際にいくばくかの財産を相続させてほしいというのが正直な気持ちです。

　しかし、複数の子がいる場合には、お互いに相手の出方を見てしまいますし、自分だけが反対して母の機嫌を損ねたくないという迷いが生まれます。下手に権利を主張して母の介護を任されても困ると思うかもしれません。そうして、二次相続の際には法定相続分をもらえるはずだからと考え直して、母の言い分を認める流れになりがちです。

3　一次相続で配偶者に相続財産を集中させることの問題点

　しかし、遺産を配偶者（母）に集中させると以下のような問題を生じます。
　まず、一次相続において遺産の取得を我慢した子らは、二次相続では、必ず、相

応のものを相続したいと考えます。したがって、父の遺産を吸収した母の財産の目減りが気になりますし、ほかの兄弟も母の財産を狙っているのではないかと疑心暗鬼になりがちです。自分以外の兄弟が母と同居し始めたと聞くと、親を取り込まれたと感じ、知らないうちに遺言書を作成されて自分は相続から外されるのではないかと不安に思います。そうして、後見開始の申立て、親の取り合いや遺言書の書かせ合いなどに発展することもあります（相談例9参照）。

　母が死亡すれば（二次相続）、もう気を遣うべき親は存在しませんから、子らは、そして仮面をかなぐり捨て、（それぞれの配偶者と一緒になって）相続人としての権利を主張します。遺言書があっても遺言無効を主張し、遺産分割になれば特別受益や寄与分を主張して紛糾する可能性が高くなります。夫婦にとって「子は鎹」といいますが、こうしてみると「親も鎹」といえるかもしれません。

　そして、そうした紛争リスクを減らす方法の一つは、一次相続でも子らに相応の遺産を分配しておくことです。

4　配偶者税額軽減のフル活用

　配偶者が遺産を総取りする理由として、配偶者税額軽減（相続税法19条の2）を利用できるからとよく言われます。そこで、紙幅を割いて合理性を検討してみましょう。

(1)　一次相続での相続税の課税

　たとえば、遺産が1億6,000万円で、妻、長男及び次男の3人が相続人だとします。

　簡略化して（負債等はなし、各種の特例もないものと仮定して）計算しますと、①課税相続財産は1億6,000万円－基礎控除（3,000万円＋600万円×3人）＝1億1,200万円となり、②法定相続分に応じた各相続人の負担額は、妻が1億1,200万円÷2×0.3－700万円＝980万円、子らは各1億1,200万円÷4×0.15－50万円＝370万円となって、③相続税の総額は、980万円＋370万円×2＝1,720万円です。④これを法定相続分どおりで遺産分割すれば、長男と次男は、1,720万円の相続税の総額に自己の取得分である1/4を乗じた430万円ずつの相続税を負担します（2人合わせて860万円です）。⑤なお、妻は、配偶者税額軽減により課税されません。

　これに対して、被相続人の妻が遺産全部（1億6,000万円）を相続するなら、長男と次男は相続分がないので課税額は0円となり、妻も、相続税法19条の2第1項2号イにより配偶者の非課税部分が1億6,000万円まで拡張される結果、相続税額は0円です。したがって、この時点で相続税は課税されませんから、

「せっかくお父さんが貯めた遺産を相続税に取られるのは勿体ない」という目的を果たしたことになります。

(2)　二次相続での相続税の課税

しかし、二次相続での相続税まで考えると、合計の税負担は増える可能性があります。

前述の例で、一次相続では法定相続分どおりに遺産分割し（母は 8,000 万円を相続し）、その直後に母が他界した（二次相続）としましょう。そして、母にはもともと 1 億円の固有資産があったと仮定します（母の遺産は 1 億 8,000 万円になります）。

この母の遺産を、長男と次男の 2 人の子が相続すると、①課税相続財産は 1 億8,000 万円 −（3,000 万円 + 600 万円 × 2）= 1 億 3,800 万円で、②法定相続分（6,900万円）に応じた各相続人の相続税額は 6,900 万円 × 0.3 − 700 万円 = 1,370 万円となり、③相続税の総額は 1,370 万円 × 2 = 2,740 万円となります。そうすると、2人の子は、一次相続と二次相続を合わせて、860 万円 + 2,740 万円 = 3,600 万円の相続税を負担することになります。

これに対して、一次相続では母が遺産を単独相続していた場合（母の遺産は 1 億6,000 万円 + 1 億円 = 2 億 6,000 万円です）、二次相続での相続税はどうなるでしょうか。

やはり長男と次男が相続すると、①課税相続財産は 2 億 6,000 万円 −（3,000 万円 + 600 万円 × 2）= 2 億 1,800 万円で、②法定相続人の法定相続分（1 億 900 万円）に応じた各相続人の相続税額は 1 億 900 万円 × 0.4 − 1,700 万円 = 2,660 万円となり、③相続税額の総額は 2,660 万円 × 2 = 5,320 万円となります。そうすると、一次相続こそ相続税が課税されずにすみましたが、二次相続では 5,320 万円の相続税を負担することになり、前述の一次相続で法定相続分どおりに相続した場合に比べると、（5,320 万円 − 3,600 万円 =）1,720 万円多く相続税がかかる結果になります。

(3)　数字のトリック

以上の試算は、もちろん仮定に仮定を重ねたものです。たとえば母の固有資産は 5,000 万円かもしれませんし、2 億円かもしれません。83 歳の母の平均余命は約 10 年ですが、その間、介護付有料老人ホームに入所していれば、その費用だけで優に 3,000 万円以上の費用が出ていくことになるでしょう（相談例 11 参照）。

このように考えてみると、一次相続で母に遺産を集中させることは、母のへそくりが少なく、母が高額の施設に入所して長生きする場合には節税に寄与しますが、逆に、母の蓄えが多く、早くお亡くなりになる（又は倹約する）と想定すれば、

より高額の相続税を招く可能性があるのです。したがって、配偶者税額軽減をフル活用できることは、二次相続での紛争のリスクを冒してまで配偶者が遺産を全部取得する決定的な理由にはなりません。

三行要約

★　一次相続では、配偶者が遺産の総取りを希望し、子らもそれに反対しない傾向がある。

★　配偶者（親）の総取りは問題の先送りで、二次相続では遺産分割で紛糾することが多い。

★　一次相続での配偶者税額軽減のフル活用は、二次相続を含めての相続税の節税を意味しない。

相談例53　不動産の相続

　相談者（60歳男性）から「半年前に母（85歳）が亡くなり、長男の私と次男（55歳）、三男（53歳）の3人が相続人となった。遺産としては、母が住んでいた自宅くらいしかない。ずっと独身の三男は、1年前から自宅に居候していて、『母から頼まれたから、自宅は俺が相続する』といって言うことをきかない。どうすればいいだろうか」と相談された。

対応のポイント

　不動産が遺産に占める割合は4割を超えるといわれ、遺産分割でもかなりの割合で不動産の評価と分割方法が問題になります。特に、被相続人の自宅が遺産のほとんどを占め、しかも相続人が居住している場合には、自宅を誰が相続するかで意見対立が生じやすくなります。

===== 解　説 =====

1　不動産の遺産分割の方法

　一般に、不動産の分割方法としては、現物分割・代償分割・換価分割・共有分割があります。

(1)　現物分割

　現物分割は、遺産中に複数の不動産がある場合に複数の相続人が別々の不動産を取得する分割方法です。兄が3,000万円のA不動産を取得し、弟が6,000万円のB不動産を取得し、その差額を調整するため、弟が兄に代償金1,500万円を支

払うというように、代償分割と組み合わせて行われることが多いです。

　なお、相続不動産が自宅兼テナントビルの1棟だけという場合、兄が1階から3階部分の区分所有権を取得し、弟が4階、5階の区分所有権を取得するといった現物分割の方法もありますが、後々、その建物の管理でもめます（たとえば、雨漏りやエレベータの点検補修など共用部の管理費用負担で対立します）。しかも、共有ではなく区分所有権なので、共有物分割の方法による解決ができず暗礁に乗り上げます。

　したがって、現物分割がうまくいくのは、相続人の数に応じた独立の不動産がある場合になります。

(2)　代償分割

　代償分割は、相続人の一人が遺産である不動産を相続し、他の相続人に対して代償金を支払う分割方法です。相続不動産は取得者の単独所有となるので後顧の憂いはありませんが、代償金の金額（不動産の評価）をめぐって対立しやすく、また、取得者に代償金を支払うだけの資力や信用がなければ成立しません。

　なお、相続不動産を取得する相続人が、代償金の支払いに代えて自己所有不動産や持分を他の相続人に譲渡する場合には譲渡所得税（所得税法33条、38条）を課されることがあるので、等価交換の特例（所得税法58条）を検討します（税理士への相談は不可欠です）。

(3)　換価分割

　換価分割は、相続不動産を売却して、その代金を相続人間で分配する方法です。市場で売却するため代償分割と比べて不動産の評価については問題が起こりにくく、相続人間の関係を公平に清算できる点で理想的です。ただし、当該不動産の承継に固執する（売却に反対する）相続人がいれば、この方法では解決できません。

　また、換価分割では不動産を処分するため、相続税のほかに譲渡所得税が課税されます。したがって、換価分割による代金を得る場合は、代償分割で代償金を得る場合と比べると、譲渡所得税が課税される分だけ手取り額が下がるという短所があります。

　つぎに、換価分割の具体的方法についても注意が必要です。

　たとえば3人の子が換価分割する場合、持分1/3ずつの所有権移転登記を経由し、3人が売主となって不動産を売却することになるのが原則です。しかし、遠隔地居住の子がいるなどの事情により、手続を簡略化するために、一人の子の単独名義で登記したうえで、その名義人が不動産を売却して、他の相続人に分配金

を支払うという方法が採られることが少なくありません。

　しかし、思ったような値段で売れず、もう少し、もう少しと躊躇しているうちに長期間が経過することがあります。ところが、ようやく不動産を売却した後、名義人（売主）の子にだけ譲渡所得税が課税され、分配金の支払いを受けたほかの子には贈与税が課税される可能性があります。

　これを避けるためには、遺産分割協議書の中で、名義人の子はあくまで換価分割のために不動産を単独取得し、その後売却して代金を分配することが明らかになるよう記載する必要があります。また、相続人間では、売却の値段や時期もはっきりと決めておくべきでしょう。

(4)　共有分割

　共有分割は、遺産分割協議の結果、各相続人が不動産の共有持分を取得する分割方法です（各相続人の持分が法定相続分どおりとは限りません）。

　さて、遺産分割が成立しなくても、相続不動産は各相続人の共有に属しますから（民法898条）、遺産分割での不動産の共有分割は問題の先送りにすぎないように思えます。

　しかし、遺産に関しては分割の方法や分割の禁止が定められていますので（民法907条、908条）、相続人が遺産の分割を求めるためにはまず遺産分割によるべきであり、いきなり共有物の分割請求（民法256条、258条）を求めることはできないと解され、令和3年民法改正でも、相続財産に属する共有物の分割は遺産分割によるのが原則で、民法258条による分割請求ができないことが確認されました（改正民法258条の2第1項）。したがって、共有分割の遺産分割は、共有物の分割請求の条件を調える必要があります。

　したがって、延々と時間をかけて遺産分割協議や遺産分割調停を続けるよりは、法定相続分どおりで相続不動産を共有分割してしまい、その後の共有物分割請求訴訟で分割を求めるほうが早道になる可能性があります。共有物分割請求訴訟においては、競売（民法258条2項）や任意売却による処分も考えられますし、全面的価格賠償の判決を得て（最判平成8年10月31日判タ931号142頁以下）、適切な相続人が相続不動産の所有権を手に入れることができるかもしれません。

2　自宅の処分

　さて、相談例の場合、複数の不動産はないので現物分割は不適です。三男が自宅の承継に固執するなら、相談者と次男は、三男に対して代償金を支払うよう求めることになりますが（代償分割）、三男の資力が乏しければ、それも期待できません。

三男が「自宅を退去しない」、「絶対に売らない」と主張する以上、換価分割もできません。

このような場合、相談者としては、遺産分割調停を申し立て、調停委員会による三男の説得を期待しますが、三男が（共有分割も含めて）自宅の処分に同意しなければ、調停の成立は期待できません。したがって、調停は不成立として遺産分割審判に移行してもらい、遺産の競売や任意売却による換価（家事事件手続法194条）又は代償分割（同法195条）の審判を期待することになります。なお、換価分割すら相当でない場合（無剰余）は共有分割の審判が下されることもあるようです。

3　受任

相談例では、すでに紛争が起こっているも同然ですし、その処理に法的手続を要することは明らかですから、相談者（長男）から希望があれば受任します。

その場合には、前述のように、最終的には審判や共有物分割による換価が可能だと説明しますが、時間がかかることを説明してください。また、三男が認知症の母の面倒をみてきたといった事情がある場合には、思いのほか相談者に不利な遺産分割審判が下される危険があることも説明します。こうしたケースでは、相談者が三男のことをあしざまに罵りがちですが、居住する者を放り出せばよいといった過激な主張は、かえって裁判官の心証を悪くする（不利な審判を招く）おそれがあります。

なお、相談例とは逆に、このようなケースの三男から「自宅を自分のものにしたいので何とかしてくれ」と依頼された場合には、代償金を準備できなければその希望を叶えるのは困難だと申し上げるべきですし、自宅の取得には固執せず、任意売却と交渉によって実質的に有利な解決を図るべきであると説得することになるでしょう。

4　譲渡所得税

さて、遺産を処分する場合（換価分割や清算型遺言など）には、譲渡所得税が問題になります。「どうせ税理士マターだろ」などと軽く考えていると痛い目に遭うので、要注意です。

「譲渡所得税」とは、不動産などの資産を売ったときの譲渡所得（譲渡所得＝譲渡価額−取得費−譲渡費用−特別控除）に対して、事業所得や給与所得とは分離して課税される（分離課税）所得税の一種です（所得税法33条、38条）。

その税額に関しては、譲渡日の属する年の1月1日において所有期間が5年を超えていれば「長期譲渡所得」として所得税15％、住民税5％及び復興特別所得税2.1％（合計22.1％）が課税され、所有期間が5年以下の場合は「短期譲渡所得」と

して所得税 30％、住民税 9 ％及び復興特別所得税 2.1％（合計 41.1％）が課税されます。

　たとえば、亡母が昭和 62 年（1987 年）に 6,500 万円で買った不動産を相続し、令和 3 年（2021 年）に 5,000 万円で売却した場合には、譲渡価格＜取得費ですから、課税すべき譲渡所得がなく、譲渡所得税はかからないはずです。ところが、取得費の金額を証明するためには昭和 62 年当時の売買契約書等が必要で、契約書等によって取得費を証明できないときは、取得費は譲渡価格の 5 ％（250 万円）しか認められません。そうすると、（5,000 万円 − 250 万円）× 0.221（長期譲渡）= 10,497,500 円の譲渡所得税が課税されます。便宜上、ここでは復興特別消費税や特別控除、減価償却を無視していますが、いずれにしても、30 年以上前の売買契約書があるかないかによって、換価による手取り額にはかなりの差が出るのです。

　ちなみに、譲渡所得税の申告期間は譲渡日の翌年の 2 月 16 日から 3 月 15 日ですから、令和 4 年 2 月に相続不動産を売却したとしたら、申告期限を過ぎた令和 5 年の初夏に、税務署から譲渡所得に関する問い合わせの手紙が来ます（災害は忘れた頃にやってきます）。仮に弁護士が清算型の遺産分割や遺言執行を担当していて、事件終了後しばらくして、相続人から「最初に先生にお渡しした資料の中に、昭和 62 年の売買契約書があったはずですが、返していただけませんか」といわれると、背中に汗をかきます。

　こうした事態を避けるためには、①遺産換価の場合には譲渡取得税により取得額が下がることを予告し、②事件終了後 1 年以上経ってから税務署から問い合わせが来ることを説明し、③被相続人の遺産や書面を預かる場合には、その中に換価する遺産の原価に関する書類（売買契約書等）がないかどうかを必ずチェックし、④詳細項目列挙の預り証を発行し、⑤事件終了後もそれを整理保管しておくこと（残心）が必要です。[117]

　なお、税務面としては、そのほかにも、居住用財産の特例など各種特例の適用の可否、遺産分割に関する弁護士報酬を譲渡費用として控除できるかなどの問題もあります。つまり、最初から税理士に相談することが重要で、いつでも相談できる税理士を探しておくことが転ばぬ先の杖となります。

117）弁護士の書類保管義務は事件終了から 3 年でしたが（旧民法 171 条）、民法改正により令和 2 年から 5 年になっています（民法 161 条 1 項 1 号）。

━━━[三行要約]━━━

★　不動産の分割方法（現物分割、代償分割、換価分割、共有分割）には一長一短がある。

★　自宅不動産に固執する相続人がいても、紆余曲折を経て最終的に任意売却となることが多い。

★　不動産の換価が絡む相続では、忘れた頃に譲渡所得税が課される。

【相談例54】　**遺産分割と遺産整理**

　相談者（54歳男性）から「3か月前に母（77歳）が亡くなり、相続については相続人である次男（51歳）・長女（50歳）とほぼ合意できた。今後、どのように手続を進めればいいか」と相談された。

対応のポイント

　遺産分割について合意できたのなら、遺産分割協議書を作成して遺産の処分を始めます。遺産分割協議書は、不動産の所有権移転登記の原因証書となり、預貯金・株式・投資信託の名義変更・解約・売却などに必要な重要書類ですから遺漏がないよう正確に作成する必要があります。遺産の処分手続も煩雑なことが多いので、双方とも弁護士に任せるのが堅実です。

━━━━━ 解　説 ━━━━━

1　遺産分割協議書の作成

(1)　遺産分割協議書の作成

　遺産分割協議がまとまれば、すべての相続人が署名・捺印して遺産分割協議書を作成します（通常は相続人全員分の遺産分割協議書を作ります）。押捺する印鑑は実印を用い、作成する協議書全通に作成日付から発行後3か月以内の印鑑証明書を添付して綴じるようにします。また、契印をお願いします。[118]

　なお、相続人全員が一堂に会して遺産分割協議書を作成することが困難な場合

---

[118]　「契印」とは複数の書類が一体となっていることを証明するためのもので、ホチキスで留めた2頁以下の毎葉折り返し部分に署名捺印に用いた印鑑を押す方法と、背表紙で書類を一体化した後背表紙と本書のつなぎ目に捺印する方法があります。これに対して「割印」とは同じ内容の書類が複数あることを証明するためのもので、2通の同じ書類の1枚目をずらして、その境目に捺印します。

（相続人が遠隔地に散らばっている場合など）に、一人ずつが署名捺印した同一内容の遺産分割協議書を全員から集める方法もありますが、ほかの相続人がその内容に合意しているかわかりませんので、弁護士が代理人として関与し、説明書をつけて相続人全員の理解を求めるべきでしょう。

　また、相続人を確定できる戸籍謄本類も用意しておき、他の相続人から求められれば写しを差し上げます。

　なお、平成 29 年（2017 年）5 月 29 日から、全国の登記所（法務局）において各種相続手続に利用することができる法定相続情報証明制度が始まりました（不動産登記規則 247 条）。これは相続登記の促進のために創設された制度で、登記所（法務局）に戸除籍謄本等の束とあわせて相続関係を一覧に表した図（法定相続情報一覧図）を提出すれば、登記官がその一覧図に認証文を付した写しを無料で交付してくれます。そして、その後の相続手続には法定相続情報一覧図の写しを利用でき、戸除籍謄本等の束を何度も出し直す必要がなくなります（筆界特定の申請や金融機関の預貯金の払戻し手続等に利用されることも想定されています）。

(2)　遺産分割協議書作成の注意点

　遺産分割協議書を作成する際に見落としがちな点は、以下のとおりです。

　まず、遺産分割協議成立後に見つかった遺産の処理についての取り決め（包括条項）は忘れずに記載してください。実際、遺産分割後に株式配当金や還付金などが明らかになることが少なくありません。

　つぎに、相続財産からの果実（相続開始前後の賃料など）の帰属者を誰にするか、相続債務（ローン、医療費、葬儀費用など）を誰が支払うかなども（債権者には対抗できませんが）、遺産分割後に争いになりやすい問題ですので、遺産分割協議書に記載するよう勧めます。譲渡所得税や固定資産税の負担についても同様です。

　なお、海外資産、ゴルフ会員権、郷里の山林・田畑など換価困難が予想される遺産は、できる限り、相続人の一人に単独取得してもらうことを勧めます。相談例 64 で後述しますが、令和 3 年の不動産登記法の改正により、遺産分割から 3 年以内の所有権移転登記が義務付けられ、過料もあります（改正不動産登記法 76 条の 3、164 条）。したがって、相続人の誰もが欲しくない不動産でも処分を決めな

---

119)　詳細については、平成 29 年 4 月 17 日付法務省民二第 292 号及び平成 30 年 3 月 29 日付法務省民二第 166 号の法務省民事局長から法務局長及び地方法務局長宛て通達が参考になります。

ければなりません。また、相続土地国庫帰属法によって不要な土地を国庫に帰属させる方法も創設されましたが、要件が厳しく、どのように運用されるかも未知数です。したがって、現状では、もっとも多くの遺産を取得する相続人にそれらの遺産を取得させるしかないと思われます。

(3)　弁護士の関与

　相談例では、相続人間の話し合いによって、ほぼ遺産分割の合意ができたとのことですから、その内容をむやみに変更することは差し控えます。ただし、相続人漏れ、遺産漏れ[120]、名義変更や換価・分配などの手続の確認、課税リスクなどには注意してください。

　なお、遺産分割協議書の作成だけを依頼された場合は、前述した説明を参考に遺産分割協議書を作成します。この場合の弁護士報酬は、日弁連基準の契約書類及びこれに準ずる書類の作成に関する手数料になると思いますが、遺産の処分を決めるという点では遺言にも類似しますので、遺言書作成に関する手数料として計算してもよいと思います。

　そして、遺産分割が成立しても、その後の処理に難渋することが予想されるなら（この点は3項で述べます）、弁護士としては、やはり遺産分割協議書の作成のみならず遺産分割の履行（遺産整理）を含めて受任するべきです。

2　遺産別の相続手続

(1)　不動産の所有権移転登記

　不動産については、遺産分割協議書を原因証書として取得者から所有権移転登記を申請します。ただし、当事者の表示や不動産の特定等に瑕疵がある場合は登記できませんので、遺産分割協議書案の段階で司法書士に対し、記載に間違いがないかを照会したほうが堅実です（未登記や非課税の不動産が抜けていないかも確認してください）。

(2)　預貯金の名義変更・解約払戻し

　預貯金について、従前は相続人から法定相続分割合の預金払戻し請求ができるとされていましたが、現在は遺産分割の対象です（最決平成28年12月19日民集70巻8号2121頁）。したがって、遺産分割により、相続人の一人が単独で預貯金を相

120）相続人が名義預金や3年以内の生前贈与を明らかにしないまま遺産分割を成立させた後、かなり経ってから税務調査が入り、修正申告させられることがあります。この場合は相続人全員の税額が増えるので、他の相続人からのクレームを招きます。弁護士が遺産分割協議に関与する場合は、相続人全員に対し、すべてを明らかにするよう求めるべきでしょう。

続する場合には、遺産分割協議書等を金融機関に提示して名義変更を求めます。また、遺産分割で預貯金を解約して払戻金を分配すると決めた場合も、同様の手続によります（遺産分割協議書に代えて代表相続人の届を提出して解約する方法もあります）。[121]

(3)　株式・投資信託

株式・投資信託なども、遺産分割協議書などを提示してそれを取得する相続人に名義変更しますが、売却換価した代金を分配する場合（清算型）には、以下の注意が必要です。

まず、株式等の共有もあり得ますが、手続が複雑になるので推奨できません。したがって、相続人の一人が代表相続人として名義変更し、代表相続人が売却を指示する方法をとります。もっとも、代表相続人がその金融機関に口座を持っていなければ、新規に口座を開設しなければなりません。また、株式等は値段が上下して損益が出ますので、遺産分割で代表相続人に名義移転した場合には、直ちに売却するよう取り決めておきます。

3　遺産分割の履行（遺産整理）

(1)　遺産整理

「遺産整理」とは、成立した遺産分割に従って遺産を処分することです。もともと遺産整理という法律用語はなく、金融機関が遺言信託に基づかない（遺言がない）場合に相続手続を代行する商品（サービス）を表すものとして、この名称が用いられるようになりました。[122]

さて、遺産分割成立後の手続は前述のとおりですが、煩雑で手間がかかります。

特に、不動産や株式・投資信託などを売却し、あるいは預貯金を解約し、払い戻して、その結果得られた金員を相続人間で分配（清算）するとの内容を含む場合、その処理に当たる代表相続人を選ぶのが原則的ですが、代表相続人に何らかの障害が生じると手続がストップします（放置・延滞リスク）。そして、そのまま

121）代表相続人のほか、相続代表者又は相続人代表者と呼ばれることもありますが、同じ意味です。

122）ある金融機関では、遺産整理業務には相続人の確定、遺産の調査、遺産目録の作成、税理士の紹介、遺産分割協議書案の作成・提案、遺産分割手続の実施などが含まれるとされています。遺産整理業務による金融機関の報酬には最低額110万円（税込）等の定めがあり、弁護士による遺産整理に比べれば割高になりがちです。なお、信託協会の統計によれば、令和2年3月末の遺産整理の件数は6,531件です。

時間が経過して、その間に遺産分割協議書や印鑑証明書の原本を紛失すれば、再度これらの書類を徴求しなければならなくなりますが（保管リスク）、遺産分割の内容に不満を持つ相続人がいれば、応じてくれるとは限りません（居直りリスク）。さらに、代表相続人が払戻しを受けた預貯金や株式等の売却代金を勝手に費消してしまうリスクもあります（横領リスク）。

　したがって、遺産分割の内容を迅速かつ確実に履行するためには、相続人ではない専門職である第三者の関与（遺産整理受任者の選任）が望ましいといえます。

(2)　弁護士による遺産整理

　さて、金融機関が遺産整理業務を行っていることは前述のとおりですが、弁護士も、遺産整理受任者として適任です。遺産整理を引き受ける場合には、以下の点に注意してください。

　まず、遺産分割協議に引き続いて遺産整理を担当する場合は、すでに遺産分割が成立し、利益相反に抵触しないことを明らかにするため、改めて「遺産分割の履行に関する合意書」を作成し、その中で、相続人全員から弁護士に対して相続手続を依頼してもらうなどの方法を勧めます。

　つぎに、遺産分割の履行に関する合意書では、弁護士が遺産整理受任者となり、成立した遺産分割に従って遺産を処分すること、換価・売却によって得た遺産は預り口座で保管し、相続人からの照会に応じること、株式や投資信託は遺産整理受任者名義の口座に移管後直ちに売却すること、不動産売却の方法や期限などを記載します。特に清算型の遺産分割では、相続人に安心してもらうためにこうしたルールが必要です。

　なお、遺産整理に関する弁護士の手数料は、その内容が遺言執行者に類似することから、遺言執行者の報酬を参考にするのが合理的でしょう（ちなみに、4,000万円の遺産の遺言執行手数料（税込）は、日弁連基準では（4,000万円×1％＋54万円）×1.1＝103万4,000円です）。

三行要約

★　相続人間で合意が成立していても、遺産分割協議書は弁護士が作成するべき。

★　代表相続人に換価等を内容とする遺産整理を任せることには、放置・横領等のリスクがつきまとう。

★　弁護士が遺産分割に関与した後に遺産整理に当たる場合には、利益相反に当たらないことを確認する。

相談例55　遺産分割調停の申立て

　相談者（54歳男性）から、「近くに住んでいた伯母（86歳）が亡くなり、叔父（81歳）と私を含む甥・姪7人の合計8人が相続人となった。しかし、従兄弟たちの一部とは伯母の遺産に関する認識がかみ合わないので調停が必要だと思うが、どうすればいいか」と相談された。

対応のポイント

　相談者が、自分で申し立てるつもりで遺産分割調停の一般的な手続について質問されているのなら、その手続を説明します。しかし、遺産分割調停の過程では、前提問題をはじめ様々な専門的知識が必要になりますから、最初から弁護士が受任するほうがむしろ相談者のためです[123]。したがって、事案の内容を伺いながら、調停で問題になりそうな点を指摘して、弁護士への委任を勧めてください。

========= 解　説 =========

1　遺産分割調停手続に関する説明

(1)　管轄

　遺産分割調停を申し立てる場合の管轄は、「相手方の住所地を管轄する家庭裁判所」又は「当事者が合意で定める家庭裁判所」になります（家事事件手続法245条1項）。相談例の場合は、相手方は7人いるので、その相手方の住所地としていくつかの家庭裁判所を選択できますが、相続人全員の便宜を考えて決めるべきでしょう。

　なお、最初から遺産分割の調停ではなく、遺産分割の審判を申し立てることも可能です。遺産分割審判の管轄は、被相続人の住所地（相続開始地）を管轄する家庭裁判所（家事事件手続法191条、民法883条）又は合意管轄裁判所ですから（家事事件手続法66条）、相談者は、相続開始地を選択して遺産分割審判を申し立てることもできます。ただし、審判の申立てを受けた家庭裁判所が事件を家事調停に付すると判断すれば、結局は調停管轄権を持つ裁判所に移送されますので（家事事件

---

123)　令和元年（2019年）度の遺産分割事件の新受件数は15,842件（調停13,801件、審判2,041件）でした（令和元年度司法統計家事事件編第2表）。また、遺産分割調停の7割以上に代理人が就いています。

手続法274条1項、2項）、かえって時間を無駄にすることになりかねません。

(2) 申立書等

　相談者は調停申立ての具体的方法を知りたいのかもしれませんが、その説明には時間を取られますし、相談者も具体的な内容は覚えられません。したがって、調停申立書の書式、提出書類・提出方法・申立費用などの情報は、家庭裁判所のホームページで入手できることを説明したうえ、特に気にされる点について回答します（インターネットを使えないという方であれば、直接、家庭裁判所で相談いただいたほうが早いと思います）。

　そして、時間があるなら、申立書の写しは相手方に送付されるので、相手方の感情を害するような記載は控えること（または非開示を希望すること）、戸籍謄本・除籍謄本・改正原戸籍謄本などの取り寄せや遺産に関する資料の整理や提出に手間取ること、法定相続情報一覧図を提出した場合でも追加して戸籍謄本等の提出を求められる可能性があることなどを指摘します。そして、それらが煩わしいなら弁護士に依頼していただくべきでしょう。

(3) 遺産の特定

　遺産をできる限り明らかにしてから調停を申し立てるべきであり、家庭裁判所が後見的立場から遺産や特別受益を調査してくれると期待するとあてが外れます。この点を誤解されている相談者が多いので、必ず説明してください。

　なお、相談例の相談者は被相続人の近くにお住まいで、被相続人の通帳などを保管している可能性があるので、それをとりまとめて（家裁の書式に従った）遺産目録を作成するよう勧めます。

(4) 調停期日

　調停を申し立てた後、2か月程度で第1回の調停期日が指定され、以後、1か月から2か月に一度の割合で調停が開かれること、調停には調停委員会を構成する調停委員2名と対面して遺産分割の内容を協議することなどを説明します。

　また、調停委員の関心は、遺産の範囲の確定、特別受益や寄与分をどのように取り扱うか、どのような調停案が適切か、調停不調の場合に審判に移行するべきかにあるので、当事者が調停期日で縷々心情を訴えてもあまり効果がないことを指摘し、もし、主張したいことがあるなら書面にまとめるべきだし、そのためにも弁護士に委任したほうが効果的であると指摘します。

(5) 調停の結末

　相続人全員が同意すれば遺産分割調停が成立します。当事者が多数になる場合

には、調停期日に不出頭となる当事者が予想されますが、その場合でも、①電話会議システム又はテレビ会議システムの利用（家事事件手続法258条1項による同法54条の準用）、②調停条項案の書面による受諾の方法（同法270条1項）、③調停に代わる審判（同法284条1項）の利用などの方法により、調停を成立させることができます。

　これに対して、数回の調停期日を経ても調停成立の見込みがないときは調停不成立となり、自動的に遺産分割審判に移行します。なお、相続人の範囲や遺産の範囲などに問題があると（後述する前提問題）、調停の取下げを求められることがあります。

2　前提問題

　遺産分割調停を申し立てるに当たって、遺産分割の前提問題の確認は避けて通れません。

　遺産分割とは、相続人に遺産をどのように分配するかの問題ですから、法定相続人が確定し、遺産の範囲が確定し、かつ、遺言や遺産分割協議によって遺産の分配方法（各相続人の具体的相続分）が決まらない場合にはじめて、遺産分割に適した状態になります。

　したがって、①法定相続人に関して認知、廃除、縁組無効や親子関係不存在、相続欠格等の争いがある場合、②遺産分割時に存在する遺産の範囲に争いがある場合（名義預金や使途不明金など）、③遺言や遺産分割協議の有効・無効が争われている場合には、これらの問題を先に片付けておかなければ、遺産分割に適した状態になりません（遺産分割の前提問題）。

　前提問題が未解決でも、調停委員会は当事者全員が合意すれば遺産分割調停を成立させることができますし、調停不成立後に家庭裁判所は遺産分割審判を下せますが[124]（最大決昭和41年3月2日民集20巻3号360頁）[125]、その審判には既判力がないので、結論に不満のある当事者は別途の訴訟等でその判断の当否を争うことができ、紛争の一回的解決の要請（訴訟経済）に反します。

　そこで、一般に、遺産分割の前提問題は、遺産分割を行う前に訴訟等（認知と相続人廃除等の効力の確定は別途の審判手続によります）で解決しておくことが望ましいと

124）ただし、①の中でも、審判あるいは判決の確定によってはじめて身分関係が形成される前提問題（認知、認知無効、廃除、婚姻・離婚・養子縁組・離縁の各取消し、嫡出子否認、父を定める訴えなど）は例外で、遺産分割審判の中で判断できません。

され、遺産分割調停中に前提問題に関する合意が難しいと判明した場合には、調停委員会から、調停を取り下げて訴訟等で前提問題を解決するよう求められることがあります。

　したがって、遺産分割調停を申し立てる前に、上記①、②、③に関する前提問題がないかを相談者に確認し、もし前提問題があるなら、調停の中で合意できる見込みはあるのか、それが難しいなら遺産分割調停前に訴訟等によって前提問題を解決しておくべきではないかを検討します。

3　遺産分割の対象となる遺産

　相談者によると、「遺産に関する認識がかみ合わない」とのことですので、遺産分割の対象となる遺産について整理しておきます。

　「遺産分割の対象となる遺産」とは、①相続開始時に存在し、②分割時にも存在する、③未分割の遺産であると考えられています。ただし、以下の点に注意が必要です。

　第一に、不動産、株式、現金、借地権などは相続開始後は共有状態ですから③の要件を満たし、①、②の要件もそろえば遺産分割調停及び同審判の対象となります。

　第二に、債権は、相続によって当然分割となるなら共有状態が解消され、③の要件を満たしません。ただし、最高裁は、投資信託受益権や個人向け国債（最判平成26年2月25日民集68巻2号173頁）、投資信託受益権から相続開始後に発生した元本償還金又は利益分配金について、当然分割債権にならない旨を判示し（最判平成26年12月12日裁判集民248号155頁）、普通預金債権、通常貯金債権及び定額貯金債権についても、遺産分割の対象となると判断しましたので（最大決平成28年12月19日民集70巻8号2121頁）、これらの債権を対象とした遺産分割の調停や審判は可能です。

　これに対して、貸金債権、賃料債権、不当利得返還請求権や不法行為による損害賠償請求権は当然分割債権となるので、③の要件を満たしませんが、相続人全員が

---

125) 最大決昭和41年3月2日は、相続欠格の主張があった事案に関するもので、「（遺産分割の）審判は、相続権、相続財産等の存在を前提としてなされるものであり、それらはいずれも実体法上の権利関係であるから、その存否を終局的に確定するには、訴訟事項として対審公開の判決手続によらなければならない。しかし、それであるからといって、家庭裁判所は、かかる前提たる法律関係につき当事者間に争があるときは、常に民事訴訟による判決の確定をまってはじめて遺産分割の審判をなすべきものであるというのではなく、審判手続において右前提事項の存否を審理判断したうえで分割の処分を行うことは少しも差し支えないというべきである」と判示しました（最高裁判所判例解説民事編昭和41年度87頁）。

同意する場合には遺産分割調停及び同審判の対象とすることができます。

　第三に、相続開始前に出金された預貯金（使途不明金）は①の要件を満たさず、相続開始後に出金された預貯金（同）は②の要件を欠きますが、相続人全員が合意するなら遺産分割調停及び同審判で対象とすることができます（相談例 57 参照）。なお、後者に関しては、平成 30 年相続法改正により、相続開始後かつ遺産分割前に財産が処分された場合であっても、共同相続人全員の同意があれば、その遺産を遺産分割の対象とすることができ、共同相続人が財産処分をした場合には、その共同相続人の同意は不要とされました（民法 906 条の 2 第 1 項、2 項）。

　第四に、相続開始前の相続債務や相続開始後の葬儀費用や遺産管理費用は、遺産分割調停の中で負担割合を協議することはできますが、①から③の要件をすべて満たさないので、遺産分割審判で対象とすることはできません。

　最後に、遺産の一部についての遺産分割も有効です（平成 30 年改正による民法 907 条）。したがって、遺産性に争いがある部分や引取り手がない遺産（山林・農地など）は、遺産分割の対象から外すことができます。

4　遺産分割調停の申立てについての注意

　まず、相談例のように、多数の相続人（相手方）がいる場合は[126]、申立前に、相続人間で相続分の譲渡（民法 905 条 1 項）や相続分の放棄を試み、当事者の人数を減らしておくべきです。

　もっとも、①相続分の譲渡や相続分の放棄は「相続の放棄」と異なって譲渡者・放棄者は相続債務を免れないこと[127]、②相続分の譲渡は相続人以外に対しても行えること[128]、③相続分の譲渡や放棄は印鑑証明書を付した家庭裁判所所定の書面によること、④相続分の譲渡や放棄には遡及効がないこと、⑤相続分の譲渡や放棄後に遺産分割が成立する場合、司法書士に相続登記手続の方法を確認する必要があること、

126）わが国の令和元年（2019 年）の合計特殊出生率（人口統計上の指標で一人の女性が出産可能とされる 15 歳から 49 歳までに産む子供の数の平均を示す数値）は 1.36 ですが、昭和 22 年（1947 年）のそれは 4.54 でした。つまり、当時は 4、5 人の兄弟がいるのが普通だったので、超高齢者の相続では、多数の兄弟姉妹やその代襲相続人が登場します。

127）相続人が相続手続からの完全離脱を求めているなら相続放棄を選択すべきであり、相続分の放棄は不適切です。

128）権利関係が錯綜した未分割の不動産の再開発を目的として、相続分の譲渡が利用されることがあります。他の共同相続人は譲渡された相続分の取り戻しを請求できますが、その期間は（譲渡後）1 か月に限られます（民法第 905 条）。

⑥相続分の譲渡や放棄により対価を得た場合には相続税が課税されること、¹²⁹⁾⑦遺産分割調停申立後に相続分全部を譲渡した当事者は手続から排除されること（家事事件手続法43条1項）などに注意が必要です。

つぎに、相続人の中に意思能力に問題がありそうな高齢者がいる場合には、あらかじめ成年後見人を選任してもらっておくべきです。

また、遺産分割事件を受任して調査したところ、被相続人の先代や先死亡した配偶者名義の不動産等が残っていたといったことがあり、一次相続と二次相続の二件の遺産分割調停を申し立てることがあります。古い日付の一次相続では法定相続分が異なりますので（昭和22年5月2日以前に相続開始した場合は家督相続、昭和55年12月31日以前に相続開始した場合は配偶者の法定相続分が少なくなっています）、相続開始の日付に注意してください。

5　受任に関する注意

(1)　相談者への対応

以上のように、遺産分割調停では、手続上の問題のほかにも前提問題や遺産分割の対象となる遺産の問題など実に様々な法律問題の検討が必要ですから、相談者に対しても、弁護士に依頼するよう勧めざるを得ません。

もっとも、相談者の中には、遺産分割調停を申し立てて事情を説明すれば、家庭裁判所が問題を整理し、相手方を説得して妥当な解決を図ってくれるだろうと考えている方がおられます。そのような場合に、上述の問題を正確に説明しようと試みても時間が足らず、説明しても、ほとんど理解していただけないはずです。したがって、時間の限られた法律相談では、問題点の指摘を最小限にとどめ、相談者の心情を理解して信頼関係を構築することに重点を置くべきでしょう。

(2)　複数の相続人からの受任

法律相談の結果、相談者だけでなく、それ以外の相続人からも遺産分割調停を依頼されることがありますが、原則として相続人の一人から受任すべきです。

というのも、遺産分割に長期間がかかり、その間に隠れていた特別受益が判明したり、不動産の取得や評価など遺産分割案に対する意見が食い違い、依頼人同士が反目することがあるからです。複数の相続人から受任したほうが合理的です

---

129)　相続分の譲渡に関する課税は、譲受人が相続人か否か、有償か否か、対価の額などの要素により、非課税、相続税課税、贈与税課税、譲渡所得税課税の問題を生じますので、税務署又は税理士に対する確認が不可欠です。

が、解決のための選択肢が狭まったのでは本末転倒です。

　したがって、複数の相続人から受任を希望された場合は、相続分の譲渡により相続人の一人に相続分を集中して受任するほうが望ましいでしょう。

　それでもやむを得ず、意見対立の危険はないと判断して、複数の相続人から同時に遺産分割調停を受任する場合には、その相続人全員と面談し、遺産分割に関する方針も説明したうえで利益相反に関する同意書を徴求し、家庭裁判所に提出します。その場合の委任契約書には、複数の依頼人が対立した場合の中途解約（辞任）条項や、その場合の免責及び報酬費用の清算方法を定めておきます。また、調停が成立する際には、できる限り、当事者全員に同席していただくべきでしょう。[130)]

(3)　高齢者からの受任

　超高齢社会ですから、高齢の相続人から遺産分割事件を受任することもあります。

　たとえば、相談者から「叔父（81歳）は施設に入っており、コロナ禍で面会もできないが、自分と意見は同じだから一緒に受任してほしい」と頼まれるかもしれません。しかし、この言葉を信じて叔父と面談せずに委任状だけ受け取って遺産分割事件を受任すると、利益相反の問題だけではなく、そもそも委任契約の有効性が問題とされ、懲戒処分を申し立てられる危険があります。

　ちなみに、依頼者の意思の尊重に関する弁護士職務基本規程22条2項は、「弁護士は、依頼者が疾病その他の事情のためその意思を十分に表明できないときは、適切な方法を講じて依頼者の意思の確認に努める」としますが、具体的には、医師の立会を求めて理解を確認すべきだとされています。[131)]

　したがって、認知症の高齢者から受任する場合は、遺言書作成の際と同様に細心の注意を払わなければなりません。

三行要約

★　遺産分割調停を申し立てる前に、前提問題や遺産に関する問題をチェックする。

★　法律相談で調停の方法や問題点の説明に終始すれば、かえって相談者の信頼を得られない。

130）解説「弁護士職務基本規程　第3版」96頁。
131）解説「弁護士職務基本規程　第3版」53頁。

★　複数相続人からの受任は将来的な利益相反の可能性があるので、原則として推奨
しない。

<hr>

相談例56　調停不成立と遺産分割審判

　相談者（52歳男性）から、「亡母（享年83歳）の相続の件で弁護士に依頼し、
長女（55歳）と次女（53歳）を相手方として遺産分割調停を申し立てたが話し
合いがまとまらず、調停委員から、このままでは次回調停期日に調停を不成立
とし、後は審判で判断してもらうことになるといわれた。今の弁護士は信用で
きないので、審判になったらどうなるのか教えてほしい」と相談された。

対応のポイント

　遺産分割調停を不成立として遺産分割審判に移行するとなった段階で、依頼
人がようやく思惑どおりにいかないと気づくことがあります。そうすると依頼
人が依頼していた弁護士に対して不満を持ち、このような相談に来られること
があります。こういう事態を避けるためにも、遺産分割調停が不成立になり、
遺産分割審判に至った場合を予想して、依頼人に説明しておく必要があります。

=解　説=

1　遺産分割審判の説明

　遺産分割の審判について相談者に説明すべき点は、おおむね以下のとおりです。

(1)　遺産分割審判の進行

　遺産分割調停が不成立になれば、自動的に遺産分割の審判に移行します（家事
事件手続法272条4項）。遺産分割の審判は、裁判官が一切の事情を斟酌して遺産の
分割方法を決める手続です。

　遺産分割調停の申立てから調停成立や遺産分割の審判までの平均審理期間は、
約12か月とされています（令和元年7月19日、裁判の迅速化に係る検証に関する報告
書）。審判手続でも、当事者の意見を聞き、あるいは立証を尽くさせるために審
問が開かれることはありますが、調停事件で提出した書面や資料で十分と判断さ
れたときには審問が開かれません。したがって、「第一審がダメなら第二審で最
初から」という考えは通用しません（通常の民事訴訟でも同じです）。

　なお、審判に対しては、2週間以内に即時抗告できます（家事事件手続法198条
1項、86条1項）。

(2)　遺産分割審判の対象となる遺産

　遺産分割の対象となる遺産については説明しましたが（相談例 55）、相続開始時点に存在していても審判時に現存しないものは、審判の対象にはなりません。ですから、相続開始後に処分されてしまった遺産も対象になりません（民法 906 条の 2 第 1 項によって遺産とみなされるものは例外です）。

　また、審判では、当然分割される不当利得返還請求権や損害賠償請求権などの債権も、当事者間が審判対象とすることに合意していなければ対象外です。その結果、審判対象は、主として、審判時に現存する不動産と預貯金と株式になります。

(3)　遺産の評価

　遺産の評価については、特別受益や寄与分の計算では相続開始時の評価が基準になり、遺産分割の審判では分割時における評価が基準になります。

　不動産については、固定資産税評価額、相続税評価額（路線価）、実勢（鑑定）価格とするのかなどといった問題があるため、裁判所の手間を省くためにも、遺産分割調停の段階で、当事者間でどの評価方法をとるのか合意しておくべきです。なお、不動産や非公開株式の評価に関しては、抗告審での再燃を防ぐために鑑定が推奨され、費用を予納すれば鑑定はほぼ認められます。

(4)　不動産の処分

　審判は後見的立場からの具体的妥当性を重視するので、当事者の意図したとおりの分割にならないこともあります。たとえば、ひきこもりの相続人を自宅から追い出したいといった主張は、かえって裁判官の心証を害することになりかねません。

　また、遺産の価値の大半を自宅が占めるような場合は代償分割の審判が合理的ですが、相続人に代償金を払うだけの資力がないなどの事情を勘案し、当事者が望まなくても、自宅の任意売却や競売による換価を命じたり（家事事件手続法 194 条）、共有分割の審判が下されることもあります。

(5)　寄与分を定める処分の審判

　特別受益の主張に関しては遺産分割審判の中でも考慮されますが、寄与分は、審判に移行した後、改めて家庭裁判所が定める期間内に寄与分を定める処分の審判を申し立てる必要があり、それを怠ると遺産分割の審判の対象外とされることがあります（家事事件手続法 193 条）。

2　審判の予想

　相談例では、相談者が申し立てた遺産分割調停の争点が明らかになっていません。そこで、相談者からこれまでの遺産分割調停の経過について事情を聞き、審判に移行することが相談者にとって有利か不利かを考えます。

　たとえば、相談例において、相談者が長女や次女の特別受益（あるいは使途不明金や名義預金）を問題にしたのに、長女や次女がこれを否定し、調停委員会もそれを追及してくれないというパターンが考えられます（遺産分割調停や審判の1/3がこのパターンといわれています）。もちろん相手方に特別受益があることは相談者の側で主張立証しなければならず、それが奏功しないなら、特別受益がないものとして審判される可能性が高いでしょう。そうすると、調停不成立にするよりはむしろ調停で妥協を図ったほうが相談者の利益になるでしょう。

　また、相談者の言い分が、自分は長男だし両親の面倒をみてきたことが評価されないのはおかしいとか、亡父の一次相続では長女や次女が得をしたので今回は譲れないといった程度の主張であれば、審判でそれらの主張が認められる可能性は少ないので、調停不成立は避けたほうがよいと思われます。

　逆に、長女や次女の特別受益等については十分な主張立証があるものの、長女や次女が頑なにそれを認めない場合や、調停にも出頭しないような場合も考えられます。この場合には、むしろ審判を下してもらったほうがよいでしょう。

　なお、家庭裁判所は、調停が成立しない場合でも、調停に代わる審判をすることができます（家事事件手続法284条）。これは、他の相続人は同意しているのに相続人の一人だけが調停案を頑固に拒んでいる場合や、調停期日に出頭しない場合に用いられます。相談例でも、調停委員会は、調停不成立とするのではなく調停に代わる審判を下す可能性がありますが、これによってある程度審判の結果を予想できること、調停に代わる審判に対しても異議を申し立てれば審判に移行すること（同法286条1項、7項）を説明します。

3　弁護士との関係

　相談者は、遺産分割調停を申し立てれば、家庭裁判所が相談者のこれまでの苦労を理解し、生前に引き出された預貯金などについても遺産性を認めてくれるはずだと思い込む傾向がありますし、受任した弁護士も、深く考えずにとりあえず受任していることがあります。そして、遺産分割調停では、調停委員は調停成立に向けて当事者の感情を宥めますから、相談者は調停委員の言動から自分の言い分が理解されていると考えがちです。

　しかし、遺産分割審判は遺産分割調停の延長ではなく、冷徹に判断が下されます。そうして、遺産分割審判が現実味を帯びるようになってはじめて、相談者が思惑どおりにいかないと気づき、弁護士との信頼関係が崩れるのです。弁護士がこれを避けるためには、遺産分割調停を申し立てる前に（できれば受任前に）、調停の展開や見通し、その帰趨や危険性について十分な説明をしておくしかありません。

　なお、相談例で、相談者から委任を希望されたとしても、受任中の弁護士との委任契約が終了するまでは具体的関与は控えてください（弁護士職務基本規程 72 条）。

───**三行要約**

★　調停で主張できていたことが審判では考慮されず、予想外の審判が下されることがある。

★　事前の説明が不十分だと、調停の終盤になって依頼人と弁護士の信頼関係が崩れる。

★　調停の中で妥協するか、あえて審判を望むのかは事案の内容と相談者の希望による。

相談例57　使途不明金の扱い

　相談者（62 歳女性）から、「1 年前に施設で亡くなった母（90 歳）の遺産が預金 300 万円だけだったので、おかしいと思って取引履歴を調べたら、①相続開始の 4 年前に窓口で定額預金 1,000 万円を解約し、②相続開始の 3 か月前に 50 万円ずつ 14 回にわたって 700 万円の普通預金が ATM で引き出されていた。相続人は私と弟（59 歳）だけで、かつて母と同居していた弟が預金を抜き取ったに違いない。そこで、（弁護士には委任せず）出金された 1,700 万円を遺産に含めて遺産分割調停を申し立てたが、弟は『知らない』との一点張り。調停委員も『その問題は遺産分割調停では扱えない』といって取り合ってくれない。どうすればいいだろうか」と相談を受けた。

対応のポイント

　使途不明金（不正出金）の問題は、遺産分割の付随問題の典型例で、相続分野におけるもっとも難解な論点の一つです。相談者の現実的な選択肢としては、調停不成立として審判を求めるか、調停を取り下げて不当利得返還請求又は損害賠償請求の訴訟を提起するしかなさそうですが、具体的な事情を確認したう

えで方針を検討します。

—————— 解　説 ——————

1　遺産分割の付随問題

「遺産分割の付随問題」とは、遺産分割の当事者等との間で発生する種々の法律問題のうち、遺産分割審判の対象外の事項とされ、別の法的手続により解決せざるを得ない問題のことです。

具体例としては使途不明金のほかに葬儀・埋葬の関連費用、祭祀承継、遺産管理費用及び収益の分配、相続債務の整理・分配などが挙げられます。ことに相談例のような場合、相続開始時に残っていた預貯金の額よりも使途不明金の額のほうが大きいので、相談者とすれば使途不明金を含めた分割でなければ納得できず、遺産分割調停での当事者の主張は先鋭に対立します。

2　調停委員会の対応

しかし、付随問題は、もともと遺産分割の対象ではありません（この点で前提問題と異なります[132]）。もちろん相談者が使途不明金に関する主張を諦め、現存する預金300万円のみを対象とする遺産分割で我慢するなら別ですが、それは難しいでしょう。

そこで、遺産分割調停の2、3回目の期日までに使途不明金の扱いについて当事者が合意できる見通しがなければ、調停委員会は、調停を不成立として遺産分割審判に移行するか、遺産分割調停を取り下げるかを選択するよう求めます（当事者が前提問題について合意できる見込みがない場合も同様です）。

3　相談者の選択肢

このような場合、相談者としてはどのように対応すべきでしょうか。

第一に、現存遺産（300万円）のみを対象とする遺産分割調停を成立させ、その後に、弟に対する不当利得返還請求や不法行為による損害賠償請求の訴訟を提起することが考えられます。しかし、その訴訟で、弟が一転して使途不明金は母から贈与

132）講学上は前提問題と付随問題に分類されますが、両者とも別の訴訟等で解決すべき課題であることは共通しますから、調停委員や代理人も付随問題を「前提問題」と表現することがあります。なお、相談例で相談者は使途不明金を「遺産」と主張しているので、遺産の範囲に関する前提問題と考えることもできそうですが、引き出された預金が現金のまま保管されているといった特段の事情がなく、当然分割債権である不当利得返還請求権等の構成をとらざるを得ないのなら、付随問題に分類されると思います。

された（特別受益）と主張するかもしれません。そこで、この方法を選択する場合には、一部分割である旨、あるいは使途不明金は贈与（特別受益）でないことを確認しておくべきでしょう。

　第二に、調停を不成立として審判に移行した場合、使途不明金は遺産分割の対象ではないため、現存遺産のみを対象とする審判が下されるはずです。そして、その後の不当利得返還請求等の訴訟で弟が使途不明金を特別受益と主張した場合は先と同じ問題に逢着しますが、その場合には審判をやり直すことができません。また、遺産分割の調停や審判で時間を空費した後、しばらくしてから不当利得返還請求等の訴訟を提訴する場合は時効を援用される可能性もあります。

　第三に、調停委員会の勧めにしたがって調停を取り下げ、不当利得返還請求等の訴訟により、遺産分割に先行して使途不明金の問題を解決する方法もあります。手戻りになるので、相談者としては不本意でしょうが、負担になるのは相手方（弟）も同様です。展開次第では訴訟中の和解による（遺産分割を含めた）解決もあり得ますので、これを勧めるのも選択肢の一つになります。

　ところで、以上の選択肢は、いずれも不当利得返還請求等の訴訟を予定するものです。しかし、不当利得返還請求等の訴訟で勝訴できなければ、絵に描いた餅にすぎません。そこで、不当利得返還請求等の訴訟において勝訴の見込みがあるか否かを検討し、その見込みが薄いなら、第四の方法として、譲歩の姿勢を見せながら少しでも有利な条件の下で遺産分割調停を成立させるべきでしょう。

4　別訴における勝訴の見込み

(1)　出金者の特定

　通帳や取引履歴によって、被相続人名義口座からの相続開始前の出金が見つかっても、それだけでは誰が出金したのかわかりません。

　相談例では、4年前の窓口での定額預金解約の際には本人確認されたはずですが、弟が母に同行し、出金伝票に代書して出金している可能性もあります。そこで、（弁護士会照会制度を利用して）出金伝票を入手し、その筆跡・印影や本人確認書類によって弟の関与があったか否かを確認します。他方、当時の母の介護認定の調査票、主治医意見書、介護記録などによって、母の健康状態や認知症の程度を調査し、母自身の意思によらない出金の可能性があるかを検討します。

　つぎに、相続開始3か月前のATMでの出金については、弟がキャッシュカードの在り処や暗証番号を知っていた蓋然性があること、当時母が施設に入所していたことに加え、出金したATMが被相続人が入居していた施設から遠く、弟の

生活圏内（自宅や勤務先の最寄り駅）にあるといった事実が認められれば、弟が母の
キャッシュカードを利用して出金したと推定できそうです。

(2)　出金の使途

　弟が出金への関与を認めざるを得なくなったとしても、弟は、その使途につい
て、①母に出金全額を手渡した、②母の生活費や自宅改修費用等に使った、③母
から贈与された、④母から借りた（預かった）と反論する可能性があります。

　しかし、①については、母に多額の出費を要する事情が見当たらず、入所中の
施設でも多額の現金を保管できなかったといった事情があれば弟の主張は不合理
ですし、②についても、使途や領収証が明らかにならなければ同様で、不当利得
返還請求等が認められる可能性が高くなります。

　また、③の贈与を主張するなら（持戻し免除の問題はあるとしても）特別受益と
して遺産分割で考慮されるべきことですし、④については、貸金返還請求や預託金
返還請求となるだけです。

　こうしてみると、弟の側も使途不明金の説明に窮しますので、調停では、「知
らない」の一点張りということが起こります。しかし、不当利得返還請求等の民
事訴訟になれば、何らかの説明が求められますから、これらの訴訟を利用したほ
うがよい場合があると思います。

(3)　遺産分割調停における方針

　以上からすると、係属中の遺産分割調停においては、弟に証拠を突き付けて使
途不明金への関与を認めさせ、それが贈与（特別受益）でないことを書面によっ
て明らかにさせるべきです。

　一方、母の認知症が軽度で、ある程度の意思能力が維持されており、むしろ母
は傍にいる弟を頼りにしていた（生活費の出金を任せていた）等の事情があって、一
部でも、それなりの領収証が提出されるなら、弟に対する包括的委任関係が認め
られ、不当利得返還請求等が棄却される可能性が出てきます。したがって、その
ような場合は、無理をせず遺産分割調停の中で問題を解決すべきでしょう。

　以上のように、使途不明金の問題の解決には、事実の調査、法的評価や手段選
択についての専門的な知見が必要ですから、相談者には弁護士への委任が不可欠
であると説得してください。

(4)　相続税との関係

　少し細かくなりますが、使途不明金については、税務面での問題があります。

　まず、相続開始3か月前の700万円の出金は、それが贈与だったとしても遺産

とみなされ（3年以内の贈与はみなし相続財産です）、相続税の課税相続財産に含まれます。

つぎに、4年前の1,000万円の出金は、税務調査の末、弟名義の預金口座への同時期、同額の入金が確認できれば贈与とみなされ、弟に対して、多額の贈与税や無申告加算税が課税される可能性があります。そして、弟がその負担を免れるためには、税務署に対して、これは預り遺産だと主張せざるを得ません。しかし、その場合には全体の相続税額が変更されるため、弟のみならず、相談者も修正申告が必要になります。したがって、相談者としては、弟が遺産分割調停で、使途不明金につき特別受益と持戻し免除を主張した場合でも贈与税課税の可能性を指摘し、あるいは、やがて生じる相続税申告との矛盾を指摘して交渉できる可能性があります。

なお、同様のことは名義預金に関してもいえます。たとえば、被相続人の貸金庫の中から見つかった弟名義の預金通帳について、弟が贈与を受けたものだと主張すると贈与税課税の問題が生じますので、その負担を避けるためには、名義預金（遺産）と認めざるを得ないのです（相談例30参照）。

このように、使途不明金、生前贈与（特別受益）、名義預金等に関しては、課税上の問題を指摘して、遺産性を認めるように相手方を説得できる可能性があります。

5　相続開始後の使途不明金

さて、相続開始後の使途不明金についても指摘しておきます。

相続開始後、遺産分割までの間に、相続人の一人が被相続人の預貯金をATMなどで出金した場合、（その相続人が遺産としてその金員を保管していると認めない限り）出金された金額は現存しないので、遺産分割の対象となりません。したがって、これも、他の相続人から出金した相続人に対する不当利得返還請求等の訴訟によって解決されるべきです（付随問題）。

しかし、遺産分割と別に不当利得返還請求等の訴訟を要するのは手間なので、平成30年の相続法改正により、「遺産の分割前に遺産に属する財産が処分された場合であっても、共同相続人は、その全員の同意により、当該処分された財産が遺産の分割時に遺産として存在するものとみなすことができる」、「共同相続人の一人又は数人により同項の財産が処分されたときは、当該共同相続人については、同項の同意を得ることを要しない」とされました（民法906条の2第1項、2項）。

したがって、相続開始後に財産処分をした共同相続人以外の共同相続人の同意を

得られるなら、例外的に、遺産分割の対象とすることができます。

三行要約

★　使途不明金は、不当利得返還請求等の訴訟によって解決されるべき遺産分割の付随問題である。

★　共同相続人が使途不明金の出金に関与したことを証明できるか否かが第一関門となる。

★　勝訴の見込みによるが、不当利得返還請求等の訴訟に移行したほうがよい場合がある。

相談例58　相続放棄と限定承認

　相談者（55歳女性）から、「音信不通だった父（77歳）が半年前に亡くなったらしいと、伯母（80歳）から聞いた。父は事業に失敗し、貸金業者に多額の債務がある可能性がある。私は相続放棄できるのだろうか。相続放棄できても、自分の息子（23歳）や伯母に借金を継がせることにならないだろうか」と相談された。

対応のポイント

　相続放棄は、自己のために相続の開始があったことを知った時から3か月以内に行う必要があるので、いつ、父の死亡を知ったのかを確認します。また、相続放棄した場合は初めから相続人でなかったことになるので、相談者の子に債務は引き継がれませんが、次順位の相続人として伯母が繰り上がる可能性があります。

――――――――――――　解　説　――――――――――――

1　相続放棄の手続

　相続放棄は、自己のために相続の開始があったことを知った時から3か月以内に、相続開始地の家庭裁判所に相続放棄の申述書を提出（郵送可）して申し立てます（民法915条1項）。なお、相続放棄の年間件数は約20万件です。

　相談例では、伯母から父が死んだらしいと聞いただけですので、相談者としては、除籍謄本を入手して父の死亡を確認すべきですし、その確認をした時から3か月間は相続放棄できます。なお、家庭裁判所は、熟慮期間（3か月）徒過後の申述も受理します。相続債権者が熟慮期間経過後の相続放棄の効果を争う可能性はあります

が、通例、相続債権者は相続放棄受理証明書を確認すれば法人内で損金処理できま[133]すのでその可能性は低いでしょう。

2　相続債務の確認

相続債務の内容が不明のままでは相続放棄を決断できません。したがって、亡父の債務を調査することを勧めます（相談例 49 参照）。なお、相続債務の確認に時間がかかるなら、相続放棄期間伸長の申立てを勧めます（民法 915 条 1 項但書）。伸長期間は 3 か月が原則ですが、音信不通だった等の事情により、再度の伸長が認められることもあります。

3　相続放棄の効果

相続放棄すれば、初めから相続人にならないので、相談者の息子も債務を承継しません。ただし、同順位の相続人（子）全員が相続放棄すれば次順位の者（この場合は伯母）が繰り上がります。

そこで、相談者が相続放棄した後、繰り上がる相続人（伯母）にもその旨を連絡し、相続放棄してもらうべきかという問題が生じます。しかし、通常、債権者は繰り上がり相続人まで追跡しませんし、相続放棄は債権者から催告が来てからでも遅くないので、伯母には相談者が相続放棄した事実を連絡しなくてもよいと思います。相談者が心配されるなら、繰り上がり相続人（伯母）に連絡して、相続放棄を勧めてもかまいません。

なお、相続例とは異なりますが、両親の片方が亡くなった場合に子が相続放棄すると、被相続人の兄弟姉妹が相続人に繰り上がるので、注意が必要です。

4　相続放棄と遺贈

被相続人に相続債務がある場合、遺産の一部を死因贈与契約や特定遺贈で相続人や孫に贈与・遺贈しておき、その相続人が相続放棄するという方法もあります。この方法によれば、相続債務を承継することなく特定の財産を手元に残すことができそうですが、不動産の死因贈与の受贈者である相続人が限定承認した場合において、

---

133)「損金処理」とは、法人がその確定した決算において費用又は損失として経理すること（損金経理）をいいます（法人税法 2 条 25 号）。損金経理が認められれば課税所得から損金を控除することができます（同法 22 条 1 項、3 項）。もっとも、法人税法基本通達 9－6－2（回収不能の金銭債権の貸倒れ）によれば、その債務者の資産状況、支払能力等からみてその全額が回収できないことが明らかになった場合でなければ、金銭債権を貸倒れとして損金経理をすることができないとされますが、相続人全員が相続放棄した事実は、被相続人の資産や支払能力がないことの資料になると思われます。

信義則上、不動産所有権を相続債権者に対抗できないとした判例もあり（最判平成10年2月13日民集52巻1号38頁）、安心はできません。

5　限定承認

　限定承認とは、相続人が、相続によって得た財産の限度においてのみ被相続人の債務及び遺贈を弁済すべきことを留保して相続の承認をすることです（民法922条）。たしかに、遺産の範囲でのみ債務を負担すればよいというのは合理的に思えますので、遺産や相続債務の内容が判然としない場合に、限定承認を希望される相談者も少なくありません。

　しかし、第一に、限定承認は、①共同相続人全員が共同して行い（民法923条）、②相続債権者らに対する公告が必要で（民法927条）、弁済のための相続財産の換価は競売によることとされ（民法932条）、③相続人が複数の場合は、相続人の中から相続財産管理人の選任を要する（民法936条）とされるなど、厳格な手続が予定されています。¹³⁴⁾

　第二に、限定承認では相続不動産の値上がり益が確定したものとして、自動的に被相続人に対してみなし譲渡所得の課税が行われ（所得税法59条1項1号、国税不服審裁決平成11年11月26日裁決事例集58号97頁）、相続開始後4か月以内に準確定申告しなければなりません。したがって、相続不動産の相続時評価額が取得額等を上回る場合や、取得額が売買契約書等によって明らかにならない場合（利益が出ているとみなされる場合）には課税リスクがあります。

　第三に、限定承認手続中に、相続財産の債務超過が明らかになった場合、限定承認者や相続財産管理人は相続財産の破産を申し立てることができますが（破産法224条1項）、これは義務ではありません。したがって、破産を申し立てないなら、債権者を説得して按分弁済による任意整理を行うことになりますが、債権者はこれに同意する義務はありませんので、暗礁に乗り上げるリスクがあります。

　第四に、限定承認者や相続財産管理人の責任は重いにもかかわらず、相続財産の中から当然には報酬を得られません（家事事件手続法201条10項、125条）。

　以上から、相談者に限定承認を勧めると思惑違いになりかねませんので、事前に、問題点を説明しておく必要があります。

---

134) 相続人の存在が明らかでない場合にも家庭裁判所によって相続財産管理人が選任されますが、限定承認の場合の相続財産管理人は、相続人の一人が選任される点で違いがあります。つまり、後者の相続財産管理人には、本来債務を負うべき相続人としての性格があります。

★　相続債務を調査し、債務が遺産を上回ることを確認してから相続放棄する。

★　相続放棄したことによる相続人の繰り上がりに注意する。

★　限定承認を相談された場合には、その問題点を事前に説明しておかなければならない。

【参考】法定相続人と法定相続分

　法定相続人と法定相続分は相続の基本ですが、法律相談でもあわてて間違えることがありますので、以下のとおり、まとめます。

1　法定相続人

（1）　配偶者

　　被相続人の配偶者は常に相続人です（民法890条）。

（2）　子、孫・曾孫（直系卑属）

　　被相続人の子とその代襲者は、第1順位の相続人です（民法887条1項）。代襲者が相続開始以前に死亡していれば、その代襲者の子（被相続人の直系卑属＝曾孫）も代襲します（同条3項）。

　　子やその代襲者が、相続欠格（民法891条）や廃除（民法892条）によって相続権を失ったときは、さらにその者の子が代襲相続します（民法887条2項、3項）。これに対して、子が相続放棄すれば、その子は初めから相続人にならなかったものとみなされるため（民法939条）、その子の子ら（孫や曾孫）は代襲相続しません。

　　被相続人の養子も子として扱われますが、養子が先に死んでいた場合、縁組時に生まれていた養子の子は代襲相続しません。これに対して、縁組後に生まれた養子の子は代襲相続します。

（3）　直系尊属

　　被相続人に子がいなければ、被相続人の直系尊属が第2順位の相続人になります（民法889条1項1号）。子がいないときというのは、子が相続放棄したときを含みます。

（4）　兄弟姉妹、甥・姪

　　被相続人に子がおらず、被相続人の直系尊属もいなければ、被相続人の

兄弟姉妹が第 3 順位の相続人となります（民法 889 条 1 項 2 号）。この場合で、兄弟姉妹も亡くなっていれば、兄弟姉妹の子（被相続人にとって甥・姪）までは代襲相続しますが（民法 889 条 2 項、887 条 2 項）、甥・姪の子は、代襲相続しません（民法 889 条 2 項は、887 条 3 項を準用していません）。

　また、兄弟姉妹について相続欠格や廃除があった場合、兄弟姉妹の子は代襲相続しません（民法 887 条 2 項但書）。いつも迷うポイントですが、条文を確認すれば正解に辿り着きます。

(5)　その他の注意点

　超高齢社会では、長命の親世代より子世代の長男が先に死ぬなどの「逆転相続」が頻繁に起こり、その場合に相続人の順位の繰り上がりや代襲相続が生じます。また、遺産分割の放置により数次相続が問題になります。相続に関する相談の中でこれらの問題が出てきた場合には、処理速度を落とし、ひとつひとつ確認しながら回答してください。

　相続放棄の効果にも注意が必要です。たとえば、子らが、配偶者に全部の遺産を相続させようと思って相続放棄すると、第 2 順位の直系尊属や第 3 順位の兄弟姉妹（又は甥・姪）が法定相続人に浮上し、改めて遺産分割しなければならなくなります。

　相談者の説明を盲信するわけにもいきません。たとえば、兄弟姉妹の一人は幼くして養子に出されたので相続人ではないとか、不義理をして親と絶縁し、その後行方不明なので相続人として扱う必要はないと思い込んでいる相談者も稀ながらおられます。

　そもそも法定相続人は戸籍・原戸籍を取り寄せて確認しなければ確定しませんが、その調査は煩瑣ですから、弁護士が相続人の調査として有償で引き受けることには理由があります。

2　法定相続分

(1)　法定相続分の意味

　法定相続分とは、遺言で相続分の指定（民法 902 条）をしていない場合の法定相続人の相続分です。もっとも、具体的相続分は、遺言、遺産分割、特別受益、寄与分によって変更・修正されるので、法定相続分どおりの相続が保証されているわけではありません。

　それでも、法定相続分は、遺産分割の基準になり、遺留分割合の基礎となり、当然分割債権（損害賠償請求権など）や債務承継の基準となるところ

に意味があります。

(2)　相続人の法定相続分

　配偶者の法定相続分は、子や直系卑属がいる場合には1/2、子がなくて直系尊属との共同相続になる場合は2/3、子も直系尊属もいないため兄弟姉妹又はその代襲相続人（甥・姪）がいる場合は3/4です（民法900条1号乃至3号）。

　なお、昭和55年12月31日以前に相続開始した場合は改正前民法が適用され、その場合の配偶者の法定相続分は、上述の各ケースで、1/3、1/2、2/3です。また、昭和22年5月2日以前に相続開始した場合は旧民法の適用となり、家督相続されます。先代、先々代の遺産分割が放置されている数次相続の場合には、これらが問題になります。

　つぎに、子、直系尊属、兄弟姉妹が数人いるときの法定相続分は、相等しいものとされます（民法900条4号）。ここで注意を要するのは、半血の兄弟姉妹の相続分は、そうでない兄弟姉妹の1/2であるのに対して（民法900条4号但書）、非嫡出子の相続分は嫡出子と同等であることです（嫡出子は被相続人の子同士の相続分の問題、半血は被相続人の兄弟姉妹（甥・姪）同士の相続分の問題です）。なお、平成13年7月から平成25年9月4日に相続開始し遺産分割が未成立の場合も、同様となります（最決平成25年9月4日民集67巻6号1320頁）。

相談例59　相続税申告

　相談者（64歳男性）から、「3か月前に父（89歳）が他界したが、少し調べたところ、2億円を超える遺産がある。今から、妹（58歳）と遺産分割の話をするが、相続税はどうすればいいのだろうか。また、税理士はどうやって選べばよいのか」と相談された。

対応のポイント

　相続税の申告は税理士に任せるべきですが、遺産分割の相談でも相続税の話は避けて通れません。この際、相続税申告の基本的な事項を理解し、申告期限、未分割申告の効果、税理士への依頼方法なども押さえてください。

======解　説======

1　相続税申告

　相続税は、相続開始後10か月以内に、被相続人の住所地を所轄する税務署長に対して申告・納付します（申告納税制度）。よほど自信がない限り、相続税申告は税理士に任せるべきです。

　なお、相続税の申告をしないでいると、数か月後に、税務署から「無申告理由のお尋ね」が送られてくることがあります。これを無視した結果、調査され、申告漏れを発見されると期限後申告・決定となり延滞税や加算税が課されます。[135]

　遺言がなく、遺産分割協議もまとまらないまま相続税の申告期限を迎えてしまった場合は、課税相続財産を法定相続分に応じて相続したものと仮定して相続税を申告・納付します（未分割申告）。未分割申告では、その時点では配偶者税額軽減や小規模宅地の特例の適用を受けられませんが、3年以内に遺産分割協議を成立させれば適用を受けられます。もっとも、逆に遺産分割が成立した場合でも、相続税申告（ゼロ申告）をしないでいると、これらの特例の適用を受けられません。

2　準確定申告

　相続税申告と類似のものとして、準確定申告があります。

　「準確定申告」とは、年の途中で死亡した被相続人の相続人（包括受遺者を含みます）が、本来であれば被相続人が行うべきであった所得税の確定申告を被相続人に代わって行うもので、申告・納付期限は相続開始を知った日の翌日から4か月以内です。

　たとえば、令和4年2月5日に死亡した被相続人が、令和3年度の確定申告をしていなかった場合には、相続人は、令和4年6月5日までに、被相続人の令和3年（令和2年1月1日から同年12月末日まで）の所得に対する所得税の準確定申告と、令和4年の所得（令和4年1月1日から同年2月5日）に対する所得税の準確定申告をすることになります。

　なお、準確定申告をすることにより、被相続人が納めていた予定納税や、給与所得や雑所得における源泉徴収分の所得税が還付されることがあります（還付金は相続財産となります）。

---

[135]「延滞税」は、納税者が法定納付期限までに国税を納付しない場合の利息です（2か月後から14.6％が原則）。「加算税」は適正な申告を怠った程度に応じて課される行政制裁で（無申告の場合、通常なら15％又は20％。仮装隠蔽があった場合は40％）、「利子税」は延納期間の約定利息です。

　そして、相続開始後、もっとも早くやってくるのが準確定申告の申告納付期限ですから、税理士への依頼や遺産調査の契機にもなります。

3　相続税の計算

(1)　相続税の計算方法

　さて、相続税額の計算方法は、以下のとおりです（相続税法16条。相談例23参照）。

---

a　相続財産の総額を計算する（みなし相続財産などを含む）。

b　債務、税金、葬儀費用、基礎控除額を控除する（これを、課税相続財産といいます）。

c　相続人が法定相続分どおりに相続したと仮定して、各相続人の取得財産を計算する。

d　相続人ごとに相続税率を乗じて仮の相続税額を出して合計する（＝相続税の総額）。

e　遺言や遺産分割などにより実際に分けられた財産（具体的相続分）の割合に応じて、各相続人に相続税の負担額を割り付ける（＝各人の相続税額）。

f　個別の事情により税額の軽減又は控除を行う（配偶者税額軽減、未成年者控除など）。

　最初に戸惑うのは、いったん相続税の総額を出してから（c、d）、各相続人の具体的相続分に割り振って各相続人の負担額を算出する点（e）ですが、数例経験すれば気にならなくなるでしょう。

　以下、いくつかの問題点を指摘しておきます。

(2)　課税相続財産

　課税の対象となる相続財産（課税相続財産）としては、まず、被相続人の不動産、預貯金等の金融資産、自動車や貴金属などの動産、貸付金や交通事故死の場合の損害賠償請求権などの債権が挙げられます。

　つぎに、相続以外の原因、すなわち遺贈、死因贈与、みなし相続によって相続人や受遺者が財産を取得する場合も、その財産は課税相続財産に含まれます。相続税法上の「みなし相続財産」（相続税法3条）とは、相続等によって取得した財産といえないが実質的にこれと同視して課税対象とするもので、具体的には、死亡保険金（同法3条1項1号）、死亡退職金（同法3条1項2号）が挙げられます。また、相続開始前3年以内の生前贈与は、相続税法上の「みなし相続財産」ではありませんが、相続税の課税財産に算入されます（同法19条）。

　なお、遺産分割で「みなし相続財産」といわれるのは、特別受益・寄与分によ

る具体的相続分の修正要素であり（生前贈与が特別受益に当たるときはこれに該当します）、相続税法上の「みなし相続財産」とは一致しません。

(3)　課税相続財産の評価方法

つぎに、現金以外の相続財産の評価方法は、以下のとおりです。

土地の評価は、相続開始年度の「路線価」によります。路線価は、宅地の価額がおおむね同一と認められる一連の宅地が面している路線（道路）ごとに付した$1m^2$当たりの標準金額で、国税庁が7月に公表します。宅地の価額は、宅地の形状等に応じた各種補正率で補正し、面積をかけて算出します（地価公示法に基づく公示地価の8割程度）。路線価がない地域では固定資産税評価額に一定の倍率をかけて評価します（倍率地域）。[136]

家屋は固定資産税評価額で評価し、預貯金については相続開始時の残高が課税評価額となります。

上場株式は、相続開始日、相続開始前3か月の平均額などを参照し、もっとも低い価額で計算します。取引相場のない株式は、会社の大小・株主構成により、同族株主等は、①類似業種比準方式、②純資産価額方式、③両者の併用方式により、非同族株主等は配当還元方式によって計算されることが多いです。

(4)　相続財産からの控除

墓所、霊廟、祭具等は、非課税財産です（相続税法12条1項2号）。この規定を悪用して黄金製の仏壇を作り、非課税にしようとして否認された例が有名です。

民法上は相続債務も相続財産ですが（民法896条）、相続税法では、積極財産だけが課税相続財産となり、相続債務は債務控除（相続税法13条1項）として処理されます。なお、連帯保証債務はほかに主債務者がいるので確実な債務とはいえず、原則として債務控除の対象とならないことに注意してください（同法14条）。

(5)　基礎控除

改正相続税法の施行により、平成27年1月1日の相続から、基礎控除額は、

---

136) 民法上、特別受益の評価や遺留分算定の評価は「相続開始時」ですが（民法904条、1043条）、遺産分割の相続財産評価は「分割時における実勢価格」（取引価格）によるとされます（札幌高決昭和39年11月21日判タ181号204頁）。土地の評価に関しては、①路線価、②固定資産税評価額のほか、③公示地価（地価公示法により国交省土地鑑定委員会が3月下旬に公表）、④基準地価（都道府県が10月に公表）、⑤現実の取引価格がありますが（①、②、③、⑤を合わせて「一物四価」と呼ばれます）、正確に⑤を算定するためには不動産鑑定評価が必要です。したがって、遺産分割時にどの基準を採用するのかについて注意が必要です。

3,000万円＋600万円×法定相続人数となりました。なお、平成26年12月31日までに相続が開始した場合の基礎控除額は、5,000万円＋1,000万円×法定相続人でしたから、相続税法改正により、相続税が課税される相続案件の数は倍増したといわれています。[137]

(6)　原資の確保

　さて、相談例で遺産が2億円、配偶者はおらず、相続人が相談者と妹の2人だけだとして、その他の減額要素がなければ、課税相続財産は1億5,800万円で相続税の総額は3,300万円程度になりそうです。したがって、相談者には、その原資を確保できるのかを確認します。

4　税理士の関与

(1)　税理士による相続税申告

　相続税申告は相談者から税理士にお願いしていただくのが基本です。しかし、税理士なら誰でも相続税申告に精通しているわけではありません。[138]

　税理士登録者は全国で約7万5,000人といわれますが、そのうち税理士国家試験合格者は約45％、免除者（税務署出身者）が約40％、公認会計士とのダブル登録が約10％です（弁護士は0.7％）。ただし、税理士国家試験合格者の選択科目は、消費税法、法人税法、相続税法などであり、相続税を選択せずに国家試験に合格される税理士も少なくありません。また、国税庁（国税局・税務署含む）職員約5万人のうち、相続税・贈与税を担当する資産税部門の人員は約4,000人しかいないので、税務署OBの税理士が相続税に精通しているとも限りません。

　したがって、弁護士としては、相続税をよく取り扱っている税理士（あるいは資産税を勉強しようという意欲のある若手税理士）と友誼を図り、いつでも税理士に相談し、あるいは依頼者に税理士を紹介できるよう準備しておくべきです。

(2)　税理士による遺言書作成

　さて、被相続人が税理士に遺言書の作成を頼むケースも少なくありません。特に、被相続人が会社を経営していたり不動産収入があったりして、顧問税理士に法人税や所得税の申告を任せている場合には、毎月顔を合わせる顧問税理士を信

---

137) 財務省の「相続税・贈与税に係る基本的計数に関する資料」によれば、平成26年分の相続税課税件数が5万6,239件だったのに対し、平成27年分のそれは10万3,043件になりました（現在は約12万件と推定します）。

138) 多くの税理士にとっては、顧問税理士としての法人税、所得税、消費税の申告が業務の中心であり、相続税申告の経験が少ない税理士もおられます。

頼し、「遺言も頼むよ」となるのは自然な流れです。

　しかし、税理士にとって、遺言書作成は日常業務ではありません。一方、顧問先との関係で「できません」とは言いにくいものです。こうして作成された遺言書では、節税については配慮されていますが、遺言の確定性などについて問題があることがあります。

(3)　税理士による遺産分割

　つぎに、会社経営者の相続開始後、その跡を継ぐ相続人が、顧問税理士に遺産分割のとりまとめを任せることがあります。なるほど顧問税理士であれば会社や被相続人の所得税申告を引き受けていたでしょうし、遺産の内容や生前贈与のみならず、相続人の人間関係も掌握されていることでしょう。

　ただし、会社の顧問税理士は完全に中立な立場ではなく、後継者たる相続人の意向を忖度しがちです。また、税理士は遺産分割の専門家ではありませんし、顧問税理士自身が高齢になっておられることもあります。そうすると、たとえば包括条項が抜けていたり、計算が合わなかったりという可能性が生じます。

　したがって、遺産分割交渉や遺産分割協議書の作成は、顧問税理士等の意見を伺いながらも、弁護士が主体となって担当しなければなりません。

(4)　複数の税理士の関与

　相続人の全員が一人の税理士に相続税申告を依頼すれば、遺産の範囲に関しては、相続人のコンセンサスを形成しやすくなります。

　これに対して、もともと相続人同士の仲が険悪な場合には、ある相続人が依頼した税理士は信用できないとして、他の相続人が別の税理士に相続税申告を依頼することもあります。しかし、それは、調査を先行させていた税理士にとって心地よいものではありません。したがって、後から入った税理士が、先行していた税理士に対して、すでに調査を終えた資料や成果物の提供を求めた場合に、税理士間でトラブルになることもあります。

　また、相続人間で遺産の範囲や生前贈与、名義預金などについて合意できなければ、それぞれの税理士は依頼人たる相続人の意向に従わざるを得ませんから、その結果、異なる内容の複数の相続税申告書が税務署に提出されることになり、それはそれで税務署の興味をひきます。

　なお、紛争が激化している場合には、相続人が税務署に駆け込んで「一部の相続人が多額の贈与を隠している」、「金のインゴットを隠しているのを見た」などと申告することがありますが、税務署にとってみれば渡りに船で、税務調査の結

果、相続人全員の税額が上がります。だからこそ、円満な遺産分割が最善の節税対策と言われているのです。

　したがって、相談者に対しては、できれば一人の税理士に依頼することを勧めます。

三行要約

★　税理士による遺言書作成や遺産分割については、内容に問題がないかを確認する。

★　他の相続人と同じ税理士に申告を頼むほうが、相続税申告はスムーズに進む。

★　税務署が常に背後から様子をうかがっていることを忘れない（円満な遺産分割が最善の節税対策）。

相談例60　遺言無効

　相談者（54 歳女性）から、「入院中の病院で母（85 歳）が亡くなったが、昨日、検認手続で見た母の自筆証書遺言では、「姉（60 歳）にすべての遺産を相続させる」とされていた。私は母の介護をしていたので、母がそんな遺言を残すはずがない。絶対におかしいので、遺言を無効にできないものか」と相談された。

対応のポイント

　検認は遺言の有効性を確認するものではないので、まず遺言書を見せていただき、日付などの形式的要件を確認する必要があります。つぎに、遺言者の遺言作成時における状況を聞き取り、遺言無効の可能性を吟味し、遺言無効確認請求訴訟の手続を説明します。ただし、相談者は、怒り、悔しさなどで興奮されていることが多いので、短時間で必要な情報を聞き出すことは困難です。まずは気持ちを落ち着けてもらい、後日事務所に来ていただいて詳しい事情を伺うべきでしょう。

　　　　　　　　　　　　　解　説

1　形式的要件の不備による遺言無効

　相談例では、自筆証書遺言を保有していた姉が検認を申し立てたと思われますので、その遺言書原本は検認済証明書が付されて姉に返されたはずです。したがって、相談者は手元に遺言書の写しがない可能性がありますので、検認調書を取り寄せてもらいます。

　つぎに、遺言書を確認できたとして、自筆証書遺言の形式的要件（民法 968 条）を

満たさなければ、その遺言は無効です。日付、捺印、署名がないといった場合は、一見して無効と判断できますが、よくあるのは「これは母の字ではない」という偽造の主張です。

もちろん、自筆かどうかを判断するために筆跡鑑定という方法があるものの、①私的な筆跡鑑定には30万円から50万円の費用がかかること、②相談者自身が母の筆跡も一部混在しているようだと認める場合は奏功しない可能性が高いこと、③筆跡鑑定の資料として対照できる母の自筆の書面をできる限り多く用意する必要があること、④筆跡鑑定には確立された方法論がないので、裁判所が私的な筆跡鑑定書を有力証拠として取り上げてくれるかは疑問であることを指摘し、偽造を立証するためには、筆跡の不自然さだけでなく、客観的に「母がそんな遺言書を書くはずがない」といえる具体的な事情を立証する必要があることを説明します。

なお、公正証書遺言の場合に形式的要件を欠くことは稀ですが、公証人による遺言書案の読み上げに対して、遺言者が「うん、うん」と言っているだけでも公正証書遺言が出来上がることがありますので、口授の態様などによって、公正証書遺言も無効となる可能性があります。

2　遺言能力の欠缺

遺言書作成当時において遺言者に遺言能力がない場合も、遺言は無効となります（相談例37参照）。

そこで、相談者に対しては、遺言者の入通院歴、要介護度、認知症の有無、介護の状況を聞き出し、遺言者や相談者の日記やメールのやり取りが手元にないか確認します。

具体的には、入通院していた各病院の診療記録、介護施設や介護事業者の業務日誌や介護記録を入手してもらいます。前者では看護記録などで遺言者と看護師との会話やせん妄などの状態がわかりますし（相続人との関係もわかります）、後者では施設での遺言者の言動がわかります。それに、介護認定の調査票や主治医意見書には認知症についての記載もあるはずです。

そして、これらの記録を分析すれば、認知症の進行やまだら呆けなど経時的な状況が判明しますので、それをもとに遺言時の遺言能力の程度を判断します。遺言無効の調停や裁判では、この経過を時系列一覧表にまとめ、遺言者の遺言能力の減退を主張することになるでしょう。

なお、遺言書の内容が複雑な場合は、遺言者にそれが理解できていたのかという疑問が残るので、遺言無効主張の補強材料となる可能性があります。

3　遺言無効の主張

　検討の結果、遺言無効の可能性があり、相談者も希望されるなら、遺言無効確認請求事件として受任し、相手方に対して遺言無効を主張する旨の受任通知を送ります（予備的に遺留分侵害額請求も行います）。そして、交渉による解決が難しく、かつ、遺言無効の可能性が高いと判断すれば、遺言無効確認請求訴訟を提起します。

　この場合の管轄は、被告の普通裁判籍の所在地（民事訴訟法4条1項）か、相続開始時の被相続人の普通裁判籍の所在地の地方裁判所です（民事訴訟法5条14号）。もっとも、遺言無効確認には調停前置主義が適用されますので（家事事件手続法257条）、提訴しても調停に付される可能性があります。なお、遺言無効確認調停事件の管轄は相手方の住所地を管轄する家庭裁判所なので、余計な手間と時間がかかるかもしれません。

　さて、遺言無効確認請求訴訟で勝訴が確定しても、そこから遺産分割が始まるので、全体の解決には長い時間がかかります。したがって、遺言無効で勝訴する見込みが低く、相談者の関心も遺言の有効性よりも取得できる財産の多寡にあるなら、まずは遺言無効確認調停を申し立て、その中で遺留分侵害額請求や寄与分などを主張し、実利を図ったほうがよいかもしれません。

4　依頼人との関係

　この類型で難しいのは、相談者が、経済的利益には目もくれず、どうしても遺言の有効性を認めたくないと主張される場合です。相談者にすれば、母が自分ではなく姉を選んだことがどうしても許せない、しかし母はもうこの世にいないので、遺言を無効にしなければ死んでも死に切れないという気持ちになるのです。

　もちろん、受任した弁護士は、こうした依頼人の気持ちをよく理解しなければなりません。ただし、調査や資料の分析を通じて、この遺言書は母の真意だったかもしれない（遺言無効確認請求訴訟では勝訴できない可能性が高い）との心証に至ることもあるでしょう。

　この場合の依頼人の説得は容易ではありませんが、遺言がある場合でも遺産分割協議はできますので、遺言の無効（又は存在）を確認しつつ遺留分侵害額請求の金額に近い形での遺産分割を成立させるといった工夫を検討すべきではないかと思います。このように、すべての相続人が、少しでも多くの遺産を取得しようとしているわけではなく、面子や気持ちの折り合いの問題があることを頭の隅に置いていただきたいのです。

三行要約

★　遺言無効の原因として、遺言書の偽造と遺言能力の欠缺を主張されることが多い。

★　私的な筆跡鑑定の効果は限定的であり、遺言書作成に至る当事者の関係が焦点となる。

★　遺言無効を主張する相談者は、経済的利益が目当てではないこともある。

相談例61　遺留分侵害額請求権と特別受益

　相談者（55歳女性）は、「亡くなった母（88歳）は、すべての遺産を私に相続させるという公正証書遺言を残してくれたが（積極財産8,000万円。なお、相続債務は1,000万円）、それを知った姉（57歳）から遺留分侵害額請求の通知が届いた。姉も、20年前に母から自宅購入の資金として2,000万円の贈与を受けていたはずなので、納得できない」と相談された。

対応のポイント

　かつての遺留分減殺請求権は、平成30年の相続法改正により遺留分侵害額請求権に変わりました（改正相続法は令和元年（2019年）7月1日に施行され、同日以降に相続開始した場合は、改正法が適用されます）。遺留分侵害額請求は著名な論点の一つですし、相談者の方もある程度の知識を仕入れてきますから、おぼろげな知識で対応するのは危険です。一つずつ条文に当たりながら説明してください。

=== 解　説 ===

1　遺留分侵害額請求権

　遺留分権利者及びその承継人は、受遺者（特定財産承継遺言により財産を承継し又は相続分の指定を受けた相続人を含む）又は受贈者に対し、遺留分侵害に相当する金員の支払いを請求することができるとされます（民法1046条1項）。しかし、この権利は、遺留分権利者が自分のために相続が開始したことと遺留分を侵害する贈与や遺贈があったことを知った時から1年間行使しないと時効によって消滅します（相続開始から10年の除斥期間が経過したときも同じです。民法1048条）。

　したがって、姉からの遺留分侵害額請求の通知が、以上の要件を満たしているかを確認します。

　つぎに、遺留分侵害額請求の額を計算しますが、この点はたいへん間違えやすい

ので、条文に沿って説明します。

2　遺留分の基礎財産の計算

(1)　遺留分の基礎財産

　まず、「遺留分を算定するための財産の価額は、被相続人が相続開始の時にお
いて有した財産の価額にその贈与した財産の価額を加えた額から債務の全額を控
除した額とする」とされます（民法1043条1項、以下、これを「遺留分の基礎財産」と
いいます）。この条文だけでいえば、相談例の場合の遺留分の基礎財産は、8,000
万円＋2,000万円－1,000万円＝9,000万円です。

(2)　遺留分の基礎財産に組み入れられる贈与

　もっとも、「贈与」でも、遺留分の基礎財産に組み入れられるものと、そうで
ないものがあります。

　すなわち、「贈与は、（受贈者の個性には関係なく）相続開始前の1年間にしたもの
に限り、前条の規定によりその価額を算入する」とされ（民法1044条1項）、これ
が第一準則です。しかし、姉に対する2,000万円の贈与は20年も昔のことです
から、この規定では、遺留分の算定に算入できません。

　また、例外的に、「当事者双方が遺留分権利者に損害を加えることを知って贈
与したときは、1年前の日より前にしたものについても、同様とする」とされ
（民法1044条1項第2文）、これが第二準則です。しかし、母から姉への2,000万円
の贈与が約20年前なら、その当時、母がどの程度の資産を持っていたかを調べ
て主観的要件を主張立証しなければなりませんから、第二準則によって姉への生
前贈与を基礎財産に組み入れるのは困難です。[139]

(3)　相続人に対する贈与の組み入れ

　さらに、相続人に対する贈与については原則が修正されます。

　すなわち、「相続人に対する贈与についての第1項の規定の適用については、
同項中『1年』とあるのは『10年』と、『価額』とあるのは『価額（婚姻若しくは
養子縁組のため又は生計の資本として受けた贈与の価額に限る。）』とする」とされました
（民法1044条3項）。これが第三準則です。なお、この条項は、持戻し免除の意思
表示（民法903条3項）を素通りしていますので、この計算においては、持戻し免

---

[139]　具体的に言えば、20年前に2,400万円の資産しかなかった母（当時68歳）が姉に2,000
万円を贈与したといった事実を主張立証することになりますが、相続開始時（88歳）に
8,000万円の遺産があったことからすれば、当時の母の資産がそれだけしかなかったとは思
えません。

除の意思表示の有無は無視して結構です。

　そうすると、相続開始前 10 年間に行った被相続人から相続人に対する贈与は、それが特別受益と同様の要件（民法 903 条 1 項）を満たすなら遺留分の基礎に入りますが、相談例では、姉に対する贈与は約 20 年前なので、この要件も満たさず、遺留分の基礎財産に算入できません。

　以上から、相談例では、第一乃至第三準則によっても遺留分の基礎財産は、8,000 万円 − 1,000 万円 ＝ 7,000 万円となると思われます（第二準則の悪意を立証した場合のみが例外です）。

3　遺留分侵害額請求権の額の計算

(1)　遺留分侵害額と請求額

　そうすると、姉（相続人は相談者と姉の 2 人きりとします）の遺留分は、7,000 万円の 1/4（1/2×1/2）である 1,750 万円であり、遺留分を侵害している額も同額で、姉は相談者に対して 1,750 万円を請求できるかのようにみえます（民法 1046 条 1 項）。

　しかし、遺留分侵害額として請求できる金額についても、修正が図られています。すなわち、遺留分権利者が請求できる遺留分侵害額については、「第 1042 条の規定による遺留分から第 1 号及び第 2 号に掲げる額を控除し、これに第 3 号に掲げる額を加算して算定する」とされるので（民法 1046 条 2 項本文）、今度は、この点を検討しなければなりません。

(2)　遺留分侵害額請求権の修正

　まず、民法 1046 条 2 項 1 号では「遺留分権利者が受けた遺贈又は第 903 条第 1 項に規定する贈与の価額」とされますので、特別受益に該当する生前贈与は、遺留分侵害額請求の額から控除することになります。そして、同条項（民法 1046 条 2 項 1 号）は、上記 2(3)で述べた民法 1044 条 3 項の規律（10 年間の期間制限）をスルーしていますから（相続人間の公平を図る趣旨です）、10 年以上前の生前贈与も、遺留分侵害額請求権から控除されます。

　その結果、姉が遺留分侵害額請求できる金額は 1,750 万円 − 2,000 万円 ＝ − 250 万円となり、姉は遺留分侵害額請求権を行使できません。

(3)　その他の修正

　なお、民法 1046 条 2 項 2 号では、「第 900 条から第 902 条まで、第 903 条及び第 904 条の規定により算定した相続分に応じて遺留分権利者が取得すべき遺産の価額」とあり、これも遺留分侵害額請求の額から控除されます。これは遺産分割

の対象となる遺産がある場合で、その相続分については遺産分割で取得するべきなので遺留分侵害額請求の額から控除されるのですが、相談例では、姉が取得する遺産はなさそうです。

　また、民法1046条2項3号により、「被相続人が相続開始の時において有した債務のうち、899条の規定により遺留分権利者が承継する債務（次条第3項において『遺留分権利者承継債務』という。）の額」が遺留分侵害額に加算されますが、相談例の遺言は、相続債務もすべて相談者に承継させる内容と解釈されますので、加算されるべき金額がありません。[140]

4　結論

　以上のとおり、相談例では、母から姉に対して20年前に行われた2,000万円の生前贈与（特別受益）は、遺留分の基礎財産にこそ算入されませんが、遺留分侵害額請求の額の算定においてはマイナス要素として考慮され、その結果、姉は遺留分侵害額請求権を行使できません。

　これに対して、もし、弁護士が20年前の相続人に対する贈与も遺留分の基礎財産に含まれると誤解していれば、姉には9,000万円×1/4－2,000万円＝250万円の遺留分侵害額請求権が認められると説明してしまうかもしれません。また、遺留分侵害額請求権の修正を忘れていれば、遺留分の基礎財産は7,000万円だから7,000万円×1/4＝1,750万円の遺留分減殺額請求権が認められると説明するかもしれません。しかし、いずれも明白な誤りですから、気をつけてください。

　なお、相談者が、対立する兄弟姉妹の特別受益を主張しながら、自分の特別受益については忘れていたり、隠したりする場合があります。後日、相手方にそれを指摘されると一気に守勢に回りますので、あらかじめ、依頼人に対する反対尋問によってこの点を確認しなければなりません。

　遺留分侵害額請求権には、これ以外に多くの論点がありますが、ここでは割愛させていただきます。

---

140) 相続人のうちの一人に対して財産全部を相続させる旨の遺言がされた場合、遺言の趣旨から相続債務については当該相続人にすべてを相続させる意思がないことが明らかであるなどの特段の事情のない限り、相続人間においては、当該相続人が指定相続分の割合に応じて相続債務をすべて承継することになり、遺留分の侵害額の算定においては、遺留分権利者の法定相続分に応じた相続債務の額を遺留分の額に加算することは許されないとの判例があります（最判平成21年3月24日民集63巻3号427頁）。

- 三行要約 -

★　令和元年 7 月 1 日以降の相続では、遺留分減殺請求権は遺留分侵害額請求権に変更されている。

★　平成 30 年改正により、遺留分の基礎財産の計算において、特別受益は 10 年以内のものに限られる。

★　遺留分侵害額請求権として行使できる額には制限があり、相続人間の公平が図られている。

【参考】改正前後の遺留分侵害の違い

　なお、平成 30 年相続法改正における新旧の遺留分侵害の処理については、以下のとおりまとめます。

1　旧法下の遺留分（令和元年（2019 年）6 月 30 日までに相続が開始した場合）

①　兄弟姉妹以外の相続人は遺留分を持ち、遺留分の割合は直系尊属のみが相続人の場合は相続財産の 1/3、それ以外の場合は 1/2（旧民法 1028 条）。

②　遺留分の基礎財産は、相続開始時の積極財産に贈与の価額を加え、債務全額を控除して算定する（旧民法 1029 条）。

③　贈与は、被相続人が行った生前贈与で、相続開始前 1 年間に行った贈与、それ以前でも被相続人と受贈者双方が遺留分権利者に損害を与えることを知って行った贈与（旧民法 1030 条）、受贈者が相続人で特別受益に当たる場合は相続開始の 1 年以上前でも減殺対象の贈与となる（旧民法 1044 条、903 条）。

④　遺留分を侵害された遺留分権利者は、遺留分を保全するのに必要な限度で遺贈及び贈与の減殺を請求できる（旧民法 1031 条）。

⑤　遺産が 0 でも（遺言がなく、遺産分割の必要がなくても）、贈与があれば遺留分減殺請求の可能性がある。

⑥　遺留分減殺請求権は、遺留分権利者が、自分のために相続が開始したことと遺留分を侵害する贈与や遺贈があったことを知った時から 1 年以内（相続開始から 10 年以内）に行う（旧民法 1042 条）。

2　新法下の遺留分侵害額請求権（令和元年（2019 年）7 月 1 日以降に相続が開始した場合）

①　兄弟姉妹以外の相続人は遺留分を持ち、遺留分の割合は直系尊属のみが相続人の場合は相続財産の 1/3、それ以外の場合は 1/2（民法 1042 条 1 項。なお

２項は追加）。

②　遺留分の基礎財産は、相続開始時の積極財産に贈与の価額を加え、債務全額を控除して算定する（民法 1043 条 1 項。なお 2 項は改正前の旧民法 1029 条 2 項と同じ）。

③　贈与は、被相続人が行った生前贈与で、相続開始前の 1 年間に行った贈与、それ以前でも被相続人と受贈者双方が遺留分権利者に損害を与えることを知って行った贈与を含み（民法 1044 条 1 項）、さらに、受贈者が相続人の場合には、相続開始前の 10 年間に行った贈与を遺留分を算定するための財産の価額に算入する（民法 1044 条 3 項）。

④　遺留分侵害額は、遺留分から、遺留分権利者が受けた遺贈又は 903 条 1 項に規定する贈与（特別受益）の価額、遺留分権利者が具体的相続分に応じて取得すべき遺産の価額を控除し、899 条の規定により遺留分権利者が承継する債務の額を加算して算定する（民法 1046 条 2 項）。

⑤　遺留分を侵害された遺留分権利者及びその承継人は、受遺者又は受贈者に対し、遺留分侵害額に相当する金銭の支払いを請求することができる（民法 1046 条 1 項）。

⑥　遺留分侵害額の請求権は、遺留分権利者が、自分のために相続が開始したことと遺留分を侵害する贈与や遺贈があったことを知った時から 1 年以内（相続開始から 10 年以内）に行う（旧民法 1048 条）。

３　まとめ

　令和元年（2019 年）7 月 1 日以降の相続については、旧法下と異なり、①遺留分減殺請求権から遺留分侵害額請求権に金銭債権に変わったこと、②相続人に対する生前贈与（特別受益）は、どこまでも遡って遺留分の基礎財産に算入されるとの考えを改め、相続開始前 10 年間の生前贈与（特別受益）に限られると変更されたこと、③その代わりに、遺留分侵害額請求権の金額は、どこまでも遡って生前贈与（特別受益）の金額が控除されることになりました。

　なお、令和 3 年民法改正により、相続開始後 10 年経過後に遺産分割を申し立てた場合には、特別受益や寄与分の主張が制限されることになります。

相談例62　相続財産管理人

相談者（72歳女性）から、「これまで世話をしてきた従姉（78歳）が孤独死した。従姉には私以外に係累がいない。だから、葬儀を出して伯父夫妻の墓に埋葬したが、家主から家賃6か月分（60万円）と特殊清掃の費用200万円の支払いを求められた。どうすればいいだろうか」と相談を受けた。

対応のポイント

　相談者が従姉の連帯保証人でなければ、家主の求めに応じる必要はありません。むしろ、従姉に相続人がいないなら、家庭裁判所に相続財産管理人の選任を申し立て、相続財産法人の権利義務を清算してもらい、残余財産があれば特別縁故者としての財産分与を申し立てるべきでしょう。なお、令和3年民法改正の施行後、相続財産管理人は「相続財産清算人」に変わりますが、本書では、現行規定のままとして説明します。

――――解　説――――

1　孤独死

　高齢者の単独世帯は683万世帯であり、高齢者の人口約3,588万人の5人に1人が独居です。

　「孤独死」の定義は明らかではありませんが、独居の高齢者が、病院ではなく自宅で心筋梗塞や脳出血などにより誰にも知られないまま亡くなり、死後2日以上を経過して発見された場合を指すとすれば、少なくとも年間約3万人が孤独死しているものと思われます（相談例13参照）。[141]

　孤独死は来訪した親族や知人などによって発見されることが大半ですが、異臭に気づいた近隣住民の通報などによることもあり、死後相当期間が経過していることが少なくありません。その場合は、まず警察官が臨場して事件性の有無（戸締りなど侵入の可能性等）を調べ、遺体は司法解剖又は行政解剖します。また、相続人がなければ、死亡者の財産のうち預金通帳や現金などは警察が持ち帰り、その後は市役所等で保管します。したがって、相談者には、遺品の管理状態を確認します。

[141]　2012年のニッセイ基礎研究所の資料では年間42,424人の高齢者が孤独死されたとのことでした。また、東京都監察医務院が取り扱った23区内の自宅で亡くなった単身世帯の高齢者は2018年で3,867人だったとの報告があります。なお、年間自殺者数は平成10年（1998年）から23年（2011年）まで3万人を超えていましたが、最近では2万人程度です。

　ちなみに、相続財産管理人に選任されて自宅を訪問させていただくのはそれから数か月後ですが、自宅には飲みかけのお茶や洗濯物がそのままで、布団の上に人型の跡が残り、死臭が立ち込めているなど凄惨な状況に遭遇することがあります。鴨居の上にはご両親や祖父母と思われる紋付の白黒写真が飾られ、ゴミだらけの室内で仏壇の周囲だけが綺麗に保たれていたりすると、思わず合掌します。このような状態を復旧するために、200万円～300万円の特殊清掃費が必要です。

2　相続財産管理人選任の申立て

　被相続人に相続人があることが明らかでないとき、相続財産は法人とされ（民法951条）、家庭裁判所が、利害関係人又は検察官の請求によって、相続財産の管理人を選任します（民法952条）。

　相談例の場合には、従姉には法定相続人がいない様子なので、戸籍謄本でそれを確認し、相続財産管理人の選任を求めることになりますが、そうした手続は弁護士が受任すべきでしょう。なお、申立てのためには50万円から100万円の予納金を求められますが、被相続人にそれ以上の預貯金があることが明らかであれば予納金は不要となることもありますし、手続の途中で十分な相続財産があることが判明すれば、予納金は優先して返還されます。

3　相続財産管理の手続

　現行の手続では、まず、家庭裁判所が相続財産管理人を選任して、それを公告します（民法952条）。つぎに、この公告から2か月以内に相続人のあることが明らかにならなかったときは、相続財産管理人は相続債権者・受遺者に対して2か月以上の期間を定めて請求申出の公告を行います（民法957条）。さらに、この公告期間が満了してなお相続人のあることが明らかでないとき、家庭裁判所は6か月以上の期間を定めて相続人捜索の公告（3回目の公告）を行い（民法958条）、この期間を過ぎると、相続人や相続財産管理人に知れなかった相続債権者らが権利を行使できなくなります（民法958条の2）。つまり、相続財産管理人の手続には合計3回の公告、合計10か月の公告期間が必要となるのです。[142]

　この一連の手続の中で、相続財産管理人は、遺産の内容を調査して債務があれば弁済します。本相談例で家主から求められている賃料や特殊清掃費についても、相続財産管理人が相続財産の中から家主に支払いますので、その旨を連絡しておけば、

142）ただし、相続財産が十分にない場合には、相続債権者に按分弁済して、途中で相続財産管理人の選任命令を取り消し、手続を終了させています。

家主も安心されるでしょう（家主も利害関係人として、相続財産管理人の選任を請求できます）。

　もっとも、後述のように（相談例64）、令和3年の民法改正で前述の公告期間は大幅に短縮されました。

4　特別縁故者に対する財産分与の請求

　現行法では、上述の3回目の公告に当たる相続人捜索の公告期間が終われば、ほかに権利行使できる者がいないことが確定するので、特別縁故者の要件を満たす者は、家庭裁判所に対して清算後残存すべき相続財産の全部又は一部の分与を請求することができます（民法958条の3第1項）。ただし、この財産分与請求ができるのは、相続人捜索の公告（3回目の公告）の期間満了後3か月以内に限られ（同条2項）、それは相続財産管理人の選任を申し立てたときから1年以上先になりますから、失念して期間を徒過しないよう注意しなければなりません。

5　特別縁故者に対する財産分与事件の手続

　上記の請求期間内に特別縁故者に対する財産分与の申立てについての審判があると、家庭裁判所は、その旨を遅滞なく相続財産管理人に通知してこの請求に関する意見を求め（家事事件手続法205条）、相続財産管理人は、特別縁故者としての要件を満たすか、満たすとしたらどの程度の縁故があったと認められるか等について調査し、その結果を意見書にまとめて裁判所に報告します。なお、相続財産管理人は、それまでに相続財産の換価等の処分を行い、相続財産管理人の報酬付与を求め、清算後残存すべき相続財産を確定させておきます。

　その後、家庭裁判所は、相続財産管理人の意見を参考にして、特別縁故者に対する財産分与の請求に対する審判を下し、請求が認容された場合は、相続財産管理人が審判確定後に財産分与を実行します。また、請求が却下された場合は、請求者から不服申立て（即時抗告）できます。なお、特別縁故者に分与されなかった相続財産は単独所有の場合は国庫に帰属し（民法959条）、共有の場合は他の共有者に帰属します（民法255条）。こうして、これらの手続を終えると相続財産管理人選任の決定が取り消され、事件が終了します。

6　特別縁故者の該当性

　手続は以上のとおりですが、相談を受けた弁護士が注意すべき問題は、相談者が特別縁故者に該当するかどうかです。特別縁故者に当たるのは、「被相続人と生計を同じくしていた者、被相続人の療養看護に努めた者その他被相続人と特別の縁故があった者」とされています（民法958条の3第1項）。

　さて、相談者と従姉が生計を共にしていなければ「被相続人と生計を同じくしていた者」に当たりません。つぎに、「被相続人の療養看護に努めた者」に当たるかについては、通常期待されるような関係を超えて被相続人の面倒をみていた場合に限られます。[143] したがって、たまに通院に付き添ったとか、入院時に見舞いに行ったというだけでは、この要件を満たさないでしょう。

　しかし、その他の事情から、「その他被相続人と特別の縁故があった者」と認められる可能性もあります。そこで、相談者から、従姉との関係（面談、訪問、電話、相談など交流の有無と頻度、金銭的な関係、身元保証、冠婚葬祭の付き合いなど）を子細に聞き取って特別縁故者の該当性を検討し、該当可能性が少しでもあれば、なるべく多くの資料を集めて、特別縁故者として財産分与の申立てをするよう勧めます。

　もちろん、特別縁故者の該当性が認められるかは相続財産管理人の意見や裁判官の判断によりますが、同種事例の裁判例を検討し、少しでも可能性があるなら申し立てるべきでしょう。

7　その他の問題

　いったん相続放棄した相続人が、相続人捜索の公告期間満了後に特別縁故者として財産分与を求めることがあります。自ら相続人の地位を放棄したのに権利主張するのは矛盾するように見えますが、債務超過と思い込んで相続放棄してしまったというケースもあるようです。相続放棄に至った事情は特別縁故者の該当性等の判断で考慮されることもありますので、諦めずに財産分与の申立てを行うべきでしょう。

三行要約

★　相続人がいない可能性があるときは、相続財産管理人の選任を求めて、債務を処理することができる。

★　特別縁故者の財産分与を申し立てる際には、できる限り多くの資料を集める。

★　相続財産の管理人は、令和3年改正により相続財産の清算人に変わり、手続が迅速になる。

---

143)　介護施設は対価を得てサービスを提供しますが、通常期待される程度を超えて近親者と同様に被後見人の療養看護に当たったといえる特別の事情がある場合には特別縁故者に当たる可能性があります（高松高決平成26年9月5日金法2012号88頁／介護付き入居施設を運営する一般財団法人。名古屋高裁金沢支決平成28年11月28日判時2342号41頁／障害者支援施設を運営する社会福祉法人）など。また、報酬を得ていた成年後見人の場合も同様です（大阪高決平成28年3月2日判時2310号85頁）。

相談者（44歳男性）から、「隣家に住んでいたおばあさんが亡くなって6年経つが、誰もその家を管理しておらず、屋根や塀が崩れかけ、屋内も覗ける状態で、さらに大木の枝が通路に張り出して通行の邪魔になっている。何とかならないものか」と相談された。

対応のポイント

　放置された空き家は、近年、大きな問題になっています。現時点では空き家の問題点や空家等対策の推進に関する特別措置法について説明し、市町村の担当部署に相談いただくとともに、行政を経由しない解決策の可能性について検討することになります。令和3年民法改正に管理不全の土地・建物に対する手当が盛り込まれましたので、これが施行されれば、空き家問題を解決できる方法が、一つ増えることになります。

―――――――解　説―――――――

1　空き家問題

　全国の空き家は平成30年（2018年）時点で約849万戸でしたが、その後も確実に増え、都市部でも、一見しただけでそれとわかる空き家が目につくようになってきました。きちんと管理されている空き家であれば問題ないのですが、相談例のように、朽ち果てて幽霊屋敷になっている空き家は、防災、衛生、景観などの点で近隣住民の悩みの種です。

　このような空き家が生まれる原因は様々で、建物所有者（居住者）の相続が開始したものの相続人がいないケース、相続人はいるものの遺産分割がまとまらず放置しているケース、その建物には利用価値がなく税金の負担だけがかかるため、相続人間で建物の押し付け合いになっているケースなどが挙げられます。また、相続人が建物を相続したものの、もともと被相続人がため込んでいた建物内動産（ゴミ）の処分に手間取っていたり、相続人自身が倉庫代わりに使っているケースや、再建築不可物件で建物の再築ができず、かといって取り壊すためにも数百万円の費用が

144) 建築基準法42条、43条で、都市計画区域内又は準都市計画区域内では、幅員4m以上の道路に2m以上接していない土地には建築物を建てることができないと定められています（接道義務）。この接道義務を満たさない土地では、既存建物を解体して更地にすると、新たな建物を建てられないため「再建築不可物件」と呼ばれます。

かかるため、建物を潰すに潰せないといった事情があるケースもあります。

2　空家等対策の推進に関する特別措置法

　こうした空き家問題に対応するため、多くの地方自治体で独自の空き家条例を定めていましたが、平成 27 年（2015 年）2 月、空家等対策の推進に関する特別措置法（以下「空家法」といいます）が施行されました。空家法の要点は、以下のとおりです。

　第一に、空家法 2 条 1 項で、「『空家等』とは、建築物又はこれに附属する工作物であって居住その他の使用がなされていないことが常態であるもの及びその敷地（立木その他の土地に定着する物を含む。）をいう。ただし、国又は地方公共団体が所有し、又は管理するものを除く」と定められ、建物のみならず、敷地も立木も塀も同法の対象となりました。

　第二に、空家法 3 条で、「空家等の所有者又は管理者（以下「所有者等」という。）は、周辺の生活環境に悪影響を及ぼさないよう、空家等の適切な管理に努めるものとする」とされました。したがって、抽象的ですが、所有者だけではなく管理者にも努力義務があることになります。

　第三に、空家法では「特定空家等」という概念を設け、「『特定空家等』とは、そのまま放置すれば倒壊等著しく保安上危険となるおそれのある状態又は著しく衛生上有害となるおそれのある状態、適切な管理が行われていないことにより著しく景観を損なっている状態その他周辺の生活環境の保全を図るために放置することが不適切である状態にあると認められる空家等をいう」とし（同法 2 条 2 項）、市町村長は、特定空家等の所有者等に対して、除却、修繕、立木竹の伐採等の措置の助言又は指導、勧告、命令ができ、さらに行政代執行法による強制執行も可能になりました（空家法 14 条）。なお、命令違反や立入調査拒否等に対しては過料の制裁があります（同法 16 条）。

　第四に、空家法は、国、都道府県、市町村の役割分担を定めましたが、空き家対策の中心的役割は市町村が負うこととしましたので、各市町村に担当部署が置かれました。

3　弁護士の関与

(1)　行政に対する働きかけ

　さて、相談例の隣家は特定空家等に該当しそうで、そうであれば、現行法下では、空家法による指導等を求めて市町村に相談してもらうよう相談者に勧めることになります。ただし、市町村がすぐに動いてくれる保証はありませんし、実効性があるとも限りません。

　そこで、弁護士としては、相談者や周辺の住民から事件として受任し、他の事例の調査や被害や懸念の内容を文書にまとめるなどして、市町村に対応を働きかけることを検討すべきでしょう。

(2)　相談者個人としての請求

　空き家問題の解消を行政に頼らざるを得ないのは、周辺住民から空き家所有者等に対する具体的な請求権を観念するのが困難だからです。しかし、空き家からのゴミや木の枝等が相談者の土地に侵入している場合には、直接、隣家の所有者等に対し、妨害排除請求権や損害賠償請求権を行使することが考えられます。また、訴訟に至らずとも、代理人弁護士からその旨の通知や督促が届けば、空き家の所有者等が自発的に管理してくれるようになる可能性はあります。

(3)　義務者の特定

　しかし、「空き家等の所有者等」の特定は、一筋縄ではいかないことがあります。

　まず、空き家の土地・建物の全部事項証明書で各所有者を確認し、被相続人から相続人に対する相続登記がされていればその相続人が相手方となります。

　つぎに、相続登記が経由されていなければ、被相続人の住民票、除籍謄本から遡って相続人とその住所を特定し、相続人に対して空き家の管理を求めることになるでしょう。相続人全員が相続放棄していたり、相続人がいなかった場合には、現行法では、相続財産管理人の選任を申し立てるしかありません。また、所有者等の死亡も確認できなければ、不在者財産管理人の選任を申し立てることになります。そして、これらの方法では、おおむね50万円から100万円の予納金が必要になります。

　なお、相談例で、建物の所有者と土地の所有者が別の場合には、塀や大木の枝に関しては、その土地所有者に対して適切な管理を請求できる可能性があります。また、隣家を管理している不動産管理業者がいるなら、適切な管理を求めることができるかもしれません。

(4)　管理不全土地管理命令及び管理不全建物管理命令

　このような空き家問題に対し、令和3年民法改正では、相談例のような場合で隣家の所有者が不明なときは所有者不明土地管理命令や所有者不明建物管理命令（改正民法264条の2から264条の8）が、隣家の所有者が明らかなときは管理不全土地管理命令や管理不全建物管理命令（同法264条の9から264条の14）が認められることになりました（相談例64参照）。

　ただし、このような場合も費用の予納が必要ですし、その費用を回収できるかどうかは不明です。また、これらの管理命令が認められるかどうか、その後、管理人がどのように対応してくれるのかも明らかではありません。また、現時点では施行日や経過措置が明らかになっていないので、即効性を期待できません。

三行要約

★　市町村に対し、特定空家等の所有者等に空家法に基づく指導等を要請する。

★　市町村への要請や相手方への請求のため、弁護士が調査や交渉を受任すべき場合がある。

★　将来的には、令和 3 年民法改正による管理不全土地管理命令や管理不全建物管理命令を利用できる可能性がある。

相談例64　所有者不明土地と令和 3 年改正

　相談者（65 歳男性）から、「7 年前に死んだ父（当時 82 歳）の葬儀のときに弟（62 歳）と喧嘩になり、それ以来顔を見るのも嫌で、遺産分割も手をつけていない。ただ、亡父名義の郷里の土地建物の固定資産税の請求書が来るので、私がずっと支払ってきた。法律が変わって国に土地を引き取ってもらえると聞いたが、どうすればいいのか」と相談された。

対応のポイント

　令和 3 年 4 月、所有者不明土地（所有者不明建物を含みます）の発生の予防と利用の円滑化を目的として民法等の大幅な改正が行われましたので、今後、このような相談が増えると予想されます。本書執筆時点では改正法の施行時期や経過措置が定まっていませんが、概略をチェックして、改正法の施行に備えてください。

解　説

1　所有者不明土地

　「所有者不明土地」とは、所有者を知ることができず、又は所有者の所在を知ることができない土地のことで、共有土地の共有者を知ることができず、又はその所在を知ることができない土地の共有持分を含みます（改正民法 264 条の 2 第 1 項）。

　少子化や過疎化の進行により、特に地方では所有者不明土地が増え、その総面積は平成 28 年（2016 年）時点で、九州の面積（約 367 万 ha）を超えているそうです（一

般財団法人国土計画協会）。所有者不明土地が増える原因としては、被相続人が亡くなっても遺産分割されないケースがあること、遺産分割でも相続人が郷里の不動産を引き取りたがらないこと、引き取っても管理も処分もできず固定資産税が課されること、相続登記や住所変更登記が義務ではないことなどが考えられます。そうして遺産分割から外され相続登記も放置された不動産は、数次の相続を経るうち所有者不明土地に変わります。[145]

　しかし、所有者不明土地の増加は、隣接住民に迷惑をかけ、不動産の有効利用を阻害し、税収の阻害要因になります。[146]

2　所有者不明土地の利用の円滑化等に関する特別措置法等

　そこで、平成30年（2018年）11月15日、まず、所有者不明土地の利用の円滑化等に関する特別措置法が施行され、同法では、「所有者不明土地」とは、相当な努力が払われたと認められるものとして政令で定める方法により探索を行ってもなおその所有者の全部又は一部を確知することができない一筆の土地をいうとされ（同法2条1項）[147]、国が相続人等を探索する方針を示しました。続いて、令和元年11月22日に施行された表題部所有者不明土地の登記及び管理の適正化に関する法律で、所有者不明土地に関して、登記官が職権で長期間相続登記未了であることを登記に付記し、相続人に対して、直接登記手続を促すことになりました。

　そして、令和3年（2021年）4月21日、民法等の一部を改正する法律及び相続等により取得した土地所有権の国庫への帰属に関する法律（以下、「相続土地国庫帰属法」といいます）[148]が成立して、所有者不明土地への対策は一段落しました。

145）平成29年の国土交通省の調査では、所有者不明土地の割合は22％で、その原因は相続登記の未了が66％、住所変更登記の未了が34％とされています。

146）たとえば、登記を調査して関係土地の名義人はわかったが、その名義人は高齢者消除されただけで死亡の確認ができない場合には、その名義人は不在者となり、その土地の管理や処分のために不在者財産管理人の選任を求めるなどの手続が必要になります（民法25条。筆者は推定140歳の不在者財産管理人を務めたことがあります）。

147）具体的には、①所有者が表記される登記簿や固定資産税台帳が更新されていない土地、②複数の台帳等で名義人が異なる土地、③所有者は特定できても、その所有者の所在が分からない土地、④登記名義人が亡くなり、その相続人がわからなかったり、相続人が多数になっている土地などです。

148）施行期日は、原則として公布後2年以内の政令で定める日（相続登記の申請の義務化関係の改正については公布後3年、住所等変更登記の申請の義務化関係の改正については公布後5年以内の政令で定める日）とされています。

3　令和 3 年民法改正（所有者不明土地）の内容

(1)　令和 3 年民法改正の概要

　この改正の趣旨は、①所有者不明土地の発生予防と②土地利用の円滑化の 2 点にあるといわれます。

　このうち、①発生予防については、不動産登記制度の見直しによって、相続登記・住所変更登記の申請が義務化される一方、相続土地国庫帰属法の制定により、条件次第では不要な土地を国庫帰属させることができることになりました。また、②土地利用の円滑化に関しては、共有制度の改正、所有者不明土地管理制度等の創設、遺産分割の見直しなどが盛り込まれました。

　令和 3 年民法改正の内容は多岐にわたり、[149]この改正に関する詳しい文献が続々と発刊されていますが、本書では、さしあたり、重要と思われる改正点を挙げておきます（紙幅の都合で割愛する部分がありますので、条文等で確認してください）。

(2)　共有に関する改正

　第一に、共有物の管理・処分に関して、共有者が不明又は行方が不明の場合（以下、便宜上、「所在等不明共有者」といいます）、他の共有者全員の同意があれば共有物に変更を加える旨の裁判ができることになりました（改正民法 251 条 2 項）。共有物の管理に関しても同趣旨の規定が置かれています（改正民法 252 条 2 項以下、同法 252 条の 2）。これにより、所在等不明共有者がいる共有地の管理や変更ができるようになりました。

　第二に、共有物の分割に関して、相続財産に属する共有物の分割は遺産分割によるべきであり、民法 258 条による共有物の分割請求ができないことを確認する一方（改正民法 258 条の 2 第 1 項）、相続開始後 10 年を経過したときは、すでに遺産分割の請求をしていた相続人から異議がない限り、同条による分割請求ができることになりました（同条 2 項）。なお、以上は不動産・動産のすべてに適用されます。

　第三に、共有不動産において所在等不明共有者がいる場合、他の共有者の請求によって、所在等不明共有者の持分を取得させる裁判ができることになりました。ただし、遺産分割すべき場合には相続開始後 10 年を経過していることが必要で（改正民法 262 条の 2 第 1 項、3 項）、もちろん、所在等不明共有者は持分を取得した

---

149) 主だったところだけでも、民法（共有規定の改正、第 2 編第 3 章（所有権）第 4 節、第 5 節を新設、相続法改正）、不動産登記法、非訟事件手続法、家事事件手続法、民事訴訟法その他の法律が改正され、相続土地国庫帰属法が新設されました。

共有者に対して持分の時価相当額を請求できます（同条4項）。これによって、不動産の共有解消のための新たな方法が生まれました。

　第四に、共有不動産において所在等不明共有者がいる場合でも、他の共有者全員が協力して、所在等不明共有者の持分を含めた共有物の全体を第三者に譲渡することができることになりました（改正民法262条の3）。これによって、共有不動産そのものの処分が可能になります。なお、以上は、土地・建物の双方に適用されます。

⑶　所有者不明土地管理命令及び所有者不明建物管理命令

　改正民法では、第2編（物権）第3章（所有権）の第3節（共有）の後に第4節（所有者不明土地管理命令及び所有者不明建物管理命令）として、264条の2から264条の8までの条文を追加しました。

　具体的には、所有者不明土地について、必要があるときは、利害関係人の請求により、その請求に係る土地又は共有持分を対象として、所有者不明土地管理人による管理を命ずる処分（所有者不明土地管理命令）をすることができるとされ（改正民法264条の2第1項）、選任された管理人は、裁判所の許可を得れば、保存行為や土地の性質を変えない範囲内で、利用又は改良を目的とする行為以外についても、管理・処分する権限を与えられました（同法264条の3）。なお、所有者不明土地管理命令の効力は、対象土地にある動産にも及びます。

　また、所有者不明建物についても、利害関係人の請求によって下された所有者不明建物管理命令による所有者不明建物管理人が、建物、建物内の動産、敷地に関する権利を管理・処分する権限を持つことになりました（改正民法264条の8第1項、2項）。

　これにより、所有者不明土地や所有者不明建物の近隣住人等の利害関係人は、所有者不明土地管理人や所有者不明建物管理人による隣地・隣家の適切な管理が期待できるようになりますが、利害関係人には費用（予納金）負担のリスクがあること、どの程度の事情で要件を充足するのか、土地と建物の所有者が異なる場合の処理などの問題については運用を待たざるを得ないことに注意が必要です（後述する管理不全土地及び管理不全建物管理命令の場合も同様です）[150]。

⑷　管理不全土地管理命令及び管理不全建物管理命令

　荒れ放題の隣地、お化け屋敷と化した建物がある場合、その隣人は、所有者が不明なら上記の所有者不明土地管理命令等で対応できますが、所有者がわかっているのに適切な対応を取ってもらえない場合には対応できません。そこで、改正

法では、さらに第 2 編（物権）第 3 章（所有権）の第 4 節（上述）の後に第 5 節（管理不全土地管理命令及び管理不全建物管理命令）として、264 条の 9 から 264 条の 14 までの条文を追加しました。

　具体的には、所有者による土地の管理が不適当であることによって他人の権利又は法律上保護される利益が侵害され、又は侵害されるおそれがある場合において、必要があると認めるときは、[151]利害関係人の請求により、当該土地を対象として管理不全土地管理人による管理を命ずる処分（管理不全土地管理命令）をすることができるとされました（改正民法 264 条の 9 第 1 項）。もちろん、この命令の効力は対象土地にある動産に及びます（同条 2 項）。

　また、管理不全建物についても、利害関係人の請求により、当該建物を対象として、管理不全建物管理人による管理を命じる処分（管理不全建物管理命令）をすることができます（改正民法 264 条の 14）。

　なお、これら管理不全の不動産は所有者が知れている場合ですから、対象土地や建物の処分については、所有者の同意がなければ裁判所が許可を与えることはできません（改正民法 264 条の 10 第 3 項、264 条の 14 第 4 項）。

(5)　相続法改正

　相続法でも、きわめて重要な改正がありました。

　第一に、家庭裁判所は、利害関係人又は検察官の請求によって、いつでも、相続財産の管理人の選任その他の相続財産の保存に必要な処分を命ずることができるとされました（改正民法 897 条の 2 第 1 項）。「いつでも」というのは意味深で、もちろん唯一の相続人が単純承認したときとか、相続人が数人の場合に全部の遺産が分割されたときなどを除くとされていますが（同項但書）、相続人による相続財産の放置を看過しないとの態度が見て取れます。なお、この管理人には、不在者財産管理人の権限・義務等に関する民法 27 条から 29 条が準用されます（同条 2

150）　所有者不明土地管理人、同建物管理人、管理不全土地管理人、同建物管理人は裁判所から費用の前払い及び報酬を受けることができ、それは各土地建物の所有者の負担とされますが（改正民法 264 条の 7、264 条の 8 第 5 項、264 条の 13、264 条の 14 第 4 項）、利害関係人は、不在者財産管理人の場合と同じく、予納金が必要になり、所有者にそれを求償できなければ最終的に自己負担となるリスクがあると思われます（第 204 回国会法務委員会第 8 号）。

151）　管理不全土地管理命令の例としては崖崩れ、土砂の流出、竹木の倒壊などのおそれ、管理不全建物管理命令の例としては居住者がいないゴミ屋敷などが挙げられますが、どのような場合に要件を充足するのかはケースバイケースで、明確な判断基準は確立されていません。管理不全の場合は、所有者不明の場合に比べて要件が厳しいことに注意が必要です。

項。民法953条と同旨です）。

　第二に、相続開始後10年を経過して相続人が遺産たる共有物の分割請求をする場合には（改正民法258条の2第2項）、民法900条から902条までの規定により算定した相続分をもって各相続人の共有持分とするとされましたので（改正民法898条2項）、特別受益や寄与分を主張できなくなります。

　第三に、相続開始後10年を経過して遺産分割する場合でも、特別受益に関する民法903条から寄与分に関する民法904条の2までの規定は、原則として適用しないものとされました（改正民法904条の3）。つまり、相続開始後10年を過ぎると、共有物の分割請求の場合も遺産分割の場合も、特別受益や寄与分を主張できないことになります。

　第四に、これまで相続人のあることが明らかでないときに選任されていた相続財産管理人は、第一で述べた相続財産管理人と区別するため、相続財産の清算人と名前を変えます（改正民法952条）。しかし、変わったのは名称だけではありません。

　従前の相続財産管理人の制度では、選任の公告に2か月、債権者受遺者への請求申出の公告に2か月（民法957条）、相続人捜索の公告に6か月（民法958条）を要していた手続を改め、相続財産清算人の選任公告と同時に、相続人があるならば一定の期間（6か月を下ることができない）内にその権利を主張すべき旨を公告するものとし（改正民法952条2項）、その期間内に満了する期間を定めて相続債権者や受遺者に対する請求申出を公告するとし（改正民法957条1項）、相続人捜索公告の条文（民法958条）を削りました。これによって、公告の期間としては6か月ですむことになり、相続財産清算人の手続は、従前に比べて格段に速くなります。

(6)　不動産登記法の見直し

　不動産登記法の改正では、所有権の登記名義人について相続の開始があったとき、当該相続により所有権を取得した者は、自己のために相続の開始があったことを知り、かつ、当該所有権を取得したことを知った日から3年以内に、所有権の移転の登記を申請しなければならない（相続人に対する遺贈も同じ）とされました（改正不動産登記法76条の2）。遺産分割の場合も同様です（改正不動産登記法76条の3第4項）。

　また、登記名義人の名称又は住所変更についても、変更から2年以内に変更登記を申請する義務が課されました（改正不動産登記法76条の5）。なお、これらに違反した者には、10万円以下又は5万円以下の過料に処せられます（改正不動産登

記法 164 条 1 項、2 項）。

　これによって、相続登記や住所変更登記の履行が期待されます。

(7)　相続土地国庫帰属制度の創設

　今回の改正では、相続によって土地を取得した相続人が土地所有権を国庫に帰属させることができる制度も創設されました[152]（相続土地国庫帰属法、以下、「法」といいます）。もっとも、以下の点に注意が必要です。

　第一に、土地の所有者（相続等によりその土地の所有権の全部又は一部を取得した者に限ります）は、法務大臣に対し、その土地の所有権を国庫に帰属させることについての承認を申請することができるとされました（法 2 条 1 項）。「相続等」とは、相続又は相続人に対する遺贈に限られます（法 1 条）ので、生前贈与や売買によって土地を取得した者は、この制度の適用を受けられません。

　第二に、その承認申請は、①建物の存する土地、②担保権又は使用及び収益を目的とする権利が設定されている土地、③通路その他の他人による使用が予定される土地として政令で定めるものが含まれる土地、④土壌汚染対策法 2 条 1 項に規定する特定有害物質により汚染されている土地、⑤境界が明らかでない土地その他の所有権の存否、帰属又は範囲について争いがある土地のいずれかに該当するものであるときは、することができないとされました（法 2 条 3 項）。

　第三に、法務大臣は、⑥崖がある土地のうち、その通常の管理に当たり過分の費用又は労力を要するもの、⑦土地の通常の管理又は処分を阻害する工作物、車両又は樹木その他の有体物が地上に存する土地、⑧除去しなければ土地の通常の管理又は処分をすることができない有体物が地下に存する土地、⑨隣接する土地の所有者その他の者との争訟によらなければ通常の管理又は処分をすることができない土地として政令で定めるもの、⑩前⑥〜⑨に掲げる土地のほか、通常の管理又は処分をするに当たり過分の費用又は労力を要する土地として政令で定めるものについては、承認しなくてもよいとされました（法 5 条 1 項の反対解釈）。

　ちなみに、国庫帰属地の管理は、財務省（財務局・財務事務所）が行うか、又は農林水産大臣が管掌しますが（法 12 条）、官庁としては厄介な仕事を増やしたくないはずですから、この裁量権は広汎に行使されるでしょう。つまり、国庫帰属

---

[152] 所有者のない不動産は国庫に帰属するとされますので（民法 239 条 2 項）、不動産も動産と同様に所有権の放棄が認められると解されていましたが、その方法は用意されておらず、事実上、否定された裁判例もありました（広島高裁松江支判平成 28 年 12 月 21 日訟月 64 巻 6 号 863 頁）。

が認められるのは、上記の①乃至⑩に該当しない土地に限られ、不要な土地の国庫帰属の承認申請は、多くの場合、認められないのではないかと懸念されます。したがって、国庫帰属を期待する相談者に対し、安易に国庫帰属が認められると説明するのは差し控えるべきでしょう。

　第四に、承認申請のためには、事前の手数料（法3条2項）のほかに、承認された場合には約10年分の管理費用に相当する負担金の納付が必要です（法10条）。法務省民事局「所有者不明土地の解消に向けた民事基本法制の見直し」では、負担金の目安として、粗放的管理で足りる原野は約20万円、市街地の宅地200m²では約80万円の金額を挙げています。

4　相談者に対する回答

以上から、相談者に対しては、前記の令和3年民法改正の概略（施行日や経過措置を含む）を説明したうえで、改正法が施行された場合、①亡父の相続開始後3年以内に相続登記に相続登記をしていなければ過料に処せられる可能性があること（住所変更登記は2年）、②それを避けるためには、相続人である旨の申出をする方法があること（改正不動産登記法76条の3）、③相続開始後10年が経過すれば、遺産分割や共有物分割の手続で特別受益や寄与分を主張することができなくなるので、早めに遺産分割を行うこと、④遺産分割の結果、相談者が郷里の不動産を取得して、その不動産の国庫帰属の承認申請をすることができる可能性はあるが、種々の厳しい条件をクリアできるかを検討すること（亡父名義の郷里の不動産の中に実家である建物があれば解体取り壊しが必要で、隣地境界が曖昧であれば筆界特定が必要になることもあります）、⑤さらに、国庫帰属の要件を満たしても負担金の納付が必要になること、⑥亡父名義の郷里の不動産を放置していると所有者不明土地管理命令等や管理不全土地管理命令等が下される可能性があることを説明します。なお、支払い済みの固定資産税等は遺産分割の中で勘案（清算）してもらうことになるでしょう。

　要するに、相続開始後10年経過する前に遺産分割の調停を申し立てるべきですが、相続土地国庫帰属法によって、相続した不動産を国庫に帰属させることができるようになったわけではない（それに、遺産分割の中ではその可能性や費用を考慮しておかなければならない）ことに注意が必要です。

三行要約

★　令和3年民法改正により、所有者不明土地、空き家、ゴミ屋敷に関する解決策が講じられた。

★　改正民法施行後は、相続開始後 10 年経過すると、遺産分割や共有物分割の請求
　で、特別受益や寄与分を主張できなくなる。

★　相続した不要土地については国庫帰属の道が開かれたが、条件が厳しく、活用は
　限定的と思われる。

第 5 編　法律相談の準備

さて、以上のように法律相談の例を取り上げてきましたが、相談者の信頼を得るためには、最新の正確な法律知識だけでなく、社会常識的な知識が必要であることに気づいていただけたのではないかと思います。

そこで最後に、高齢者を取り巻く環境と弁護士の役割について整理します。

第1章　超高齢社会

1　超高齢社会とは

「高齢者」とは、世界保健機関（WHO）の定義では、65歳以上の方をいいます（本書では、一般名詞として、それにこだわらない用法で使用してきました）。65歳以上74歳までが「前期高齢者」、75歳以上84歳までが「後期高齢者」、85歳以上の高齢者は「超高齢者」と呼ばれます。

また、「高齢化率」とは、65歳以上の高齢者人口（老年人口）が総人口に占める割合のことで、高齢化率が7％を超え14％までの社会が「高齢化社会」、14％を超え21％までの社会が「高齢社会」、21％を超えた社会は「超高齢社会」と呼ばれています（したがって、超高齢化社会という用語は不正確です）。

さて、日本では、平成19年（2007年）に高齢化率が21％を超え、超高齢社会となりました。

令和元年（2019年）では、日本の高齢者人口は約3,589万人（男性1,560万人、女性2,029万人）、高齢化率は28.4％であり（総務省統計局、以下同じ）、世界一の超高齢社会であることは間違いありません。ちなみに、都道府県別でも秋田県（約37％）を筆頭に、28道県が高齢化率30％を上回っています。

また、5歳刻みの高齢者の人口分布で見ると、65歳から69歳が約865万人、70歳から74歳が約865万人、75歳から79歳までが約721万人、80歳から84歳までが約531万人、85歳から89歳までが約360万人、90歳から94歳までが約176万人、95歳から99歳までが約48万人、100歳以上が約7万人となっています。[153]

2　高齢者世帯

一方、厚生労働省の平成30年（2018年）の調査で、全世帯数約50,991,000世帯のうち、高齢者がいる世帯（以下、「高齢者世帯」といいます）は約24,927,000世帯でした。[154]

そのうち夫婦のみの世帯は約 8,045,000 世帯、高齢者の単身世帯は約 6,830,000 世帯（男性 2,226,000 世帯、女性 4,604,000 世帯）でした（平成 30 年厚労省国民生活基礎調査）。

　そうしてみると、高齢者約 3,600 万人のうち、約 1,300 万人は家族と同居し（約 1,000 万世帯）、約 1,600 万人が夫婦二人で暮らし（約 800 万世帯。実際には夫婦の一方が高齢者でない世帯も含まれますが、ここでは便宜上ゼロとします）、施設入所を含む約 700 万人が一人暮らしをしていることになります。もちろん、このような生活環境の違いによって、高齢者の悩みや不安も変わります。

3　平均寿命

　「平均寿命」とは、その年の 0 歳児の平均余命です。たとえば、令和 2 年（2020年）の統計で、日本人の平均寿命は男性が 81.64 歳、女性が 87.74 歳でしたが、これは、令和 2 年に生まれた子が何歳まで生きるかの推定値です。そして、同年で 60 歳の男性はすでに 60 歳まで生きているので、その余命は 81.25 歳から 60 歳を引いた 21.64 年になるのではなく、24.21 年と少し長くなります。

　また、実際に死亡者がもっとも多い年齢は男性が 83 歳、女性が 90 歳（男女合計では 87 歳）なので（平成 27 年（2015 年）の統計）、平均寿命とは一致しません。

　したがって、高齢の相談者の余命を考える際には、平均寿命ではなく、厚生労働省が毎年発表している簡易生命表の「余命」を参考にしたほうが正確です。

4　人生 100 年時代

　さて、そうすると相談に来られる高齢者の多くは「卒寿」[155]を迎えられそうです。[156]もちろん、もっと長生きされる方も多いでしょうし、最近では「人生 100 年」という言葉を耳にするようになりました。

---

153) 全人口比では、70 歳以上が約 2,715 万人（21.5％）、75 歳以上が約 1,848 万人（14.7％）、80 歳以上が約 1,125 万人（8.9％）、85 歳以上が約 592 万人（4.7％）、90 歳以上が約 231 万人（1.8％）、95 歳以上が約 55 万人（0.4％）、100 歳以上が約 7 万人（0.1％）となります。

154)「世帯」とは、住居および生計を共にする者の集団又は独立して住居を維持し、若しくは独立して生計を営む単身者と定義されます。

155) 60 歳で還暦、70 歳は古稀、77 歳は喜寿、80 歳は傘寿、88 歳で米寿、90 歳で卒寿、99 歳は白寿、100 歳で百寿です。これらの呼称は、干支（えと）などに由来し、干支とは兄と弟の意で、十干（じっかん）を五行に配当し、陽を表す兄、陰を表す弟をつけて名とした甲乙丙丁戊己庚辛壬癸に十二支（子丑寅卯辰巳午未申酉戌亥）を組み合わせたものです（広辞苑）。

156) 令和 2 年（2020 年）の簡易生命表によると、男性で 82 歳以上、女性では 66 歳以上の方は、現在の年齢に余命を加えると、90 歳を超えます。

　人生 100 年時代というのは、先進国では 2007 年（平成 19 年）生まれの 2 人に 1 人が 100 歳（百寿）を超えて生きるので、それに合わせたライフプランを用意すべきだという考え方です[157]。高齢者の人口分布を見ると、さすがに 100 歳を超えて生きる方が一気に増えるとは思えないのですが、少なくとも、高齢者をターゲットとする終活ビジネス・プレイヤー（後述します）にとっては都合がよくインパクトのある言葉なので、人生 100 年というキャッチコピーがやたら目につくようになりました。

5　健康寿命

　一方、「健康寿命」とは、日常的・継続的な医療や介護なしに自立して生活できる年齢のことで、平成 12 年（2000 年）に WHO が提唱しました。日本の場合、女性の健康寿命は約 74 歳、男性の健康寿命は 72 歳とされますが、厚生労働省は、医療費の削減を図るため、日本人の健康寿命を 3 年以上引き上げることを目標にしています（朝日新聞平成 31 年（2019 年）3 月 28 日）。

　とすると、大雑把に言って、男性は、健康寿命が終わる 72 歳から最多死亡年齢である 83 歳まで 11 年間、女性は、同じく 74 歳から 90 歳まで 16 年間、日常的・継続的に医療や介護のお世話にならなければならないことになります。したがって、高齢者からの相談に、介護の問題は、避けて通れません（相談例 10、11、12 参照）。

6　健康寿命と余命の差

　もちろん長寿はおめでたいことですが、大半の方が、60 歳（還暦）や 65 歳で仕事を辞めた後、約 30 年のセカンドライフ（老後の生活）に不安を覚えるのは当然であり、特に、健康寿命と余命の間の期間を、誰に頼ってどのように過ごすかは大問題です。さらに、わが国の場合、少子化・核家族化の傾向が顕著なので、高齢の親は子に頼れず、さらに配偶者にも先立たれた場合の不安は増幅されます。そして、その不安が高齢者を終活に駆り立てるのです。

---

157) ロンドン・ビジネス・スクール教授のリンダ・グラットン、アンドリュー・スコット著／池村千秋訳による『LIFE SHIFT／100 年時代の人生戦略』（東洋経済新報社・2016））。これによると、2007 年に日本で生まれた子の半数が 107 歳よりも長く生きるとされています。

第 2 章　**高齢者の病気**

1　はじめに

　法律相談といえども、健康や病気についての知識が有用であることは、これまで述べてきたとおりです。

　仏教でいう「四苦八苦」のうち「四苦」とは生老病死（しょうろうびょうし）ですが、高齢者は、そのすべてに直面しています。ですから、高齢者の相談や会話の中では病気や病院の話題が頻繁に出てきますが、それを他人事と聞き流すのではなく、話題についていければ、高齢者とのコミュニケーションが図れるはずです。たとえば、相談者が抱えている病気の知識をインターネットで仕入れ、友人の医師にその病気に関して評判のよい医療機関や治療方法を問い合わせるなどしておけば、相談者から信頼を得ることができるでしょう。また、その相談者からかかってきた電話に出たとき、開口一番に「やあ、お久しぶりです。腰のほうは大丈夫ですか」と言えば、よい印象を持ってもらえるはずです。

　ここでは、日本人の死因と、先述した聴力・視力・糖尿病・高血圧・骨粗鬆症など（第 1 編第 6 章参照）を除く病気について説明します。

2　日本人の死因

　さて、日本人の死因は、以下のとおりです（2019 年人口動態調査／厚生労働省）。

1 位	悪性新生物（27.3%）	6 位	不慮の事故（2.9%）
2 位	心疾患（15.0%）	7 位	誤嚥性肺炎（2.8%）
3 位	脳血管疾患（8.8%）	8 位	腎不全（1.9%）
4 位	老衰（7.7%）	9 位	自殺（1.5%）
5 位	肺炎（6.9%）	10 位	血管性等の認知症（1.5%）

　このうち、死因第 1 位の悪性新生物（癌）の罹患率は、男女とも 50 歳台から 80 歳台くらいまで増加し、20 歳台から 50 歳台前半で女性が男性よりやや高く、60 歳台以降は男性が女性より顕著に高くなります。男性では、40 歳以上で消化器系の癌（胃、大腸、肝臓）の罹患が多くを占めますが、70 歳以上ではその割合はやや減少し、肺癌と前立腺癌の割合が増加します。女性では、40 歳台で乳癌、子宮癌、卵巣癌の罹患が多くを占めますが、高齢になるほどその割合は減少し、消化器系（胃、大腸、肝臓）と肺癌の割合が増加します（国立がん研究センター）。

　ただし、癌の 3 年実測生存率は 68.5%、5 年実測生存率は 59.5%ですから、特に

進行が速い膵臓癌やスキルス性胃癌を除けば、癌告知を受けてもすぐに亡くなるわけではありません（もちろん治癒される方も多いはずです）。したがって、癌の確定診断を受けてからでも、遺言を含む終活を考える時間が残されています。

　これに対して、死因第2位の心筋梗塞等の心疾患、第3位の脳出血・脳梗塞等の脳血管疾患や、第6位の不慮の事故などは、突然死に近く、一命をとりとめても一定割合で脳機能障害が残り、遺言能力が失われがちです。したがって、発病・受傷してから終活を考えるという時間的余裕はありません。

　したがって、終活という意味では、癌よりも心疾患や脳血管疾患のほうが危険であり、それらの既往歴や危険因子を持つ方には、早めに遺言書を作成するようお勧めします。そのためにも、相談者の体調について聞くことは重要だと思います。

3　認知症（dementia）

　さて、高齢者の病気でもっとも厄介なのは認知症です。認知症は、罹りたくない病気の第1位とも言われています。

　認知症とは、「脳の病気や障害など様々な原因により、認知機能が低下し、日常生活全般に支障が出てくる状態」です。その原因としては、アルツハイマー病がもっとも多いとされますが、そのほかにもピック病などの前頭側頭型認知症、レビー小体型認知症、脳血管性認知症などがあります。治り得る認知症（可逆性認知症）もないではありませんが（正常圧水頭症と薬物惹起性の認知症様状態）、残念ながら、ほとんどの場合、治癒は期待できません[158]。

　そして、認知症の増加は深刻な問題です。認知症有病率が上昇すると仮定した場合、令和7年（2025年）の認知症有病者数は約700万人に増加すると言われており、高齢者の5人に一人が認知症となると予測されています（令和元年6月20日付・認知症施策の総合的な推進について（参考資料）厚生労働省老健局）。

　なお、次の表は、平成25年（2013年）における年齢別の認知症有病率です。男性の場合、80歳から84歳まで16.8%、85歳から89歳までで35.0%、90歳から94歳まででは49.0%と推計され、女性の場合は、80歳から84歳まで24.2%、85歳から89歳までで43.9%、90歳から94歳まででは65.1%と推計されています（同年齢では女性のほうが若干高いようです）。なお、男女合計での認知症有病率は、80歳から84歳まで21.8%、85歳から89歳までで41.4%、90歳から94歳まででは61.0%で

158）もっとも、令和3年（2021年）6月8日、アルツハイマー型認知症の原因に直接作用する新薬が、FDA（米国食品医薬品局）によってはじめて承認されたと報道されました。

した（厚生労働省の調査）。

年齢	男性	女性	男女合計
65歳〜69歳	2.8%	3.8%	2.9%
70歳〜74歳	3.9%	4.9%	4.1%
75歳〜79歳	11.7%	14.4%	13.6%
80歳〜84歳	16.8%	24.2%	21.8%
85歳〜89歳	35.0%	43.9%	41.4%
90歳〜94歳	49.0%	65.1%	61.0%
95歳以上	50.6%	83.7%	79.5%

　要するに、85歳で約3人に1人以上が認知症を発症し、90歳を超えるとその割合は半数を超えます。もちろん、認知症を発症すれば直ちに遺言能力や事理弁識能力を失うわけではありませんが、認知症が進行するに従って遺言の有効性が争われたり、遺産分割の当事者となれない可能性があることに注意が必要です。

　次に、認知症の判断基準としては、短時間で実施できる長谷川式簡易知能評価スケール（HDS-R）とMMSE（Mini Mental State Examination／ミニメンタルステート検査）が有名です。

　長谷川式簡易知能評価スケール（頭に改訂をつけることもありますし、長谷川式認知症スケールと呼ばれることもあります）は、長谷川和夫聖マリアンナ医科大学名誉教授が開発した認知症患者のためのスクリーニングテストで、30点満点中20点以下では認知症の可能性が高いといわれています。

　もっとも、長谷川式簡易知能評価スケールは、それぞれの設問に意味があること、回答する態度なども参考にするべきことなどから、その実施方法に熟知した専門家が行う必要があり、点数のみをもって認知症であるか否かを鑑別することは正確ではありません。

　また、MMSEも近年用いられるようになったスクリーニング検査で、図形の模写が入っているところが特徴であり、23点以下が認知症疑い、10〜20点では中等度の知能低下、10点未満で高度な知能低下と診断されます。

　なお、長谷川式簡易知能評価スケールにおける20点以下認知症疑いは感度93%／特異度86%、MMSEにおける23点以下認知症疑いは感度81%／特異度89%[159]となっています（一般社団法人日本老年医学会ホームページ）。

　アルツハイマー型の認知症でも、遺言書作成時にはしっかりしている方もおられ、裁判例では、例外的ですが長谷川式簡易知能評価スケールが10点以下（4点）でも

273

看護師との会話などの状況から遺言能力があるとされた例がありました[160]。逆にいえば、これらの検査の点数がよくても安心はできませんが、裁判所は多かれ少なかれ検査結果を考慮しますので、認知症傾向のある遺言者が遺言を書く場合には、精神科医か、かかりつけ医によるスクリーニングテストを受けておくべきです（相談例37参照）。

4　高齢者に多い症状と病気

　さて、高齢者に多い症状（老年症候群）は以下のとおりです（日本医師会「高齢者の身体と疾病の特徴」）。若い方には想像がつかないかもしれませんが、高齢者は、毎日、これらの症状と向き合っています。

　(1)　加齢による変化のない症状

　　めまい、息切れ、腹部腫瘤、胸腹水、頭痛、意識障害、不眠、転倒、骨折、腹痛、黄疸、リンパ節腫脹、下痢、低体温、肥満、睡眠時呼吸障害、喀血、吐下血

　(2)　前期老年者（前期高齢者）で増加する症状

　　認知症、脱水、麻痺、骨関節変形、視力低下、発熱、関節痛、腰痛、喀痰、咳嗽（がい）、喘鳴（そう）、食欲不振、浮腫、やせ、しびれ、言語障害、悪心嘔吐、便秘、呼吸困難、体重減少

　(3)　後期老年者（後期高齢者）で増加する症状

　　ADL低下[161]、骨粗鬆症、椎体骨折、嚥下困難、尿失禁、頻尿、譫妄（せんもう）、鬱、褥瘡、難聴、貧血、低栄養、出血傾向、胸痛、不整脈

　(4)　日本医師会では、高齢者の病気について、高齢者の身体器官の加齢現象・機能的変化に伴う疾患を、以下の表のように分類していますので参考にしてください。もちろん高齢になるほど、複数の主訴や疾患があります。

---

159) 私なりの理解ですが、感度とは有病者を捕捉できる確率、特異度とは無病者を取り込まない確率だと思います。したがって、長谷川式簡易知能評価スケールでもMMSEでも、境界付近の診断の信頼性は90％程度と思います。

160) 脚注91）参照。

161) ADL（Activities of Daily Living）とは、どれだけ他者の力を借りずに独立して生活できるかの基準となる指標で、身の回りの動作（起床・就寝、着替え、整髪、洗顔、食事、排せつ、入浴など）、移動動作（屋内や外出での移動、歩行など）及びそのほかの生活関連動作（料理、洗濯、掃除など）を要素とし、介護施設やリハビリテーションでは一般的に使われています。

	身体器官	加齢現象	主な疾患
運動系	骨	骨組織を形成するカルシウムなどの減少により骨が脆くなり、軽い転倒等で骨折する	大腿骨骨折 変形関節炎 骨粗鬆症 リウマチ
	関節	関節の軟骨が硬くなり周囲の組織が弾力性を失い、関節の屈伸・可動域が減少する	
	筋肉	筋組織が細くなり、筋力が減少する	
感覚器系	聴覚	聴覚神経細胞の再生能力の限界と動脈硬化による内耳の血液循環の障害により高音域が聞き取りにくい	難聴
	視覚	眼球は結膜を潤す細胞数の減少により乾燥する 角膜は混濁化、瞳孔は収縮し、光反射が低下する 眼瞼下垂、遠視、視力低下、視野狭窄	白内障 緑内障
	感覚神経	痛みや温度に対する感覚低下（な造形の痛みに鈍麻になり発見が遅れる）皮膚感覚の鈍麻	外傷（熱症）
消化器系		唾液分泌の減少（口腔内の乾燥） 消化液の分泌の低下（胃液・胆汁・膵液）による消化能力の低下	潰瘍 癌 肝硬変など
泌尿器系		膀胱の萎縮、男性の前立腺肥大、頻尿、残尿、排尿筋の低下及び亢進による失禁 細菌に対する抵抗力低下・腎機能の低下	前立腺肥大など
呼吸器系		胸膜関節の石灰化により胸壁の可動域低下 呼吸運動の低下（分泌物の喀出力の低下）	肺炎・肺癌・肺気腫・肺線維症
循環器系		大動脈の組織の石灰化により動脈弁の肥厚 弾力性の低下・冠動脈の硬化により心筋の酸素供給の低下 血液中の赤血球数の減少	高血圧 白血病 虚血性心疾患 閉塞性動脈硬化貧血 悪性リンパ腫 不整脈 うっ血性心不全
神経代謝系		脳を含む神経系の機能低下、全体の代謝、ホルモンの分泌機能、免疫機構の機能低下、振動覚の低下、膝蓋腱反射の低下	脳卒中 糖尿病 パーキンソン病 変形性頸椎症 甲状腺疾患

第3章　終　活

1　終活の整理

「終活」とは、人生の終わりのための様々な準備や活動のことです。最近、終活は、毎日のように新聞、週刊誌、経済誌などで取り上げられています。

終活という言葉は、平成21年（2009年）、週刊朝日の「現代終活事情」という連載から広まりました。特に、葬祭業者や霊園事業者は、「子どもに迷惑をかけないよう、あらかじめ葬儀等の準備をしておきましょう」という意味で「終活」という言葉を使い始めました。もちろん今でも、葬祭業者らは「終活フェア」、「終活フェスタ」という名前で積極的にイベントを開催しています。

終活という言葉は法律用語ではなく、その意味内容を整理した文献もありません。ただし、終活は、以下のように分類できると思います。

2　目標の再設定としての終活

還暦を過ぎ、子が巣立ち、退職して仕事がなくなると生活のリズムが変わり、時間的に余裕ができます。そこで、もう一度、自分を見つめなおし、人生の意味を考え、セカンドライフを充実させようという意味での「終活」が始まります。大学に入りなおすとか、ユーチューバーになるとか、絵画や楽器を習い始めるとか、コンピュータプログラムの開発や外国語の習得に挑戦するとか、地域コミュニティに参加して趣味を同じくする仲間を持つといったことです。この意味での「終活」は、積極的かつ肯定的ニュアンスを持ちます。

そのほか、「やり残してきたことの処理」も、この意味での終活に含まれます。今まで気になっていたけれどやり残してきたこと、たとえば、郷里の田畑や墓地の処理や、喧嘩別れになったままの子や兄弟との関係修復などです（相談例21参照）。

ちなみに、平成23年（2011年）に公開された「エンディングノート」というドキュメンタリー映画は、余命宣告を受けた男性が「To Do List」を作り、その後、男性が死を迎えるまでの生活を娘が記録した作品でした。生命が有限であることを自覚し、そのすべてを意義あるものとしようとする行動は、すべてこの意味での「終活」といえるのかもしれません。

3　健康維持のための終活

高齢になるにつれて健康が損なわれます。部屋の中で躓いて、畳に手をついた拍子に手首を骨折するとか（尻餅をついて腰椎を骨折したとか）、膝が痛くて歩けなくなるといったことも起こり得ます。そうすると、買物や通院に出かけられなくなり、誰

かの手助け（介助）が必要になります。

　そこで、多くの高齢者が、できる限り健康を維持し、自立した生活を続けること
を目的とする終活を考えます。かかりつけ医にかかって体調をキープするとか、毎
年人間ドックを利用するとか、転倒しないよう慎重に歩くとか、毎日何千歩を歩く
とか、エクササイズに通うとか、自宅をフラットに改造するとかの行動がこれに当
たります。

4　財産管理としての終活

　身体的、器質的な障害は別にして、高齢者にとってもっとも怖いのは認知症です。
家族や隣人から、「呆けたのではないか」、「物忘れがひどい」と言われると傷つき、
不安が増幅します。周りにも認知症の高齢者は多いはずですから、やがて自分もそ
うなってしまうことをおそれます。

　問題は、自分が認知症になった後のことです。誰が自分の面倒をみてくれるのか、
自分の財産はどうなるのか、どうやって管理すればいいのか。そこで、認知症に
なっても生活できるような施設を下見するとか、あらかじめ財産管理の方法を決め
ておくといった「終活」が考えられます。

　また、頭はしっかりしていても、自立できなければ同じ問題が生じます。

5　老後資金確保のための終活

　高齢になると仕事をすることができず、収入の道が限られます。寿命が延びるこ
とで（人生100年）、余計に生活資金が枯渇するのではないかという不安を持ちます。
そこで、手持ちの土地といった資産があるなら賃貸住宅を建築して収入の道を確保
するとか（土地活用）、投資を考えるといった行動をとることができます。ただし、
これに失敗すると、虎の子の老後資金がなくなる危険もあります。

　もっとも、高齢者がすべて余剰資金を持ち合わせているわけではありません。生
活保護を受けていたり、そうでなくても切り詰めて生活されている方は少なくあり
ません。そうした方なら、生活保護費や年金の受給と支出を見比べて節約を図られ
るでしょう（相談例22参照）。これらの行動も終活といえます。

6　臨終・相続開始時に関する終活

　避けられない死（臨終）を迎えるときに、どのような治療、葬儀、埋葬を望み、
それを実現させるか考えることも、終活の内容です。

　日本人の気質かもしれませんが、多くの高齢者は、家族に迷惑をかけたくないと
考えておられるようです。そうすると、寝たきりで意識がなく、回復の見込みもな
いという状態に至れば、延命治療は不要となりますし（尊厳死）、葬儀や埋葬に関し

ても奢侈を望まず、簡略化を希望されることが多くなりました。そういった希望を実現させるための準備や意思表示も終活の一つです（相談例32参照）。

7　相続に関する終活

自分が他界した後、残された家族がどのように暮らしていくのか、自分の財産を誰にどのように承継させるかも問題です。爪に火を灯すようにして貯めた財産が相続税に召し上げられるのは御免だと思うなら相続税対策を考えますし、会社経営者なら、後継者に承継させる準備も必要です。

したがって、これを実現するための遺言や相続対策は、本来、終活の中でももっとも重要な行為のはずなのですが、現実には、遺言も書かず、対策もしないうちに亡くなられることが少なくありません。高齢者ご本人はまだまだ長生きするつもりですし、遺言や相続など（不吉な）死後のことは考えたくもないので、後回しにされるのだろうと思います。

第4章　終活ビジネス

1　高齢者マーケットと相続マーケット

さて、現在、高齢者（約3,600万人）は、日本の個人金融資産（現金・預貯金、株式、保険、年金など）のうち約3分の2（約1,200兆円）を保有しているといわれます。そうであれば、高齢者1人当たりの平均でも3,000万円を超える金融資産がある計算になり、富裕層も多いはずですから、そうした高齢者を対象とする商品が生まれます。

また、令和元年（2019年）、我が国では138万1,093人の方が亡くなられましたが、その相続財産の合計は50兆円を超えると推計されています（年間相続財産約50兆円を年間死亡者数約130万人で割れば、死亡者一人当たりの相続財産は約4,000万円になります）。そして、1年間に50兆円規模の財産（わが国の年間一般予算の約半額）が相続によって移動するのですから、これをビジネス・チャンスとみて、終活や相続に関連するビジネスが活発になるのは当然です。

昭和22年（1947年）から同24年（1949年）に生まれた第一次ベビーブーム世代（団塊の世代）[162]は、各年の出生数が260万人を超え、わが国の人口ピラミッドでは、最も横幅の太い年代です。団塊の世代は、令和3年（2021年）時点では72歳から

162）堺屋太一氏の小説名から「団塊の世代」と呼ばれています。

74 歳に相当しますが、この世代の相続がピークを迎えるのは 10 年から 20 年後ですから、当分の間、高齢者マーケットが細ることはないでしょう。

こうした背景があって、介護保険制度や成年後見制度が始まった平成 12 年（2000年）前後から、多くの事業者（終活ビジネス・プレイヤー）が、続々と高齢者マーケットに参入しました。もっとも、その勧誘の際に、高齢者に対して「あなたは、もうすぐ死ぬのだから」とは言えません。そこで、「死亡」、「葬儀」、「相続」などの忌み言葉を避け、前向きな意味を含む「終活」という言葉が重宝されることになったのです。

弁護士が高齢者の相談にのる際にも、こうした終活ビジネス・プレイヤーの実態を理解しておくことが必要です。

2　旅行業・観光業・宿泊業・飲食業・教育産業

高齢者のセカンドライフの楽しみについて、ある調査では、旅行、グルメ、テレビやドラマ、読書、健康などが挙げられていました。このうちテレビや読書は経済効果が小さく、グルメといっても少食になるので単価に限界があります。

これに対して、旅行業・観光業・宿泊業者にとって、高齢者は依然としてお得意様です。そこで、旅行業界では、海外・国内とも、高齢者が好む高額のツアーを用意してきました。現在、旅行・観光業界は新型コロナウイルス感染症の影響で壊滅状態ですが、同感染症が終息すれば必ず復活するでしょう。

また、向学心のある元気な高齢者は、教養講座などの生涯教育に興味を持ちます。ちなみに、生涯学習とは、人が生涯にわたって学びと学習の活動を続けていくことで、「人々が自己の充実・啓発や生活の向上のために、自発的意思に基づいて行うことを基本とし、必要に応じて自己に適した手段・方法を自ら選んで、生涯を通じて行う学習」と定義されています（昭和 56 年の中央教育審議会答申「生涯教育について」）。学生数の減少に悩む大学にとって高齢者の入学・受講は福音ですし、様々な企業も高齢者のニーズを取り込むためのツールとして各種の教育セミナーを用意しています。

さらに、健康志向の高齢者はスポーツジムに通いますし、遺跡や寺社仏閣を巡って歩く会、山登りの会、ゲートボールなどのサークル、昼からカラオケなども盛況です。みなさんも、電車で登山服に身を包んだにぎやかな高齢者の団体に遭遇した経験があるのではないでしょうか。

ちなみに、高齢者対象の講演では、「これからの高齢者には教養と教育が重要だ」と語られ、それは、「今日用事がある」、「今日行くところがある」という意味だそ

279

うです。親しい人が鬼籍に入るたびに寂しさを感じる高齢者にとっては、社会から
疎外されていない、仲間がいるという日々の確認作業が、きわめて重要なのです。

　一方、高齢者の楽しみの上位に「孫の相手」はありません。昔なら上位にランク
インしたのでしょうが、最近では世代間の年齢差が広がり、高齢者の祖父母は、子
から孫の世話を頼まれても、走り回る孫の世話をするのがひと苦労で、大きな負担
になっています。[163]

3　葬祭業・霊園業

　葬儀を扱う葬祭業者は全国で約6,000社あり、埋葬を扱う霊園業者と合わせて2
兆円産業と言われています。BtoC のビジネスですから、テレビコマーシャルにも[164]
よく登場します。

　相続件数が右肩上がりなので葬祭業も活況と思われがちですが、実はそうでもあ
りません。故人の年齢が上がるにつれて葬儀参列者が減り、華美な葬儀を執り行う
必要がなくなりましたし、「イオンのお葬式」や「小さなお葬式」といった格安お
葬式が市場を席巻し、家族葬や直葬も増えて、単価が上がらないからです（相談例[165]
33参照）。

　霊園業や石材業も楽ではありません。ちなみに、霊園業者は墓地や納骨堂の永代
使用権（賃借権）を売り、石材店は文字どおり墓石を売るのですが、遺族にとって
は多額の初期投資が必要になるため逡巡されがちです。さらに、埋葬に対する考え
方も樹木葬や自然葬など多様化しており、子や孫に迷惑をかけたくないという理由
で、最初から永代供養を望まれる方も多くなりました。したがって、昔ながらの立
派な墓石は簡単に売れなくなっています（相談例34参照）。

　なお、葬儀については仏式が大半ですが、葬儀そのものの単価の下落に連動して、
僧侶・寺院の出番が減っています。また、都市近郊では墓地霊園の経営に精を出す
寺院もありますが、地方では少子化の影響もあって誰も面倒をみない墓が増え、管
理に難渋しています。

---

163) 昭和21年（1946年）に連載開始された漫画「サザエさん」では、磯野波平さんは54歳、
　フグ田サザエさんが24歳、タラちゃんは3歳の設定でした（磯野フネさんの年齢は不詳で
　す）。祖父母が50歳代なら孫の相手もできますが、70歳台からは負担になり、巷間では
　「孫は20分で帰ってほしい」と言われています。
164) BtoC は Business to Consumer の略で、企業がモノやサービスを一般消費者に提供するビ
　ジネスモデルをいいます。
165) 脚注87) 参照。

4　病院・介護事業者

　国民医療費は増加の一途をたどり、平成 30 年（2018 年）の国民医療費である 43 兆 3,949 億円のうち高齢者（65 歳以上）が占める割合は 60.6 ％（26 兆 2,828 億円）でした（厚生労働省「平成 29 年度国民医療費の概況」）。

　なお、病院は全国で 8,324（病床数 1,534,910）、一般診療所は 102,396（病床数 91,610）あります（歯科を除く。令和元年度厚生労働省医療施設動態調査）[166]。

　介護サービスの事業所数は訪問介護が 34,825、訪問看護ステーションが 11,580、通所介護が 24,035 でした。介護保険施設では、介護老人福祉施設が 8,234、介護老人保健施設が 4,337、介護医療院が 245、介護療養型医療施設が 833 となっています（厚生労働省「令和元年介護サービス施設・事業所調査の概況」）。しかし、介護給付は 10 兆円を超え、要介護の認定者数、介護保険のサービス利用者は増える一方ですから、国としては何とかして抑制したいとの思惑が働きます。

　また、介護施設等で働く介護職員（常勤・非常勤、施設・在宅を含む）は約 210 万人で（令和元年度）、年々増えているものの、給与面等の労働条件で恵まれないため離職率が高く、有効求人倍率が 3 倍に達するほど人手不足になっているといわれています。

　そこで、病院や介護事業者の経営者は、保険点数や回転率などの観点から、効率のよい患者、効率のよい被介護者、安価な労働力を求めているのです。弁護士としては、そのような病院や介護事業者の立場も頭に入れておくべきでしょう（相談例 12 参照）。

5　金融機関

　都市銀行、信託銀行、証券会社、生命保険などの大手金融機関は、それぞれにシンクタンクや相続センターを設置して、高齢者を対象とする商品を開発しています（遺言信託や遺産整理などもその一つです）。

　たとえば、金融機関は各支店に「相続相談窓口」を設けていますが、支店ごとに終活や相続の専門知識を持つスタッフを常駐させる余裕はないので、ひと通りのスクリーニングをして専従の相談員に引き継ぎ、相談者の資産や家族の状況を掌握したうえで、遺言信託、遺産整理、土地活用のための融資や株式、投資信託、保険商品等の売り込みを図っています（相談例 45 参照）。

---

[166]「病院」とは 20 人以上の入院施設を有するもので、「診療所」とは 19 人以下の入院施設しか持たないものをいいます（医療法 1 条の 5）。

　もっとも、どの程度の認知判断能力をもつ高齢者であれば取引していいのか、逆に、高齢者名義の口座等の解約等の手続についてどの程度の注意義務を果たせばいいかについては、対応が難しいはずです（相談例14参照）。

6　司法書士・土地家屋調査士・不動産鑑定士・不動産業・建設業

　わが国の相続では相続財産に占める不動産（土地）の割合が高いことが特徴だといわれています。もともと農耕民族の日本人は、土地に対する執着が強いのかもしれません。

　たとえば、国税庁の調査によれば、相続財産の金額ベースでの内訳は、土地が34.4％、家屋が5.2％、有価証券が15.2％、現金預貯金が33.7％でした（「令和元年分相続税の申告事績の概要」）。この統計は、相続税申告があった案件に限られますが、それを差し引いても不動産（土地）が相続財産のかなりの部分を占めると考えてよいでしょう。金額に直せば、1年間に約20兆円の不動産が相続を原因とする移転登記が必要になりますし、遺産分割や相続税支払いのため、一定割合の不動産は処分されます。

　これは、登記業務を主たる業とする司法書士や不動産仲介業者にとっては大きな機会ですし、不動産の価格査定のためには不動産鑑定士、相続不動産の筆界確認や調査には土地家屋調査士が必要です。また、更地に賃貸アパートを建てるといった相続税対策（土地活用）は、金融機関、デベロッパー、建設業者、不動産賃貸業者（サブリース事業者）にとっても、魅力的なビジネスの機会となります（相談例27参照）。

　なお、弁護士にとっても不動産取引の実態に関する知識は必要不可欠ですので、相続案件は不動産取引に関する知識を修得するチャンスだと考えてください。

7　税理士・公認会計士

　平成26年に相続税法が改正され、平成27年（2015年）1月1日以降の相続については改正法が適用されます。改正により、旧規定では5,000万円＋（1,000万円×法定相続人数）とされていた基礎控除は、3,000万円＋（600万円×法定相続人数）に変更されました。

　たとえば、7,000万円の相続財産に対して法定相続人が3人の場合、改正前は相続税は非課税でしたが、改正後は基礎控除が4,800万円しかないので、差額の相続財産2,200万円に対して相続税がかかるのが原則です。こうして、年間約4万件にすぎなかった相続税の課税対象案件は倍増しているといわれており、国税庁は約2兆3,000億円の相続税収をあげています。

　このようなことは常に報道されていますから、従前なら「うちは財産がないから

関係ない」と考えていた高齢者も相続税対策に関心を持つようになり、相続税申告や事業承継に関して、税理士や公認会計士に相談する傾向が強まりました。

　なお、弁護士は税理士の登録資格を持ちますが、税務についてはずぶの素人です。しかし、遺言でも相続でも、高齢者の相談では税務を避けては通れませんので、なにかにつけて税理士や公認会計士の方々に教えてもらい、知識を吸収してください。

8　弁護士・司法書士・行政書士

　後見開始申立て、遺言、遺産分割などの件数は漸増しており、弁護士、司法書士、行政書士は頻繁に遺言・相続分野の相談を受けるようになりました。市役所等で行われる市民法律相談でも、相談の約3割が終活・後見・遺言・相続に関連するものという印象です。

　これら高齢者関連の相談は、かつての過払い事案などと異なって、高齢者の意思能力が問題になるケースがあること、相続紛争自体が複雑で専門的な知見を要すること、高齢者だけでなく家族の思惑が複雑に絡むことなどから、画一的処理は難しいはずです。

　そうであれば、弁護士も、法律知識を備えるだけでなく、高齢者を取り巻く情報を理解し、関係者の心情に配慮した慎重な対応が必要でしょう。

9　ファイナンシャル・プランナー（FP）

　高齢者に多少の蓄えがあっても、人生100年時代と言われると、いったい何歳まで生きるかわかりませんので、老後資金に不安を覚えます。そこで、収入と支出、資産運用などについてアドバイスしてくれるファイナンシャル・プランナー（以下、「FP」といいます）の需要が増えたはずです。

　もっとも、FPは独占資格ではないので、誰でも標榜できます。民間資格のCFP資格者は約2万人、AFP資格者は約16万人で、それ以外に、国家資格（技能検定）であるFP技能士の合格者は1級から3級まで合わせると約200万人になります。FPは「暮らしとお金に関する様々な専門的知識をもとにプランニングを行うことができる」と言われていますが、どの程度の専門的知識や経験を持つかは人によります。したがって、真剣に生活設計を相談するには、信頼できるFPを探す必要があるでしょう。

　また、弁護士にとっても生活設計や資産運用の知識は必要ですから、FPの方と会う機会があれば、ぜひ、その知恵や経験を伺って知識を補強してください。

10　コンサルタント・アドバイザー

　終活や相続では、介護、法律、税務、資産運用、保険、葬儀など、複数の分野に

またがった専門的知識が必要になりますので、それらを体系的、総合的に理解して、ワンストップ・サービスでアドバイスできれば理想的です（本来なら弁護士がその役割を果たすべきです）。

そこで、専門家の隙間を埋める横断的な仕事として、コンサルタント業やアドバイザー業といった職種（以下、「コンサルタント業」といいます）が勢いを伸ばしています。たとえば、「終活」、「相続」、「介護」などを冠するコンサルタントやカウンセラーをインターネットで検索すれば、数十の協会（組織）が存在し、それぞれが研修（通信教育）と検定試験によってその協会独自の資格を認定しています。

また、コンサルタント業では、おおむね、「資格を取得した後、地域社会に溶け込み、高齢者の相談相手となり、まずはエンディングノートの指導から始め、事情に応じて専門家を紹介し、終活、介護や相続のお手伝いをすることができるようになる」と宣伝されているようです。

もっとも、遺言、相続、介護、身元保証、任意後見、死後事務委任契約等あらゆる知識を身につけて相談にのることができるコンサルタントは少数でしょうし、どうやって対価を得るのかわかりません。したがって、実際には、何らかの経験がある各士業、保険代理店、不動産業の方などが付加価値をつけるためにこれらの資格を取得しているのではないかと思いますし、コンサルタント業だけで自立するのは困難だと思います。ただし、弁護士を凌駕する知見を持つ方もおられるはずですから、まずは教わるという姿勢を持つことが大切です。

付言すれば、弁護士又は弁護士法人でなければ、「法律相談」を標榜できず（弁護士法74条）、税理士又は税理士法人でなければ「税務相談」を行えません（税理士法2条1項3号、52条）。また、弁護士がこれらコンサルタント業等と提携して、依頼者を紹介してもらい、その対価（紹介料）を支払うと、弁護士職務基本規程12条、13条違反の懲戒事由に該当しますので、この点には注意が必要です。

11　その他

以上のほか、遺品整理業、特殊清掃業などもゴミ屋敷や孤独死などの社会現象によって登場してきました。大手警備業者は高齢者の見守りサービスにも参入しています。高齢者の寂しさに付け入る悪徳商法、オレオレ詐欺、これに対応する防犯事業者、遺産を狙う後妻業なども、実は終活ビジネスの範疇に入るのかもしれません。

1　終活の問題点

終活に関するビジネスは他分野にわたりますが、問題もあります。

第一に、終活ビジネスに用いられる用語や概念が専門的すぎるあまり、高齢者が理解できないことです。

たとえば、「相続時精算課税制度」、「家族信託」、「特別受益」、「任意後見」について、ざっと説明されてすぐに理解できる相談者はいないでしょう。認知判断能力が低下していれば、なおさらです。ちなみに、金融商品取引法40条1号は、金融商品取引業者等に対し、「金融商品取引行為について、顧客の知識、経験、財産の状況及び金融商品取引契約を締結する目的に照らして不適当と認められる勧誘」を禁じていますが（適合性の原則）、ある程度専門的な「終活商品」を勧誘する場合も、同様の注意が必要です（これは消費者被害の問題でもあります）。

第二に、終活ビジネスでは、人生100年というように、高齢者の不安を煽る宣伝、広告、勧誘が頻繁に行われています。

もちろん終活ビジネス・プレイヤーも商売ですから、多少は誇張したり、重要性を強調する言辞を用いることは許容されるでしょうが、一線を超え、誤解を与えかねない広告宣伝によって不要不急のサービスや高額商品を売りつけるなら問題です。また、メディアも、耳目をひきつけて視聴率や販売部数を伸ばすために、あるいはスポンサーの意向を忖度して「ここが危ない」といったキャッチコピーを多用する傾向があります。

第三に、高齢者の側にも問題があります。

高齢者には、説明や内容がよくわかっていない場合でも、それを悟られたくない、馬鹿にされたくないとの意識が働きます。ですから、目の前の人に迎合して「わかった」と言いやすく、勧誘者としても、相手が「わかった」と言うわけですから、難解な契約でも有効だと弁解しやすいのです。逆にいえば、弁護士も、委任契約や処理方針に関して高齢者の意思確認をする際に、何度も説明を繰り返して真意を確認し、その様子を録音・録画するほどの注意が必要になる場面があると思います。

第四に、終活ビジネスでは、初期投資（イニシャルコスト）が高額になる商品が少なくありません。

たとえば、墓地・墓石の購入、家族信託の設定、有料老人ホームへの入居などには多額の出費を要しますが、それは商品やサービスの提供者に対して信用を供与す

る行為ですから、その事業者が放漫経営によって破綻し、虎の子がなくなるというリスクを内包しています。また、金融商品の購入や土地活用事業なども、商品価値の下落や事業失敗のリスクがあります。

2　弁護士の役割

では、弁護士には何ができるのでしょうか。

まず、弁護士も、終活ビジネス・プレイヤーの一員ですから上記の問題が妥当します。ですから、高齢の相談者との相談においては、できる限り平易に説明し、いたずらに不安を煽らず、相談者の理解度を慎重に推し量り、適切な報酬額を提示するよう自戒しなければなりません。それが将来にわたって依頼人と信頼関係を築き、依頼人との紛争を生じさせないための礎石です。

一方、終活ビジネスに上記のような問題があるとすれば、終活に関する様々な問題に関する知識をもち、耳あたりのよい情報に惑わされず、高齢者の心身の状態や将来の生活状態を勘案したうえで、高齢者に対して適切な判断ができるアドバイザーが必要です。

これについてみると、弁護士は日常的に遺言や相続の法律相談に対応するほか、調停、審判、裁判などに当事者の代理人として参加し、相続紛争を解決する役目を担います。その過程で、必然的に関係者に対する事情聴取や事案の調査が必要となり、その結果、相続紛争のメカニズムを理解し、それらの事件の周辺知識を体得することになります。これらの作業は、ほかの終活ビジネスプレイヤーにはない特長ですから、高齢者に対するアドバイザー役には弁護士こそ適任でしょう。

なお、高齢者が終活ビジネスの勧誘を受ける場面で、高齢者が弁護士に相談すると漏らせば、ほとんどの勧誘者が、「いや、これは弁護士に相談するようなことじゃないですよ」とか「弁護士は裁判が専門です。この話は裁判とは関係がありませんし」と説明します。つまり、弁護士以外の終活ビジネス・プレイヤーにとって、弁護士は邪魔になる厄介者にすぎないわけです。しかし、そうであるからこそ、弁護士が終活のあらゆる場面で相談を受けることに意味があります。

もっとも、弁護士も、全員が高齢者が抱える問題について広い知見を持つわけではありません。登録間もない弁護士ですと、知らないことのほうが多くて当然です。だからこそ、法律知識以外の知識も吸収し、高齢者の総合アドバイザーとして、ワンストップ・サービスを実現していただきたいのです。

3　弁護士と他業種との連携

高齢者や終活を取り巻く環境には様々な専門分野があり、それぞれの終活ビジネ

ス・プレイヤーが実務経験によって蓄積しているノウハウがあります。これは本やインターネットで紹介されているものばかりではありません。したがって、弁護士は、これらの方々から教えを乞わなければなりません。

　たとえば、高齢者の生活環境の整備についてはケアマネジャーはじめとする介護事業者から介護保険や介護認定、介護施設に関する知識を教わるべきでしょう。医師からは高齢者の治療やリハビリに関する知識を、FPからは生活設計についての注意点を教えてもらえるはずです。

　遺言、遺産分割、事業譲渡、節税などについては、税理士や公認会計士から専門的知識を教わることが不可欠です。

　不動産の処分や相続税対策の手法については、司法書士、土地家屋調査士、不動産鑑定士、不動産業者の方々からも教わるべきですし、葬儀や埋葬については、葬祭・霊園業者らに教わらなければまったくわかりません。

　そうして、他業種の方に質問するときには、表面的な回答で満足せず、わからないことを徹底的に尋ねてください。相手の方が、「それ以上は私にもわからないんですよ」というところまで辿り着ければ、もうひとつ知識を得たことになりますし、その態度が信用につながります。

　逆に、「自分はまだ若いので、そういった知識はなくて当然だ」とか「正確な法律知識があれば十分だ」と考えているなら、それは心得違いです。裾野を拡大し、多くの抽斗を用意してください。

　なお、自分は何も知らないのに、他業種の方々から知識やノウハウを教わろうというのは失礼だと思われるかもしれません。それなら、他業種の方々に自分の知識や経験を役立てていただけるよう精進するしかありません。

　それを続けているうちに、相談者や他業種の方から、「弁護士なのに、そんなことまで知っているんですね」と言われるようになれば、それでようやく半人前だと思います。

お わ り に

最後まで目を通していただき、ありがとうございました。

司法制度改革が始まろうとしていた20年前、日本弁護士連合会や大阪弁護士会の弁護士業務改革委員会に所属していた私は、超高齢社会の到来とともに弁護士が遺言・相続の分野で貢献できるのではないかと考えて調査をはじめました。

あれからはや20年余が過ぎ、高齢者家族からの法律相談も、熱意迸る若手弁護士が主流を担うようになりました。私が繰り返してきた失敗や経験が、少しでも前車の覆轍として若い弁護士の役に立てるのなら、それは無駄ではなかったことになります。そこで、相続分野の第一人者である藤井伸介弁護士からお誘いがあったとき、二つ返事で本書の執筆を引き受けました。

振り返れば匹夫の勇でしたが、当事務所出身の吉原基、山本隼平、中西昂平弁護士に脇を支えられ、日本加除出版の皆様に背中を押され、妻からも医学的なアドバイスをもらって、ようやく出版の運びに至りました。

この場を借りて厚く御礼申し上げます。

令和3年10月

藤 井　　 薫

著者略歴
昭和33年生／昭和52年洛星高校卒業／昭和61年京都大学経済学部卒業
昭和63年司法試験合格(司法修習43期)
平成3年弁護士登録（大阪弁護士会）
平成11年藤井薫法律事務所開設
（弁護士会活動）
大阪弁護士会弁護士
　弁護士業務改革委員会、遺言・相続センター運営委員会、高齢者・障害者総合支援
　センター運営委員会、綱紀委員会ほか
日本弁護士連合会
　弁護士業務改革委員会

事 項 索 引

終活・遺言・相続
法律相談の準備と工夫
64 の相談例から学ぶ信頼を得るための基礎知識

2021年10月13日　初版発行

著　者　藤　井　　　薫
発行者　和　田　　　裕

発行所　日本加除出版株式会社
本　　社　郵便番号171-8516
　　　　　東京都豊島区南長崎3丁目16番6号
　　　　　ＴＥＬ　（03）3953-5757（代表）
　　　　　　　　　（03）3952-5759（編集）
　　　　　ＦＡＸ　（03）3953-5772
　　　　　ＵＲＬ　www.kajo.co.jp
営　業　部　郵便番号171-8516
　　　　　東京都豊島区南長崎3丁目16番6号
　　　　　ＴＥＬ　（03）3953-5642
　　　　　ＦＡＸ　（03）3953-2061

組版・印刷　㈱亨有堂印刷所 ／ 製本　藤田製本㈱